고독한 놀거리 마스터

INTRODUCTION

 저에게 특별한 점이 하나 있다면, 어릴 적 나름 깊은 철학적 고민 끝에 인생의 목적은 재미라는 결론을 내린 후, 매사에 무엇보다 즐거움을 최우선으로 추구하며 살아왔다는 것입니다. 늘 재밋거리, 놀거리를 찾다 보니 자연스럽게 연애, 여행, 스포츠, 패션은 물론 음악, 미술, 영화, 문학과 같은 예술분야에도 조예가 깊어지게 되었고, 이런 다방면에서 얻게 된 덕후스러운 인사이트는 이후 사업을 할 때 밑거름이 되어, 그 결과 사회적으로도 나름 성공을 거두게 되었습니다.

 몇 년 전부터 제가 이룬 성공의 남다른 노하우들을 유튜브를 통해 나누게 되었는데, 그 과정에서 많은 분들이 막상 비즈니스와 관련된 내용보다는 제가 살아온 인생에 대해 더 많은 관심을 가지시는 것을 알게 되었습니다. 그래서 노는 것에 대해서만큼은 진심이었던 제가, 이 기회를 통해 더 많은 분들에게 무엇을 가지고 어떻게 놀아야 인생을 더 재미있게 살 수 있는지에 대한 말씀을 드리게 되었습니다.

 이 책은 크게 두 파트로 나누어져 있습니다. 첫 번째 파트는 왜 '재미'라는 개념이 현대인들에게 무엇보다 중요한 가치가 돼야 하는지에 관한 내용이고, 두 번째 파트는 재미를 얻기 위해 혼자서 즐길 만한 놀거리들의 종류와 그것을 대하는 태도에 관한 내용입니다.

아무래도 '재미'라는 형이상학적인 내용을 다루다 보니 첫 번째 파트는 다소 이론적이고 철학적인 내용이 포함되어 있습니다. 그래서 혼자 즐기는 놀거리에 대한 구체적인 내용이 궁금하신 분들은 첫 번째 파트를 건너뛰고 바로 두 번째 파트부터 읽으시는 것도 괜찮다고 생각합니다. 하지만 평소에 종교나 철학적인 관점에서 인생에 대한 고민을 가지고 계신 분들에게 첫 번째 챕터에서 다루고 있는 내용들이 큰 도움이 될 것이라고 저는 확신합니다.

이 책을 통해 보다 많은 분들이 인생에 있어서 '재미'의 소중한 가치를 발견하고, 인생의 매 순간을 더 행복하게 즐기게 되었으면 합니다.

2022년 봄
이종구

프롤로그

"나는 인생의 매 순간을 오로지 즐기면서, 재미있게 살고 싶다."

우리들 마음 속 깊은 곳엔 인생을 오로지 즐기면서 재미있게 살고 싶은 바람이 감춰져 있습니다. 하지만 이런 바람은 다소 철없어 보이기도 하고, 한편으론 주위의 비난을 받기 딱 좋은 발칙한 생각으로 여겨지게 마련이지요. 그래서 우리는 이런 생각을 스스로 억누르고 보다 그럴듯해 보이는 인생의 목적을 찾아보려 하지만, 마땅한 대안을 발견하기란 쉽지 않습니다.

산을 오르는 이유가 산이 거기에 있기 때문이란 말이 있지요. 저에겐 이 말이 인생의 목표를 찾지 못한 사람들이 마지못해 하는 변명으로 밖엔 들리지 않습니다. 왜 우리는 산을 오르는 이유가 산을 오르는 게 재미있기 때문이란 말을 차마 입 밖으로 꺼내지 못하는 것일까요?

오랜 종교의 속박에서 벗어난 현대인들은 본격적으로 물질적 풍요를 인생의 목적으로 여기며 살아왔습니다. 하지만 물질을 통해 얻어지는 행복은 늘 상대적인 만족감만을 줄 뿐이지요. 그 결과 현대인들은 과거와 비교할 수 없을 만큼 풍족한 삶을 누리게 되었음에도 불구하고, 남들보다 더 많은 물질을 소유하지 않는 한 본인이 늘 불행하다는 생각에서 벗어나지 못합니다. 그리고 이 생각은 결국 미래에 대한 막연한 불안감으로 우리들 마음 속에 자리잡게 되지요.

이 시점에서 물질적 불안감에 빠져 있는 현대인들을 구해줄 두가지 동아줄이 등장하는데, 첫 번째가 흔히 '시크릿'으로 알려진 '끌어당기는 힘'이고, 두 번째가 '소확행'스러운 인생관입니다.

'끌어당기는 힘'은 스스로 원하는 바가 이미 이루어졌다고 믿으면 세상이 알아서 그렇게 변한다는 내용입니다만, 그럴듯한 이론에 비해 실제로 그것을 경험한 사람을 주변에서 찾아보기 힘들지요. 한편 일상의 소소한 행복에서 행복을 찾는다는 뜻의 '소확행'은 그 내용이 경쟁 사회 속 스트레스에서 벗어나는 것에만 초점이 맞춰져 있다 보니, 우리로 하여금 자칫 인생을 방어적으로, 한편으론 소극적인 태도로 살게 만드는 안타까운 결과를 낳게 됩니다.

무엇보다 이 두 가지 개념이 안고 있는 근본적인 문제는 행복을 '과정'이 아닌 '성취'의 대상으로 바라보고 있다는 점입니다. 인간은 결코 이미 이루어진 결과에 만족하지 못합니다. 우리는 항상 어떤 상태의 행복을 꿈꾸며 그것을 이루기 위해 노력하지만, 막상 본인이 그 상태에 이르게 되면 권태라는 또 다른 불행과 마주하게 되지요. 그래서 진정한 행복은 상태가 아닌, 그것을 이루는 과정 속에서 경험하게 되는 것입니다.

행복을 추구해가는 과정 속에서 경험하는 유쾌한 감정을 우리는 '즐겁다', 혹은 '재미있다'라고 부르지요. 그렇기 때문에 우리가 인생을 사는 목적은 행복을 성취하기 위한 것이 아니라, 그것을 추구하는 과정 속에서 얻게 되는 재미를 경험하기 위해서입니다. 재미가 인생의 목적이 되는 순간, 우리는 더 이상 스트레스를 두려워하지 않아도 됩니다. 스트레스는 우리로 하여금 재미를 경험하게 만들어주는 훌륭한 재료이기 때문입니다. 그래서 우리는 더 이상 실패나 상처를 두려워하지 않고, 오히려 그것들을 즐기며 인생을 보다 적극적으로 살아갈 수 있게 되지요.

재미를 얻기 위해 반드시 필요한 행동이 바로 '노는 것'입니다. 잘 놀아야 더 큰 재미를 경험하게 되는 것이지요. 하지만 늘 막연한 개념의 행복만을 인생의 목적으로 추구해 온 우리들은, 막상 재미에 대해선 무지합니다. 무엇을 하고 놀아야 할지, 어떻게 놀아야 더 재미있게 노는지에 대해선 어디서도 제대로 배워 본 적이 없지요. 그래서 우리가 인생을 행복하게 즐기면서 살기 위해선 무엇보다도 재미있게 노는 방법을 배워야 합니다.

한편, 최근 들어 혼자인 사람들의 숫자는 급속도로 늘어나고 있습니다. 결혼 못 한 사람 이상으로 결혼 안 한 사람의 숫자가 많고, 이미 갔다 온 사람들의 숫자 역시 빠르게 늘고 있지요. 결혼을 한 상태라도 현실적으로 혼자 보내는 시간이 대부분인 사람들도 많습니다. 평균 수명이 늘어나면서 독거 노인의 숫자도 급속도로 늘어나고 있고, 정년이 빨라지면서 명예퇴직을 하거나 스스로 경제적 독립을 위해 회사를 일찍 그만두는 인구도 늘어나고 있습니다. 아예 처음부터 취직을 거부하는 젊은 층도 많아졌지요.

 인간은 고독한 상황에 놓이게 되면 엄습하는 외로움과 심심함을 스스로 극복하려고 노력하기 보단 당장 누군가 만날 사람을 찾는 경향이 있습니다. 그래서 억지스러운 술자리를 만들기도 하고, 유흥문화에 쉽게 빠지기도 하지요. 하지만 이것도 사실 그럴 만한 형편이 되는 사람이나 가능한 것이지, 그렇지 못한 사람들은 외로움이 주는 고통을 고스란히 혼자서 감당해야 합니다. 그래서 고작 생각할 수 있는 것이 잠을 자거나, 뭔가를 끊임없이 먹거나, 핸드폰을 열어 SNS 화면을 반복적으로 새로 고침 하는 것 등과 같이 생산적이지 못한 일들인 경우가 많지요. 그렇기 때문에 혼자서도 지루하지 않게 시간을 보내는 방법, 혼자서도 재미있게 놀 수 있는 방법을 배우는 것은 그 어떤 종류의 공부보다 이 시대를 살아가는 우리 모두에게 큰 의미를 가지고 있습니다.

 혼자서 즐기는 놀거리는 여럿이 함께 즐기는 놀거리와 비교했을 때 그 즐거움을 체득하는 원리가 다릅니다. 그래서 우리는 우선 혼자 놀기에 적합한 놀거리에는 어떤 것들이 있는지, 그 종류에 대해 자세히 알아볼 필요가 있습니다. 그 다음으로는 그런 놀거리들을 어떤 태도와 관점을 가지고 즐겨야 하는지, 즉 제대로 놀기 위해 필요한 테크닉을 배워야 합니다. 같은 음악감상이라도 늘상 듣던 음악을 배경음악처럼 아무 생각 없이 듣는 것과, 음악감상에 대한 구체적인 미학적 목적을 가지고 그런 음악들을 의지적으로 찾아 듣는 것과는 즐거움의 종류와 깊이가 다릅니다. 청소나 공부처럼 평소에 마지못해 억지로 했던 것들, 하기 싫어했던 일들도 그것을 즐기는 원리를 이해하게 되면 어느 순간 즐거운 놀거리로 변하기도 하지요.

저는 어린 시절 어쩔 수 없이 혼자 노는 방법을 스스로 터득할 수밖에 없었던 환경에서 자랐습니다. 그렇지 않고선 혼자 집에서 보내야만 했던 길고 긴 시간을 도저히 견뎌낼 수 없었겠지요. 그래서 늘 주어진 환경 안에서 온갖 상상력을 동원해 최대한의 재미를 끌어내는 방법을 저도 모르게 체득하게 된 것 같습니다. 여느 아이들의 경우, 부모님이 집에 놀러 온 손님들 앞에서 노래를 불러 보라고 하면 부끄러워서 몸을 빼는 게 일반적인데, 저는 노래를 불러 보라고 하면 커튼 뒤로 숨었다가 천천히 커튼을 손으로 열고 나오면서 노래를 불렀다고 합니다. 초등학교 땐 혼자 마당에서 투수 역할도 했다가 타자 역할도 해가면서, 상상 속으로 1회부터 9회까지 야구게임을 하기도 했지요. 고등학교 졸업 후, 10년 남짓 외국에서 보낸 긴 유학생활 내내 외로움은 저를 떠나지 않았고, 어린 나이에 사업을 시작한 탓에 직장에서도 외롭고 고독한 삶은 이어졌습니다. 하지만 그럴 수록 저는 괴롭긴 커녕 늘 혼자서 할 수 있는 놀거리를 찾아내고 재미를 추구하며 지금까지 쉴 새 없이 즐겁게 살아온 것 같습니다.

그러면서 제가 얻게 된 신선한 깨달음은 혼자 노는 것에는 여럿이서 노는 것만큼, 때론 그 이상의 재미가 존재한다는 사실이었습니다. 오직 혼자 놀 때에만 비로소 경험할 수 있는 심오한 즐거움이 있다는 것이지요.

즉 혼자 노는 것은 여럿이 어울려 놀지 못하는 상황에서 어쩔 수 없이 선택하는 대안이 아니라, 여럿이서 놀 수 있음에도 불구하고 혼자 노는 것을 의지적으로 선택할 만큼 충분한 오락적 가치를 가지고 있다는 뜻입니다.

아무쪼록 저의 이야기를 통해 여러분들도 고독한 놀거리가 가지고 있는 소중한 가치와 그 무궁무진한 즐거움에 대해 같이 공감하고 이해하실 수 있게 되기를 바랍니다.

CONTENTS

INTRODUCTION 2
프롤로그 4

CHAPTER 1. 고독한 놀거리를 탐구해야 하는 이유

01 재미는 위대한 것이다 14
    삶은 과연 즐거운 곳인가? 14
    행복을 인질로 한 종교의 협박 16
    행복의 저주 20
    가상현실과 게임이론 23
    행복 vs 재미 27
    결과가 아닌 과정을 통해 얻게 되는 재미 29
    깨달음이 무의미한 이유 31
    재미를 결정할 수 있는 자유 35
    재미와 책임 37
    잘 노는 사람이 성공한다 40

02 우리를 제대로 놀지 못하게 하는 장애물, 외로움 43
    고독의 실체 43
    고독을 이기고 즐기는 방법 46

03 잘 놀기 위한 공부 50
    잘 놀기 위해 갖춰야 하는 능력 50
    잘 노는 것을 어떻게 평가할 수 있을까? 52
    놀거리를 벤치마킹 하다 55
    취향을 판단하는 것이 금지된 사회 58
    나의 고독한 놀거리 여정 61

CHAPTER 2. 고독한 놀거리의 본격적인 탐구

01 예술감상 69
예술작품을 보다 재미있게 감상하는 방법 70
음악감상의 목적 72
음악이 우리의 삶에 끼치는 영향 77
좋은 음악을 판단하는 기준이란? 81
나의 인생에 마법을 건 음악들 87
클래식 음악감상의 목적 98
입문자들을 위한 클래식 음악 감상 요령 101
음악이 변화시키는 삶의 모습 104
음악감상의 신세계, Spotify와 놀기 111
영화 감상 117
미술작품 감상 125
문학작품 감상 134
예술의 객관적 판단은 가능한 것인가? 145

02 혼자 떠나는 여행 151
혼자 떠나는 여행의 재미 154
음악과 함께하는 여행 159
목적을 가지고 떠나는 여행 162
자연의 숭고미를 체험하는 여행 167
혼자 떠나는 여행, 숙소 정하기 170
Lonely Planet 과 Google Earth를 이용한 가상 여행 174

03 '몸'과 놀기 177
호흡이 놀거리가 될 수 있는 이유 179
한번 빠지면 헤어 나올 수 없는 재미, 명상 185
물의 파동이 주는 상쾌함, 목욕 그리고 낮술 192
조인 골프의 재미 198

04 일상 안에서 놀기 203
매니지먼트의 재미, 정비와 청소 204
쇼핑의 역할 207
집에서 혼밥 즐기기 213
혼자서 할 수 있는 가장 호사스럽고도 고상한 놀거리, 차 217
차를 제대로 즐기는 법 223
재미로 하는 공부 227

05 일상 밖에서 놀기 231
책의 파동이 주는 즐거움, 서점 232
고요한 적막함을 즐기러 가는 곳, 대형 미술관 234
혼자 하는 산책 236
공연을 더 재미있게 감상하는 방법 238
밀착 다큐멘터리, 이단 종교 체험 242

06 신이 되어 보는 즐거움, 창작 246
그림 잘 그리는 방법 249
언어가 감상을 창조하는 즐거움, 글쓰기 255
요리가 즐거움이 되는 방법 260

07 덕업일치 265
온라인 쇼핑몰 창업에서 얻는 즐거움 267
일과 함께 하는 여행, 무역박람회 방문 271

08 그 외 고독한 놀거리 리스트 275
점을 즐기면서 볼 수 있는 이유 276
나의 인생을 한 편의 영화로 만들어 보는 즐거움, 시놉시스 278
당근마켓 즐기기 280
그 외의 놀거리들 283

에필로그 290

CHAPTER 1

고독한 놀거리를
탐구해야 하는 이유

01

재미는 위대한 것이다

삶은 과연 즐거운 곳인가?

"삶이란 도무지 그 끝을 알 수 없는 즐거움과 재미로 가득 찬 선물상자와도 같다."

여러분도 정말 그렇게 생각하나요? 여러분에게 삶이란 과연 즐거운 곳인가요?

역사상 저명한 철학자나 성인들은 대부분 이와 반대되는 내용의 메시지를 우리에게 주장해 왔습니다. 삶이란 채워지지 않는 욕망이 불러오는 좌절감과, 그 욕망이 채워졌을 때 엄습하는 권태 사이를 시계추처럼 왔다 갔다 할 뿐이라고요. 그렇기 때문에 우리가 살면서 경험할 수 있는 행복의 실체는 이 시계추의 왕복 운동 사이에서 잠시 경험하는, 고통을 느끼지 못하는 아주 찰나의 순간에 불과하다는 것입니다. 결국 인간의 삶이란 절망 혹은 권태, 둘 중 어디론가를 향해 나아가도록 디자인되었다는 것이지요.

 인간은 태어나서 일정 시간이 지나면 정신과 육체가 점점 망가지기 시작하고, 결국 죽음이라는, 누구도 피할 수 없고 그 정체를 도저히 파악할 수도 없는 불안한 이벤트와 마주해야 하는 운명에서 벗어 날 수 없기 때문에, 우리는 삶이 축복이라는 말에 쉽게 고개를 끄덕이기 어려워합니다. 기독교 역시 행복은 살아 있는 동안이 아니라 천국에 가서 얻을 수 있는 것이라고 가르쳐 왔고, 힌두교, 불교에선 삶은 고통으로 가득 차 있는 곳이며 실제가 아닌 마치 홀로그램과도 같은 '표상'에 불과하기 때문에, 고통스러운 삶의 굴레에서 벗어나기 위해선 홀로그램 속 내가 아닌, 진짜 '나'(참나)를 체험해야 한다고 말합니다. 이것이 흔히 우리가 말하는 해탈의 개념이지요. 철학자 '쇼펜하우어', 심리학자 '융' 역시 홀로그램 개념과 상당히 유사한 세계관을 주장하기도 했지요.

 이처럼 삶을 정의하는 모습은 종교마다 사람마다 다양하지만, 모두들 삶을 참고 인내하다 결국은 벗어나야 하는 장소로 생각했다는 점에서 공통점을 가지고 있습니다. 다만 예외적으로 독일의 철학자 '니체'는 삶을 '축제'라 표현하며 주어진 인생을 마음껏 즐기라고 외쳤지만, 그러기 위해서는 '초인정신'이 필요하다는 애매모호한 단서를 달았습니다. 이론적으로는 가능하지만 그 조건이 너무 까다롭지요.

최근 유행하는 뉴 에이지 경향의 영성 단체들이 주장하는 행복 역시 조건이 붙습니다. 명상을 해야 하고, 몰입을 해야 하고, 카르마를 없애야 하고, 확언을 해야 하고, 우주의 에너지를 당겨와야 합니다. 말은 다 그럴듯해 보이지만, 달리 생각해보면 이런 주장은 누군가 이와같은 행위를 하지 않을 경우엔 그만큼 인생에 있어서 손해를 볼 수 있다는 뜻으로 해석될 수 있지요. 게다가 이런 경험들은 실체가 모호하고, 깊이 빠져 들수록 혼자서 하기 어려운 것들이 대부분이기 때문에, 어느 시점에 이르면 어쩔 수 없이 비용을 들여 관련단체의 추가적인 도움을 받을 수밖에 없게 됩니다. 그렇기에 이런 가르침들은 일종의 협박으로 밖엔 들리지 않지요. 이들의 표정과 말투는 온화해 보이지만, 속내를 뜯어보면 결국 '공포'라는 무기를 이용해 대중들을 선동한다는 점에서 기성 종교단체들과 별반 차이가 없습니다.

행복을 인질로 한 종교의 협박

'공포감'은 예로부터 많은 종교집단들 사이에서 가장 효과적인 포교 전략으로 즐겨 사용되어 왔습니다. 그래서 역사상 대중들을 상대로 가장 크게 히트 친 마케팅 전략이 '지옥'이라고도 하지요. 하지만 우리가 조금만 관심을 가지고 종교의 역사를 살펴보면, 여러 종교들의 경전 속에 '지옥'이란 단어가 처음으로 등장한 시기가 지금으로부터 얼마되지 않았다는 것을 알 수 있습니다. 기독교를 포함한 대다수 종교들의 초기 경전에는 대신 '윤회'라는 단어가 자주 등장하지요. 천국의 개념 역시, 윤회라는 큰 틀 안에서, 인간이 사후에 잠시 들르게 되는 장소로서 묘사된 부분은 찾아볼 수 있지만, 우리가 현재 이해하고 있는 종류의 천국과 지옥의 개념은 당시엔 아예 존재하지도 않았습니다.

공포감을 이용하는 전략은 비즈니스 세계에서도 즐겨 사용됩니다. 최근 들어 우리에게 친숙해진 병명들 중 많은 경우가 과거에는 대수롭지 않게 넘어가던 가벼운 증상이었던 것들이 많습니다. 제약회사들이 본인들의 제품을 더 많이 판매하기 위해 별것 아닌 증상에 공포감을 상기시키는 새로운 병명을 만들어 붙인 것이지요. 이처럼 사람들은 공포와 불안 앞에서 가장 빨리 지갑을 엽니다.

과거에 살던 사람들에게 '공포'란 매우 현실적이고 직접적인 개념이었지요. 그들이 느꼈던 공포의 내용은 오늘날 우리가 흔히 느끼는, 미래에 대한 막연한 불안감 같이 추상적인 성격이 아닌, 질병, 장애, 가난, 자연재해처럼 보다 직접적이고 물리적 고통을 수반하는 것이었습니다. 그렇기 때문에 교회에서 얘기하는 지옥의 공포스러운 모습이 더 피부에 잘 와 닿았을 수밖에 없었겠지요. 그래서 과거의 사람들은 현대인들보다 더 절박한 마음으로 종교에 의지했고, 율법을 지키는 것을 통해 공포와 불안감을 해소하려 했던 것이었습니다.

그러던 것이 20세기에 접어 들어, 국가 별로 복지와 치안이 발달하고 전쟁에 대한 공포, 가난에 대한 불안감이 대중들의 일상에서 차지하는 부분이 줄어들자 인류의 마음 속엔 '삶은 혹시 행복한 곳이 아닐까'라는, 삶에 대한 긍정적인 태도가 조심스럽게 싹트기 시작했습니다. 특히 과학기술과 의학기술의 눈부신 발전은 가까운 미래에 모든 사람이 부족함이라고는 찾아볼 수 없는 지상천국에서 영생을 할 수도 있을 것이란 낭만적인 꿈을 꾸게 만들었지요.

이렇듯 삶을 긍정적으로 바라보려는 분위기가 팽배해지자 대중들 사이에서 종교인들의 입지는 점차 줄어들게 되었습니다. 신도수가 감소하고, 그 결과 헌금 액수도 줄어 들고, 그들이 내는 목소리는 사회적 영향력을 잃기 시작했습니다. 그래서 그들은, 삶을 부정적으로 정의하고, 내세에 대한 공포심을 조성하려던 과거의 전략을 대체할 만한 새로운 흥행 카드를 찾아야만 했지요. 그리고 이런 시도는 현세에서의 부귀영화와 무병장수를 강조하는 '기복신앙'적인 교리로 나타나게 되었습니다. 종교가 현실의 기복을 이야기하는 순간 그것은 종교의 역할을 포기한다는 것과 다를 바 없지요. 그래서 오히려 전보다 더 많은 사람들이 종교에 등을 지게 되었고, 그 결과 오늘날 우리는 유사 이래 스스로를 무교라고 칭하는 사람들의 숫자가 가장 많은 무신론적 시대에 살게 된 것입니다.

그렇다면 오늘날 인류는 과연 공포로부터 해방되었을까요? 절대 그렇지 않지요. 공포는 여전히 사람들의 마음 속에 그 모습만 바뀐 채 그대로 남아 있습니다. 과거 종교가 조장했던 지옥에 대한 공포를 대신해 새롭게 현대인들의 마음 속에 자리 잡은 공포의 정체는 아이러니 하게도 '행복'에 대한 공포입니다.

인류가 종교의 지배를 받던 시절 행복이란 죽음 이후에 얻게 되는 '보상'의 개념이었기 때문에, 사람들은 현실 속 행복에 대해선 심리적 부담감을 느낄 필요가 없었습니다. 율법을 잘 지키며 살다 죽으면 천국에서 행복을 누릴 수 있다는 약속을 믿고 있는 한, 그 아무리 헐 벗고 병들고 괴로운 현실이라도 참고 견뎌 낼 수가 있었지요. 하지만 어느 날 신기루처럼 종교가 일상에서 갑작스럽게 사라져 버리자 인류는 당혹감에 빠지게 됩니다. 종교가 사라짐과 동시에 자신들이 사후에 얻게 될 행복을 보장해주던 시스템까지 한꺼번에 사라져 버렸기 때문이지요. 이제 행복은 내가 무엇을 지키기만 하면 자동적으로 주어지는 보상의 개념이 아닌, 스스로의 힘으로 직접 성취해야만 하는 무한 경쟁의 대상으로 변해 버린 것입니다. 인류는 이제 생이란 허허벌판 위에 아무런 준비도 없이 벌거벗은 채 서있는 자신의 모습을 발견하게 된 것이지요. 행복은 고스란히 본인 스스로 책임져야 하는 부담스러운 존재가 되어 버린 것입니다.

과거 기독교가 말하던 젖과 꿀이 흐르는 천국의 개념은 누구나 이해하기 쉬운 것이었지요. 하지만 행복은 그 정체를 언어로 정의할 수 없는 애매모호한 것이기 때문에, 우리는 그것을 현실적으로 체감(appreciation)하는데 있어 상당한 곤란함을 느낍니다. 그래서 자연스럽게 본인의 모습을 남과 비교함으로써 얻는 상대적 우월감을 통해서, 그것을 행복이라고 여기기 시작하지요.

 바로 이 지점에서 현대인의 고통이 시작됩니다. 인류가 종교의 지배를 받던 시절에는 행복의 개념은 '절대적인 것'이었습니다. 모든 것이 명료하고 공정했지요. 부자와 거지, 귀족과 노예, 건강한 자와 병든 자 모두가 천국 앞에서 평등했습니다. 하지만 행복의 개념이 남과 비교를 통해서 얻게 되는 '상대적인 것'으로 변하면서부터, 우리는 나머지 인류 전체를 상대로 한 행복의 무한 경쟁을 시작하게 되었습니다. 그 결과 남보다 행복하지 않으면 안 된다는 부담감, 그리고 이로 인해 발생되는 미래에 대한 실체 없는 불안감이 고통의 모습으로 우리를 지배하게 된 것이지요.

행복의 저주

 오늘날 현대인들에게 종교의 역할을 대체하는 것이 바로 SNS와 미디어입니다. 그리고 이 SNS와 미디어가 공통적으로 외치고 있는 구원의 교리가 바로 '행복'이지요. 그런데 문제는 SNS와 미디어들이 묘사하는 행복의 모습이 시대별 유행을 따라 하나같이 획일화 되어있다는 점입니다. 이렇게 모두가 획일화된 모습의 행복을 추구하게 되면, 서로 간에 행복을 더 쉽게 비교하고 비교당하기 좋은 환경이 만들어지는 비극적인 결과를 낳게 되지요.

SNS 미디어가 가진 알고리즘의 특성은 많은 사람들이 시청하고 '좋아요'를 표시한 내용의 컨텐츠가 그렇지 않은 컨텐츠보다 훨씬 더 많은 사람들에게 노출되는 구조이기 때문에, 노출상의 빈익빈 부익부 현상이 벌어집니다. 그래서 과거에 비해 같은 내용의 컨텐츠를 보다 더 많은 사람들이 보게 될 확률이 높아진 것이지요. 즉 일부 계층만이 고급 정보를 독점했던 과거에 비해 정보의 대중화, 평준화 현상이 심해지면서, 이제 더 많은 사람이 더 높은 확률로 획일화된 행복한 삶의 모습에 노출되게 된 것입니다

이처럼 모두가 같은 '행복의 모습'을 따라 살기 시작하면 그 경쟁의 강도는 더욱 심해지고 결국 승자도 패자도 없는 제로섬 게임이 되고 말지요. 내 행복 등수가 남보다 뒤쳐진 사람은 열등감 때문에 불행해지고, 남보다 행복 등수에서 앞선 사람은 그 등수를 계속 유지하기 위해서, 또 남에게 나의 등수를 따라 잡힐까 봐 늘 불안에 쫓길 수밖에 없게 됩니다.

최근 들어 이런 현상에 문제를 제기하며, 미디어가 생산해 내는 획일화된 모습의 행복에 반대하고 '돈'이란 절대적인 잣대로 본인들의 인생을 비교 평가 당하기를 거부하고자 하는 사람들의 숫자가 늘기 시작했습니다. 이것이 바로 '소확행'이라 대변되는 라이프스타일이지요.

일상의 소소한 행복을 추구한다는 '소확행' 개념이 안고 있는 가장 큰 문제는 그것이 우리로 하여금 미래에 대해 기대를 품는 것을 멈추게 한다

는 점입니다. '멈춰야 비로소 보이는 것들'이란 말에서도 알 수 있듯이, 소확행은 스트레스에서 벗어나는 길만이 행복을 경험할 수 있는 유일한 방법이라고 가르치지요. 그러다 보니 우리는 괜히 미래에 대한 장미빛 꿈을 꾸다가 스트레스라는 내상을 받을 걱정에 인생을 점점 방어적으로, 소극적으로 살게 됩니다.

또한, 소확행은 물질적인 행복의 조건을 현실적으로 갖추지 못한 사람들의 숨기 좋은 도피처로서 악용될 수 있습니다. 마치 명품 브랜드를 사지 못하는 사람들이 유니클로나 H&M 같은, 남들에게 나의 경제적 수준을 평가 당하지 않는 브랜드에 열광하는 심리와도 유사하지요. 이런 태도는 자칫 우리로 하여금 삶의 수준을 높이고 경제적 성취를 얻고자 열심히 일하는 행위를 어느 순간 멈춰 버리고, 소확행이란 회색지대 속으로 도피해서 현실에 안주해 버리는 결과를 초래할 수도 있습니다.

오늘날 현대인들이 마주하고 있는 불행의 원인은 결국 우리가 행복이라는 모호한 목표를 인생의 궁극적인 목적지로 설정했다는 점에 있습니다. 행복이 인생의 목적이 되는 순간 인간은 혼란에 빠질 수밖에 없습니다.

우리는 행복이 빚어낸 여러가지 결과론적 모습에 대해선 이렇다 저렇다 말할 수 있지만, 그 모습을 따라 산다고 해서 반드시 행복에 이르는 것은 아닙니다. 왜냐하면 행복은 오로지 남과 비교를 통해서만 체감할 수 있는, 손에 잡히지 않는 실체 없는 존재이기 때문입니다. 그렇기 때문에 다른 사람과 나의 행복을 비교해서 얻는 뿌듯함이나 우월감은 우리를 잠시 유쾌하게 할 수는 있지만 그것 자체가 인생의 목적이 될 수는 없는 것이지요.

그렇다면 인생의 목표는 무엇인가요? 우리가 사는 목적이 행복이 아니라면, 도대체 그것을 대신해 무엇이 인생의 목적이 될 수 있는 것일까요? 이 질문에 대한 답을 찾기 위해서 우리는 인생이란 것이 단 한 번만으로 끝나는 이벤트가 아니라 끊임없이 반복되는 것일 수도 있다는 가설을 가지고 이 문제에 접근해 볼 필요가 있습니다.

가상현실과 게임이론

윤회사상은 여러 종교들의 초기 경전에서부터 등장하는 역사적으로 매우 뿌리 깊은 개념입니다. 현대 기독교가 주장하고 있는 직선적인 인생관, 즉 삶 후에는 죽음이 있고, 지상에서 어떻게 살았는지에 따라 사후에 누구는 천당에 가고, 누구는 지옥에 가게 된다는 개념은 중세시대에 교회가 자신들의 사회적 지배력을 강화하기 위해 교리에 새롭게 추가한 것이라는 게 최근 지배적인 학설이지요.

인간에겐 영, 혼, 육이 있고, 이 중에서 혼과 육은 육체의 죽음과 함께 소멸하지만 영은 그 후에도 불멸한다는 주장은, 예로부터 많은 철학자들의 연구와 종교들의 교리에서 흔히 발견할 수 있는 개념입니다. 굳이 차이가 있다면, 일부는 영이 육과 혼과 결합되어 세상에 다시 태어날 때 전생에서 쌓은 카르마에 의해서 어떤 생명체로 태어날 지가 결정된다고 주장하고, 일부는 다음 생에 자신이 어떤 모습으로 태어날지 혹은 태어날지 말지까지를 카르마와 무관하게 영이 스스로 결정하는 것이라고 주장하는 정도이지요.

 그런데 만일 윤회적 사상을 주장했던 과거의 종교 지도자나 철학자들이 현재 우리가 살고 있는 시대에 태어났다면 아마 당시보다 훨씬 수월하고 간단하게 본인들의 주장을 사람들에게 설파할 수 있었을 겁니다. 바로 '가상 시뮬레이션 게임(Virtual Reality Game)'의 등장 때문이지요.

 과거에는 가상게임이라는 개념 자체에 대한 이해는 물론, 가상게임을 구동 시키기 위해 필요한 컴퓨터의 연산속도나 그 위력을 체감조차 하지 못했기 때문에, 깊은 통찰 끝에 깨달은 윤회의 개념을 본인 스스로도 제대로 소화해 내기 어려웠을 겁니다. 그래서 윤회의 개념을 당시의 어휘력을 통해 대중들의 상식수준 내에서 억지로 풀어 내려다보니 그 내용이 복잡해질 수밖에 없었지요. 게다가 그 개념을 쉽게 설명해 보겠다고 온갖 상징과 은유를 사용하다 보니, 과거의 경전들은 지금 우리가 보기에 도무지 이해 불가한 미스터리들로 가득 차게 된 것입니다.

 제가 처음 접한 시뮬레이션 게임은 1990년대 초반에 출시된 초기 버전의 '삼국지 게임' 이였습니다. 게임을 시작하면 플레이어는 먼저 본인의 게임상 캐릭터를 고릅니다. 배경이 삼국시대다 보니 유비, 조조, 손권, 동탁 같은 당 시대 활약했던 유명한 군주들 중 한 명을 고르게 되지요. 그 다음으로는 내가 고른 캐릭터의 매력, 무력, 지력지수의 비율을 설정한 후, 이어 게임의 난이도를 결정합니다. 난이도를 쉽게 설정하면 웬만해선 주변국에서 먼저 침략을 해 오는 일도 없고, 메뚜기 떼니 지진, 홍수 같은 천재지변 없이 평탄하게 시간이 흐르게 됩니다. 대신 난이도를 높게 설정하면 게임을 시작하자 마자 주변 나라들이 쳐들어오고, 기껏 농사를 지어 놓으면 난데없이 천재지변이 발생해 저장했던 식량이 사라지고, 때론 역병이 돌아 인구수가 절반으로 감소하기도 하지요. 몇 년 후 업그레이드되어 출시된 삼국지 게임의 경우엔 유저가 게임의 굵직한 시나리오를 미리 선택할 수 있는 기능이 추가되었습니다. 게임 중 사소한 의사결정은 상황에 따라 유저가 의지적으로 내릴 수 있지만 역사적 굵직굵직한 이벤트들은 사전에 이미 정해진 상태로, 큰 역사의 흐름을 벗어나지 않는 범위 내에서 게임을 진행하는 방법이지요.

 대부분의 경우 삼국지 게임을 처음 접하는 사람은 난이도를 가장 낮은 수준으로 책정해 놓고, 캐릭터도 가장 우월한 조건을 가진 인물로 골라서 초기 세팅을 하기 마련입니다. 그래야 더 빠르고 손쉽게 전국 통일을 이룰 수 있으니까요. 하지만 일단 한번 전국 통일을 달성하고, 다시 삼국지 게임을 할 때는 난이도를 슬슬 올려보고 싶은 마음이 듭니다. 너무 쉽게 삼국통일을 해버리면 별로 '재미'가 없기 때문이지요. 그래서 게임을 하는 횟수가 거듭될수록 난이도를 점점 높여서 세팅을 하게 되고, 나중에는 주인공을 '맹획'같이 최악의 조건을 가진 군주로 고르게 되며, 게임 난이도도 가장 어려운 수준으로 높이게 됩니다.

이런 최악의 조건으로 세팅을 해 놓으면 게임을 시작하자 마자 자연재해가 발생하고, 준비도 안 된 상태에서 이웃 국가가 침략을 해와 곧바로 나라가 멸망위기에 빠지지요. 하지만 유저는 어느 순간 어려운 상황 속에 힘들고 고달픈 과정을 스릴 있게 즐기고 있는 자신의 모습을 발견하게 됩니다. 때론 시작과 동시에 바로 주인공이 사망하거나 나라가 멸망해버려서 바로 다시 게임을 리부팅 해야 하는 경우도 생기지요. 하지만 플레이어는 그럴수록 오기가 생겨서 게임에 더 깊게 몰입하게 됩니다.

얼마 전 '테슬라'사의 CEO, 일론 머스크는 언론사 인터뷰를 통해 현재의 컴퓨터 발전 속도로 미루어 볼 때 지금의 현실세계가 가상 현실 속 게임이 아닐 가능성은 0.000000001 프로가 채 되지 않는 다는 충격적인 이야기를 한 적이 있습니다. 머스크 뿐 아니라 최근 많은 사상가들, 과학자들 사이에서도 이와 유사한 세계관에 동의하는 사람들의 숫자는 점점 늘어나고 있지요. 양자물리학과 같은 과학적인 방법을 통한 귀납적 접근으로도 이 세상이 가상 현실이라는 결론에 점차 가까워지고 있는 것도 사실이지만, 우리는 현실세계가 가상현실이라는 가설을 가지고 연역적 접근으로 이 세상에서 일어나는 여러 가지 현상을 해석해 보았을 때 지금껏 풀리지 않았던 모순적 문제들이 일순간에 해결된다는 것을 알 수 있습니다.

행복 vs 재미

만일 이 세상이 가상현실 속 게임이라면 우리가 사는 목적은 무엇일까요? '나'라는 생각, 감정, 몸을 가진 실체가 내 고유의 '영'이 고른 가상의 캐릭터에 불과하다면, 그리고 내가 가지고 있는 기본적인 신체조건이나 환경들 역시 내가 생전에 난이도에 맞게 고른 설정값이라면, 그리고 무엇보다 이 게임을 내가 끝내고 싶을 때 끝낼 수 있고 언제든지 내가 원할 때 다시 시작할 수 있는 것이라면, 내가 이 인생이런 게임을 하는 목적은 도대체 무엇이고, 무엇이 돼야만 할까요?

그것은 아마도 지금껏 많은 사람들이 자신의 인생의 목적이라고 여겨 왔던 여느 가치들과는 다른 것이겠지요. 우리는 이런 가치들보다 더 상위에 위치한 개념, 더 위대하고 숭고한 가치를 찾아내야 합니다. 그것은 우리가 게임을 할 때 가지는 공통적인 목적, 바로 '재미'입니다.

삼국지 게임을 하는 게이머들에게 게임을 하는 목적이 뭐냐고 물어보면 흔히들 전국 통일을 하는 것이라고 답하겠지만 그것은 정답이 아니지요. 전국 통일은 재미를 얻기 위한 수단에 불과하기 때문입니다. 그렇기 때문에 만일 인생이 가상 게임이라면 우리가 건강한 것도, 화목한 가정을 꾸리는 것도, 부자가 되는 것도 재미를 얻는데 필요한 수단인 것이고, 반대로 몸이 허약한 것도, 가난한 것도 그것을 이겨내고 극복하는 재미를 얻는데 필요한 수단인 것입니다. 그래서 저는 감히 이 재미를 '숭고한 재미',

혹은 '위대한 재미'라고 부릅니다.

게이머는 게임을 행복하기 위해서 하지 않습니다. 행복이란 고통이나 걱정, 불안을 체감하지 못하는 순간 경험하는 심신이 평온하고 안정된 일시적 상태를 뜻합니다. 그렇기 때문에 인생의 목적을 행복이라고 착각을 하게 되면 인간은 스트레스를 피해 사는 것이 최선이라는 생각을 하게 되고, 결과적으로 인생에 대해 소극적인 태도를 가지게 될 수밖에 없습니다.

하지만 재미는 행복과 다릅니다. 재미는 의지를 필요로 하지요. 재미를 얻기 위해선 인간은 적극적이고 진취적으로 변해야만 합니다. 기획을 하고 그에 따라 실행을 해야 합니다. 삼국지 게임을 하면서 전쟁도 없고, 기근도 없는, 지극히 평화롭고 편안한 순간을 게임의 목적으로 여기는 사람은 없습니다. 재미를 위해선 때론 갈등도 필요하고, 결핍도 필요하고, 좌절도 필요하고 사랑하는 장수와의 이별, 배신, 때론 미래에 대한 불안감도 필요합니다. 그래서 인간은 이런 스트레스들로 가득한 세계에서 여러 갈등들을 하나씩 극복해 나갈 때 비로소 진정한 재미를 경험하게 되는 것이지요.

이처럼 재미를 추구하고자 하는 플레이어의 적극적인 태도가 바로 도스토예프스키가 인생의 실체라고 외쳤던 '욕망'인 것이고, 쇼펜하우어가 주장했던 세상을 움직이는 힘, 세상의 형상을 드러내게 만드는 에너지, 바로 '의지'인 것입니다. '행복'은 '재미'의 여러 가지 파생적 개념 중, 한 하위 장르일 수는 있지만 '재미'의 위치에는 결코 오를 순 없습니다. 몽테뉴도 참된 행복이란 '기뻐하며 즐기는 것, 그리고 고생하며 애쓰는 것'이라고 말했지요.

또한 '재미'는 절대적인 잣대로 평가되거나 남과 비교될 수 있는 성질의 것이 아닙니다. 재미는 오로지 본인 만이 체감할 수 것이기 때문에, 그 누구도 '재미란 이런 것이다'라고 재미를 객관적으로 정의할 수 없습니다. 그렇기 때문에 남에게 '너는 이런 종류의 재미를 추구해야 한다'고 강요할 수 없는 것이지요. 내가 추구하는 재미는 인생이란 게임을 플레이하고 있는 게이머가 스스로, 주도적으로 결정하는 것입니다. 게이머의 수준, 성향에 따라 어떤 사람에겐 스트레스 넘치는 시나리오를 치열하게 극복해 나가는 과정이 재미일 수도 있는 것이고, 어떤 사람에겐 순탄하고 평화로운 나날이 계속되는 것이 재미일 수도 있는 것입니다.

결과가 아닌 과정을 통해 얻게 되는 재미

'소확행'스러운 행복을 추구하는 사람들이 자주 인용하는 '낚시꾼' 이야기가 있습니다. 예전에 도시에 사는 한 사람이 여행을 하다가 아름다운 시골 바닷가에서 한가롭게 낚시를 하고 있는 어부를 만났는데, 어부가 물고기를 너무 손쉽게 잡는 모습을 보고 그에게 '이렇게 많은 물고기를 그렇게 쉽게 잡을 수 있다면 당신은 왜 물고기를 도시에 내다 팔아 큰 돈을 벌 생각을 하지 않습니까? 라고 물었답니다. 그러자 어부가 왜 굳이 큰 돈을 벌어야 하냐고 되묻자, 그 사람은 답답하다는 표정으로 '돈을 많이 벌어야 시골에 내려와서 한가롭게 낚시나 하면서 여생을 즐길 수 있지 않겠습니까?'라고 말했다는 우스운 이야기이지요.

하지만 이 이야기는 사건의 '결과'만을 강조할 뿐, 그 배후에 있는 '과정'이 가지고 있는 가치의 중요성을 놓치고 있습니다. 한가롭게 낚시를 하면서 여생을 보내는 재미만큼이나 물고기를 도시에 내다 팔아 돈을 버는 것도 그 나름의 재미가 있는 것이지요. 물론 그 과정에서 시행착오도 있겠고, 실망하고 좌절하는 순간도 있겠지만 또 그만큼 그것을 이겨냈을 때 얻게 되는 성취감과 짜릿함도 있을 겁니다. 누구에겐 바닷가에서 한가로이 낚시를 하며 여생을 보내는 것이 즐거운 것이지만, 또 누구에겐 좌충우돌, 우왕좌왕하면서 뭔가를 이뤄가는 순간 순간이 더 즐거울 수도 있는 것이지요. 오히려 저는 시골에서 한가롭게 낚시만 하면서 여생을 보내다간 권태라는 더 큰 불행에 쉽게 빠지게 될 수 있다고 봅니다.

그래서 많은 철학자들이 입을 모아, 행복은 절대로 손에 잡히지 않는 신기루와 같은 것이라고 말한 것이겠지요. 영원히 지속되는 행복은 결코 존재하지 않습니다. 다만 누구는 그것을 추구해 가는 과정을 재미라고 여기며 인생의 매 순간 순간을 즐기는 것이고, 누구는 그 과정을 고생이라고 여기며 매 순간을 괴로움 속에 빠져 살아가는 것뿐입니다.

사람들이 임종 직전에 본인의 인생에서 가장 아쉬웠던 점, 후회되는 것이 뭐냐고 묻는 질문에 제일 많이 답한 것이 바로 인생을 내 맘대로 살지 못했던 것, 더 많은 경험을 해보지 못했던 것이라지요. 인생의 종점에 다다라서야 비로소 목적보단 과정 그 자체가 더 중요한 것이라는 사실을 깨닫게 되는 것입니다.

이런 관점에서 저는 '무소유' 개념 역시 자칫 사람들로 하여금 '가지지 않은 게 가진 것 보나 더 좋다'라는 잘못된 오해를 불러일으킬 수 있다고 봅니다. 물론 '무소유'가 주는 재미도 솔솔 하지만, '유소유'가 주는 재미도 훌륭한 것입니다. 오히려 더 클 수 있지요. 무소유가 주는 기쁨도 많이 가진 사람이 의지적으로 추구해야 그 기쁨이 더 큰 것이지, 뭔가를 제대로 가져본 적이 없는 사람이 무소유의 기쁨을 제대로 알고 즐길 수 있을까요? 다들 무소유가 좋다고 하니, 나도 돈 버는 노력을 멈추고 현재 수준에 만족하면서 살겠다는 태도는 소중한 인생이 줄 수 있는 즐거움을 반감시키는 결과만 초래할 뿐입니다. 이런 태도는 깨달음이라기보단 현실도피에 더 가깝지 않을까요?

깨달음이 무의미한 이유

우리가 게임을 할 때 게임 속 캐릭터에 과도하게 몰입되다 보면, 간혹 본인이 게임을 하고 있다는 사실조차 잊게 되는 경우가 있습니다. 그러다 보면 게임 속에서 겪게 되는 불행한 사건들, 즐거운 사건들이 마치 현실처럼 느껴 지기도 하지요.

인간이 영, 혼, 육으로 구성되었다고 볼 때 우리가 게임 속에 푹 빠져 있는 동안, 그 안에서 희로애락의 감정을 느끼고 있는 정체가 '혼'이고, 게임이 끝난 후에 '와, 이 게임 정말 재미있었네'라고 말하는 정체가 '영'입니다. 우리가 흔히 해탈에 이른 상태를 '참나'를 체험하는 순간이라고도 하는데, 여기서 '참나'가 바로 '영'을 뜻합니다. 그러므로 참나를 체험한다는 뜻은 게임 속의 내가 아닌, 게임을 하고 있는 진짜 내가 존재한다는 것을 체험하고, 그 느낌을 깨닫는 것을 의미합니다. 어릴 적 오락실에서 게임에 푹 빠져 있다가도 빨리 집에 와서 밥 먹으라는 엄마 전화를 받으면 그제서야 정신이 번쩍 들곤 했지요. 이것이 소위 '각성'이란 것입니다. 불교에서 어느 스님이 종소리를 듣고는 갑자기 득도를 했다는 말도 이와 같은 각성의 경험을 이야기하고 있는 것이지요.

그런데 과연 득도를 한 사람은 그 남은 인생이 행복할까요?

득도를 하면 인생을 예전처럼 희로애락의 노예가 된 상태로 살진 않겠지만, 대신 과거에 느꼈던 짜릿한 종류의 재미는 더 이상 경험하기 어려울 것입니다. 여러분들은 각성한 도사들이나 스님들을 보면 그 분들의 인생이 재미있어 보이나요? 과연 그들이 부러워 보이나요? 다들 그것이 인생의 가장 바람직한 모습이라고 하니 좋게 봐야 할 것 같은 마음은 들지만,

나도 평생 저렇게 살고 싶다는 마음은 별로 들지 않습니다. 그렇다면 왜 다들 그렇게 해탈에 이르길 원할까요? 그리고 왜 다들 윤회라는 수레바퀴에서 벗어나기 위해 안달을 하는 것일까요?

윤회를 다루는 종교들의 교리에 따르면 인간이 윤회에서 벗어나기 위해선 '업장', 혹은 '카르마'를 남김 없이 닦아야 한다고 하지요. 카르마란 내가 사는 동안 다른 인격의 자유의지를 침범하는 생각이나 행위를 했을 때 생기는 일종의 우주적 에너지인데, 내가 남에게 한 만큼의 에너지를 나도 반드시 겪게 된다는 우주적 현상을 뜻합니다. 쉽게 말해 내가 남에게 저지른 죗값은, 이승이든 다음 생에서 어떤 형태로든 스스로 치러야 한다는 말이고, 우리들의 인생은 카르마 법칙에서 절대로 벗어나지 않도록 운영된다는 것입니다.

그렇다면 카르마는 나쁜 것인가요?

카르마는 인생이란 게임이 오류 없이 제대로 돌아가게 만들어 주는 중요한 룰(RULE)의 역할을 합니다. 달리 말하면 카르마는 게임을 더 몰입감 있고, 재미있게 플레이 할 수 있게 도와주는 게임의 중요한 법칙, 요소입니다. 게임은 반드시 벌칙이 있어야 운영되기 마련입니다. 카르마 벌칙이 있어야 인생이 그 원리에 맞게 돌아가는 것이지요. 그렇기 때문에 카르마는 없애야 할 대상이 아니라 즐겨야 하는 대상입니다. 게임을 하다 가끔 지겨울 때가 오면 '이제 좀 쉬고 싶다'(이것을 환생을 멈추고 '에너지 차원에서 머문다'고도 표현합니다)란 생각이 들 때가 있지요. 그럴 땐 중간에 게임을 멈출 수도 있고, 그렇지 않은 사람은 쉬지 않고 카르마를 끝까지 다 없애는 방식의 게임을 할 수도 있는 것입니다. 게임을 어떤 식으로 플레이할지 결정하는 것은 게임 하는 사람의 자유인 것이지, 뭐가 더 옳다 그르다 라고 말할 수 있는 게 아니지요.

그렇다면 우리 주변에서 발생하는 예기치 못한 '죽음'은 이런 관점에서 볼 때 어떻게 설명될 수 있을까요?

게임을 하고 있는 동안 '혼'은 게임을 중도에 끝낼 생각을 좀처럼 품지 않지요. '혼'은 늘 살고 싶어 합니다. 게임을 계속 하고 싶어하지요. 하지만 '영'은 꼭 그렇지만은 않습니다. '혼'에겐 게임이 세상의 전부이지만 '영'에게 게임은 즐거움을 추구하는 여러 가지 방법들 중 하나일 뿐입니다. 그래서 '영'은 '혼'보다 더 높은 수준에서 의사결정을 합니다. 그래서 게임이 갑자기 지겨워졌거나, 게임보다 더 중요한 일을 해야겠다는 마음이 들면 언제든지 게임을 꺼버릴 수 있습니다. 게임을 하는 중간에도 생각대로 게임이 잘 안 풀린다든지, 캐릭터를 새로 바꿔 다른 미션에 도전하고 싶다는 생각이 들면 언제든지 게임을 껐다가 다시 시작할 수도 있지요. 이것이 바로 우리 주변에서 경험하는 갑작스러운 죽음의 실체입니다. 그래서 '신과 나눈 이야기'란 책을 쓴 닐 도날드 월시는 '이 세상에 의도치 않은 죽음은 없다'라는 멋진 말을 한 것이지요.

재미를 결정할 수 있는 자유

흔히들 철학은 '삶이란 무엇인가?'란 물음에 '스스로' 대답하는 학문이라고 하지요. 그래서 철학자들은 본인만의 고민을 통해 깨달은 '삶에 대한 정의'를 우리에게 설파합니다. 그렇다면 우리는 그 중에서 가장 그럴 듯해 보이고 맘에 드는 정답을 하나 골라, 나의 남은 삶을 그 철학자기 주장하는대로 살이야 하는 것일까요?

철학이란 '삶이 무엇이냐는 질문에 대한 나의 표현이다'라는 멋진 말이 있습니다. 이 말은 많은 철학자들이 스스로 삶에 대한 각자의 답을 냈듯이 우리 각자도 삶에 대한 자신만의 표현을 해야 하고, 실제로 그렇게 살도록 노력해야 한다는 뜻이지요. 저는 이것이 진정한 의미의 '자유'라고 생각합니다.

이런 의미에서 우리가 철학책을 읽는 이유는 다른 철학자들의 철학을 배우기 위함이 아닌, 본인이 생각하고 결정한 철학의 내용을 다른 철학자들은 어떤 방식으로 설명했는지를 확인을 하기 위한 것에 불과한 것입니다.

우리는 신체의 자유, 의사결정의 자유를 넘어 세상을 어떻게 정의 내리고, 인생은 어떻게 살아야 더 재미있고 행복한 것인지를 스스로 결정할 수 있는 자유를 가져야 합니다. 게임을 플레이 하는 유저는 그 유저만의 기호가 있고, 성향이 있습니다. 사람마다 게임 경험치도 각각 다를 것이고, 게임에 기대하는 것, 재미를 추구하는 관점도 다를 수밖에 없는 것이지요. 그렇기 때문에 많은 종교나 영성단체들 그리고 철학자들의 가르침들은 우리로 하여금 스스로 더 나 다운 삶을 정의 내리는데 있어 도움을 주기 위해 보조적으로 필요한 것일 뿐입니다. 우리는 그들의 메시지대로 살 필요도 없고, 그렇게 살아서도 안 됩니다. 그들과 여러분이 다르듯이 그들이 바라보는 삶과 여러분이 실제로 살아갈 삶은 다르기 때문입니다.

 문제는 인생이란 게임을 리셋하고 다시 스타트 버튼을 누를 때, 영의 기억은 남아있지만 혼의 기억은 백지상태로 지워진 채 인생이 다시 시작된다는 것입니다. 그러다 보니 인생의 목적이 재미라는 사실을 까맣게 잊은 상태로 다음 생을 맞게 되는 것이지요. 비록 나의 기호나 성향은 DNA의 형태로 저장되어 있지만, 이전 게임의 경험은 기억 속에서 지워졌기 때문에 우리는 태어나면서 마치 삶이란 게임을 생전 처음 해보는 것처럼, 하나 하나 직접 경험을 해가며 삶을 배워 나가야 합니다. 그래서 우리들 중에는 '아, 인생은 도무지 모르겠어, 그걸 내가 어떻게 알겠어, 그냥 다른 사람들이 옳다고 말하는 방향대로 따라 살다 보면 최소한 망치진 않겠지…'와 같은, 니체의 표현을 빌리자면 '노예 정신'을 가지고 인생을 사는 사람들이 많을 수밖에 없는 것입니다.

 기독교란 종교가 그렇게 오랜 기간 흥행에 성공했던 이유 중 하나는 그들의 교리가 바로 이런 인간의 나약함을 공략했기 때문입니다. 기독교의 교리를 한마디로 압축하면 모든 인간들로 하여금 하나님의 행복한 노예가 되게끔 하는 것입니다. 구약 히브리서에 보면 유대인들은 희년이 오면 빚진 돈을 탕감해 주고, 노예를 해방시켜주는 관습이 있는데, 주인을 너무 사랑한 나머지 자유의 몸이 될 수 있는 기회를 스스로 버리고 계속해서 주인의 노예로 살기를 선택한 노예들은 그 증표로 자신의 귓볼을 문설주에 대고 못을 박는다는 이야기가 나옵니다. 이 이야기는 신약에 인용되어 결국 기독교 교리의 핵심이 되는 구원개념으로 발전하지요. 도대체 어떻게 해야 인생을 잘 사는지도 모르겠고, 행복은 도무지 손에 잡히지 않이 혼란에 빠져 있는 현대인들에게 자기 스스로가 자기 인생의 왕이 되려는 헛된 욕심을 버리고 인생의 왕 자리에 본인 대신 예수님을 앉히라는 것입니다. 사실 이게 가장 속 편한 결정이긴 합니다. 그래서 인생에 대해 고민을 많이 한 사람일수록 모든 고민 걱정 다 버리고 신의 품에 안기고 싶은 유혹에 쉽게 빠지지요. 하지만 저는 대부분의 경우 사람들이 이런 과감한 의사결정을 내리는 배후에는, 혹시 지금같이 살다 죽으면 지옥에 떨어지지 않을까 걱정되는 마음, 그 불안감을 해결하기 위해 마치 생명보험을 하나 들어 놓으려는 것과 같은 마음이 작용하지 않았나 생각해 봅니다.

재미와 책임

재미를 추구하기 위해 하는 감성적, 육체적 행동을 우리는 '유희활동'이라고 합니다. 이것을 쉽게 말해 '노는 것'이라고 부르지요. 즉 재미는 개념적인 표현이고, 논다는 것은 재미를 추구하기 위해 그것이 행동으로 드러나는 모습을 뜻합니다. 즉 재미있기 위해 노는 것이지요. 하지만 '재미'라는 개념과 '논다'라는 행위는 전통적으로 부정적인 이미지로, 그리고 삶의 여러 가치들 중 매우 하등한 개념으로 여겨져 왔습니다.

아마도 그것은 재미만을 추구하며 살다보면 인간이 먹고 사는, 생존에 필요한 기본적인 일들을 등한시하게 되기 때문일 수도 있고, 혹은 공동의 선이 아닌, 나만의 재미를 추구하는 모습이 사회적 관점에서 다소 이기적인 모습으로 여겨졌기 때문이었을 것입니다. 실제로도 과거에 우리 주변에서 유달리 재미를 추구하는 사람들이 본연의 일을 게을리하고 남에게 피해를 주는 이기적인 인생을 사는 경우를 자주 목격했기 때문일 수도 있었겠지요. 그래서 우리가 재미를 본격적으로 추구하기에 앞서 반드시 선행되야 하는 것이 바로 본인의 사회적 책임에 충실하는 것입니다.

사회적 책임은 도의적인 차원을 넘어 본인이 즐길 수 있는 재미의 질과 양에도 직접적인 영향을 끼칩니다. 만일 내가 재미를 추구하다 다른 사람에게 피해를 주면 나는 법적이든 정신적이든 간에, 어떤 형태로든 그 대가를 치르게 됩니다. 그 결과로 더 많은 재미를 추구하고 경험할 수 있는 기회를 잃게 되겠지요. 그렇기 때문에 내가 더 재미있게 살기 위해선 재미를 추구하는 행동이 본인 스스로에게는 물론 그것이 다른 사람들에게 어떤 영향을 끼치는지까지도 반드시 고려해야 합니다.

건강하게 먹고 사는 인간의 기본적인 도리 역시 게으르면 안 됩니다. 그래야 더 많은 시간 동안 더 수준 높은 퀄리티의 재미를 추구할 수 있게 되기 때문이지요. 그래서 재미를 전격적으로 추구하는 인간은 결과적으로 세상의 보편적인 관점으로 보더라도 높은 수준의 점수를 받게 됩니다.

또한 논다는 것은 항상 시간과 돈이라는 변수를 떼어 놓고 이야기할 수 없습니다. 그래서 놀고 즐기는 것을 논하는 것은 결국 돈 많고 시간 많은 필자 좋은 사람들이나 할 수 있는 한가한 소리가 아니냐는 말도 있는 것이지요. 하지만 아무리 일상에 쫓기는 사람이라 할지라도 다른 사람들과 비교해서 놀 수 있는 시간이 상대적으로 적은 것이지, 노는 행위 자체를 포기할 정도로 시간이 없는 경우는 없습니다. 오히려 놀 시간이 상대적으로 적은 사람들일수록 본인에게 짧게 주어진, 귀중한 노는 시간을 어떻게 하면 제대로 활용할지, 더 재미있게 놀 수 있을지에 대해 더 많은 고민을 할 필요가 있지 않을까요?

반대로 여가시간과 돈이 많은 사람이라고 해서 모두가 재미있게 놀 수 있는 것은 아닙니다. 노는 방법과 원리를 제대로 이해하지 못하고, 제대로 놀 줄 모르는 사람은 아무리 놀 수 있는 여건을 충분히 가지고 있어도 그 시간을 재미있게 보내지 못합니다. 휴식도 마찬가지이지요. 제대로 휴식하는 방법을 모르는 사람은 모처럼 만에 찾아온 휴식의 기회를 제대로 활용하지 못합니다. 그래서 휴식도, 노는 것도 모두 공부가 필요합니다.

잘 노는 사람이 성공한다

인간의 유희활동, 즉 노는 것에 대한 연구는 플라톤, 아리스토텔레스, 에라스무스, 그리고 20세기 초반 호모루덴스(유희의 인간)라는 책을 쓴 후 이징아에 이르기까지 많은 학자들의 연구 대상이 되어 왔습니다. 하지만 이런 과거의 연구들에는 공통적인 문제점이 하나 있는데, 그것은 노는 행위를 일상의 생업활동과 분리된 것으로 한정 지었다는 점입니다.

과거 사람들의 생업은 육체적으로 힘든 것들이 대부분이었기 때문에 일과 유희는 공존하기 어렵다고 생각할 수밖에 없었지만, 현대 사회에 접어들어 직업이 세분화되면서 개인적 취향이나 취미가 생업으로도 연결되는 경우가 많아졌지요. 그래서 우리가 놀거리란 개념에 보다 현실적으로 접근하기 위해선 그것이 먹고 사는 생업과도 밀접하게 연결될 수 있는 놀거리들에 대해서도 관심을 가져야 합니다.

'잘 노는 사람이 성공한다'라는 말이 유행어처럼 자주 입에 오르내리는 요즘, 현대인들에게 있어서 '놀이'는 일과 후 남는 시간을 잘 때우기 위한 '여흥' 그 이상의 의미를 가지고 있습니다. 요즘 기업들이 가장 선호하는 신입사원으로 '덕후기질'을 가지고 있는 사람을 꼽고 있는 이유도 이 같은 배경에서 설명될 수 있지요.

어떤 취미나 놀이활동을 깊은 수준으로 즐기고 있는 사람은 그 분야에서

만큼은 상대적으로 남들보다 더 뛰어난 정보나 인사이트를 가지게 되고, 결국 그것이 생업의 영역인 비즈니스적 역량으로까지 연결될 수 있다는 것이지요. 그래서인지 최근엔 '덕업일치'라는 신조어가 등장하기도 했습니다. 본인의 덕후 기질과 먹고 사는 직업이 일치하는, 즉 내가 좋아하고 즐겨 하는 일을 하면서 돈까지 버는 사람을 지칭하는 말이지요. 덕업일치는 놀이와 생업이 커다란 교집합을 이룬 매우 이상적인 형태입니다. 그래서 요즘 젊은이들 사이에선 미래의 직업을 결정할 때나 창업을 생각할 때도 연봉이니 근무환경보단, 그 일이 내가 즐기면서 할 수 있는 일, 내가 놀면서 할 수 있는 일인지의 여부가 의사결정의 더 중요한 기준이 되고 있지요.

 어떤 분야에서 제대로 잘 놀 줄 아는 사람은 그 유희 행위를 통해 얻게 되는 부산물들로 인해 노는 경험이 생업에까지 긍정적인 영향을 미치게 됩니다. 어떤 종류의 놀이라도 그것을 제대로 즐기기 위해선 여러 가지 정보와 기술을 필요로 합니다. 한 분야를 깊게 파고 들다 보면 자연스럽게 인내심과 끈기도 생기게 되지요. 또한, 같은 재미를 추구하는 사람들끼리는 일종의 동지애 같은 것이 있기 때문에 자기들만의 끈끈한 커뮤니티도 형성이 됩니다. 그래서 어떤 분야든 간에 놀이를 즐기면 즐길수록 그것과 관련된 특정 성향이나 인프라들이 자연스럽게 개발되어, 그것이 대부분의 생업에도 긍정적인 효과를 가져오게 되는 것이지요. 이런 배경에서 '잘 놀 줄 아는 사람이 사회에서도 성공한다'는 말이 나오게 된 게 아닐까요?

지금까지 우리는 인생에 있어서 행복이 아닌 재미를 추구하는 게 왜 중요한지, 그것이 어떤 의미를 가지는지에 대해 알아보았습니다. 그리고 재미를 추구하는 것을 방해하는 기존의 사회적 선입견에 대해서, 그리고 역사적인 고찰을 통해 우리가 이런 선입견을 가질 수밖에 없었던 배경과 원인들을 찾아보았습니다. 또한 종교와 뉴 에이지 단체들이 주장하고 있는 왜곡된 개념의 행복에 대해서, 그리고 그것이 우리가 건강한 즐거움을 추구하는데 있어 어떤 악영향을 끼치는지에 대해서도 알아보았지요. 여기까지 저를 따라온 독자 분들은 인생을 바라보고 해석하는 관점 면에선 지금껏 그 어떤 철학자나 종교지도자들 수준 못지않은 스펙트럼을 가지게 되었다고 저는 확신합니다.

02

우리를 제대로 놀지 못하게 방해하는 장애물, 외로움

고독의 실체

얼마 전 까지만 해도 격식 있는 레스토랑에서 누군가 혼자 앉아 우아하게 식사를 하는 모습을 본다는 것은 상상하기 어려운 일이었습니다. 하지만 최근에는 상황이 많이 변했지요. 모두들 잘 아시는 일본 후지 TV에서 방영된 드라마, '고독한 미식가'의 인트로는 다음과 같은 멋진 대사와 함께 시작됩니다.

'시간과 사회에 얽매이지 않고
행복하게 공복을 채울 때
잠시 동안 그는 제멋대로가 되어 자유로워진다.

누구에게도 방해받지 않고

누구도 의식하지 않고
음식을 먹는다는 고고한 행위,
이 행위야말로 현대인에게 주어진
최고의 '힐링'이라고 할 것이다'

 꽤 문학적인 글이지요. 인간은 늘상 익숙했던 '여럿'이라는 습관에서 탈피해 '혼자'가 되었을 때 비로서 이전에 경험해 보지 못했던 깊이 있는 자유를 경험할 수 있다는 것이지요. 물론 혼자가 여럿보다 낫다는 뜻은 아닙니다. 그렇다고 여럿이 혼자보다 낫다는 것도 아니라는 것이지요. 여럿은 여럿대로의 재미가 있고, 혼자도 여럿일 때와는 다른, 그 나름의 재미가 있다는 뜻입니다.

 데이비드 리스먼이 '고독한 군중'이란 책에서 말했듯이, 인간은 숙명적으로 고독할 수밖에 없는 존재입니다. 그렇기 때문에 인간은 스스로에게 고독하다는 생각이 들 틈을 주지 않기 위해 끊임없이 자신의 주의를 돌릴 만한 거리들을 만들어 내지요. 뚜렷한 명분도 없는 이유를 만들어 스스로를 일로 내몰고, 그것이 왜 필요한지도 모르는 관계성에 집착하기도 합니다. 이 모든 것이 스스로에게 고독하다는 생각이 들지 못하게 하는 도구들일 뿐이지요. 만일 여러분이 살면서 고독하다는 감정을 느끼지 못한다면 그 이유는 여러분이 별 생각없이 매일 매일을 살고 있기 때문이든지, 아니면 다른 일들에 생각을 너무 많이 빼앗겨 정작 본인이 고독한지도 모른채 인생을 살고 있기 때문입니다.

많은 사람들 사이에 둘러 쌓여 있는 순간에도 인생이란 게임을 플레이하고 있는 유저는 바로 나 한 사람이라는 사실은 절대로 변하지 않습니다. 여러분이 살면서 만나는 사람들, 가족, 친구, 연인, 직장동료, 지나가는 이름 모를 행인들 모두 각자의 인생이란 게임을 플레이하고 있는 독립된 유저들일 뿐입니다. 여러분의 입장에서 볼 때 그들은 게임 속에 등장하는 캐릭터, 환경에 불과한 것이지요. 그래서 인생은 외로울 수밖에 없습니다.

이 사실을 외면하기 위해서, 혹은 잠시라도 잊기 위해 우리는 계속해서 누군가를 만납니다. 그럼으로써 내가 그들과 연결되어 있고 관심받고 있다는 것을 확인하려 하지요. 하지만 파티가 끝나고 집에 돌아오면 결국 혼자 남게 됩니다. 누군가와 같은 침대에서 잠을 자더라도 등을 돌려 눈을 감는 순간 결국 이 세상엔 나 혼자 뿐이라는 느낌이 엄습해 오는 것은 막을 수 없지요.

사랑하는 가족들과 친한 친구들로 북적이는 삶을 사는 분들도 많습니다. 과연 그런 사람들은 고독을 느끼지 않을까요? 절대 그렇지 않습니다. 상대적으로 그렇지 못한 삶을 사는 사람들 보다 하루 일과 중 다른 사람들과 보내는 시간이 많다는 차이만 있을 뿐, 그렇지 못한 시간, 혼자 남는 시간에 느끼는 고독감은 동일합니다. 오히려 여럿이 북적거리다 갑작스럽게 마주하는 고독감이기에 그 괴로움의 크기는 더 클 수도 있지요. 젊었을 때 주변에 사람들로 가득 찬 삶을 살았던 사람이라도, 시간이 지날 수록 이런 저런 이유로 한 명 한 명 사람들은 떠나기 시작하고 결국 혼자 보내는 시간은 점차 길어지게 되지요. 그렇다면 외로움의 실체는 과연 고통인 것일까요? 만일 인생의 본 모습이 고독이라면 우리는 한숨만 쉬며 절망 속에 살아야 하나요?

고독을 이기고 즐기는 방법

고독한 사람은 사랑을 갈망합니다. 물론 사랑이 주는 즐거움은 자신이 고독하다는 사실을 잊게 해줄 정도로 강렬하지요. 하지만 사랑은 우리가 인생에서 누릴 수 있는 수많은 즐거움들 중 하나에 불과합니다.

누군가로부터 사랑받기 원하는 마음은 어찌 보면 오랜 시간에 걸쳐 우리 몸에 밴 습관일 수도 있습니다. 앞서 우리는 진정한 자유란 삶에서 본인이 어떤 즐거움을 추구할지를 스스로 선택하는 것이라고 했지요. 니체의 주장에 의하면 대부분의 인간은 습관의 노예가 된 상태에 빠져 있으며, 인간이 노예적 사고방식에서 벗어나 진정한 행복을 누리기 위해선 보다 의지적으로 생각하고 행동해야 한다고 합니다. 그렇기 때문에 우리에겐 사랑할 자유는 물론, 사랑하지 않을 자유 또한 있어야 하는 것입니다.

우리는 한 순간도 혼자 있는 것을 견디지 못하고 누군가의 관심을 받고 있다는 사실을 확인하고 싶어합니다. 집에 가면 무조건 TV를 켜고 자신이 세상과 연결되어 있음을 확인하려 하지요. 이런 행동들은 의지적인 것이기보단, 인생을 살아오면서 사회적으로 몸에 밴 습관들이 무의식적으로 나타난 것에 불과합니다. 그래서 우리는 때론 몸에 밴 습관에서 벗어나, 혼자서 우아한 저녁식사를 즐기는 것과 같은 '의지적인 고독함'을 선택할 수도 있어야 하는 것입니다.

고독한 즐거움은 사랑받고 사랑하는 즐거움에 비해 결코 열등한 개념이 아닙니다. 예전엔 혼자 살고, 혼자 밥 먹고, 혼자 여행하는 사람을 보면 '뭔가 문제가 있어서 어쩔 수 없어 저렇게 사나 보다'라는 불쌍한 생각이 들었지만, 이젠 시대가 바뀌어 고독은 오히려 사회적 트랜드가 되어가고 있지요. 사회는 점점 고령화 되고 있고, 결혼이란 전통적 제도를 거부하고 혼자서 삶을 깊이 있게 즐기며 살고 싶어하는 사람들의 숫자도 늘어가고 있습니다.

플라톤의 '국가'에 이와 유사한 재미있는 이야기가 나옵니다. '오이디푸스 왕의 저자 '소포클레스'가 나이가 들자, 곁에 있던 한 젊은 사람이 그에게 비아냥거리는 말투로 '사람이 나이가 들면 성적인 쾌락이나, 술잔치, 경축 행사 같은 것을 제대로 즐기지 못하게 되는데, 당신은 그런 변화에 대해 한탄하고 젊은 시절을 아쉬워하지 않느냐'라고 묻습니다. 그러자 소포클레스는 '쉿, 이 사람아! 나는 그것에서 벗어났다는 게 정말 더할 수 없이 기쁘다네, 흡사 광포한 어떤 주인한테서 도망쳐 나온 것만 같네'라며 노년에 이르러 성적인 욕망이 뻗치는 것이 멈춰져야 비로소 더 큰 평화와 자유가 찾아온다고 말합니다.

우리 주변엔 오로지 이성과의 만남을 최우선으로 여기는 사람들이 있지요. 이런 사람은 출장을 가도 밤마다 거리를 헤매고, 길을 걸을 때도 시선이 항상 지나가는 이성을 쫓습니다. 한편 한 순간도 누군가와 어울리지 않으면 외로움을 견디지 못하는 사람도 있습니다. 밥을 먹을 때도, 외출을 할 때도, 하물며 화장실에 갈 때도 반드시 누군가가 옆에 있어야 합니다.

하지만 고독함 속에 즐기는 재미에는 그것을 경험해 본 사람들만 알 수 있는 독특한 종류의 깊이가 있습니다. 사람들의 시선이 다소 신경 쓰일 뿐이지, 일단 그 맛을 제대로 보면 누구라도 그 재미에 빠지게 되지요. 이것은 마치 지구가 네모나다고 믿던 시절, 수평선 너머에 낭떠러지가 있다는 믿음과도 같습니다. 혼자서 노는 것이 재미없고 고통스러운 것이라는 선입견을 극복하려면 직접 배를 타고 수평선 가까이까지 가 보는 수밖에 없지요. 그리하여 수평선 너머엔 낭떠러지가 없다는 것을 스스로 목격하고 고독을 제대로 즐길 줄 알게 되면, 삶을 살아감에 있어서 여럿이 즐기는 것에 추가로, 혼자서 노는 새로운 재밋거리까지 더해져서 인생의 즐거움은 이전보다 훨씬 다양해지고 풍요로워지게 되는 것입니다.

사람은 살다 보면 의도치 않게 고독을 피할 수 없는 순간과 마주하게 됩니다. 제 짝을 못 찾을 수도 있고, 사회에서 왕따를 당할 수도 있으며, 이혼의 시련을 겪게 될 수도 있습니다. 나이가 들수록 혼자 보내야 하는 시간은 점점 늘어나게 되지요. 길에서 나를 쳐다보는 사람도 없고, 아무리 머리를 예쁘게 세팅하고 멋진 옷을 입고 나가도 누구 하나 나에게 관심

가져 주는 사람이 없어지는 순간이 옵니다. 그래서 우리는 아직 외롭지 않을 때부터 고독하게 재미를 추구하는 연습, 혼자 노는 훈련을 미리미리 해 두어야 합니다. 그래서 혼자 노는 게 어색하지 않도록, 혼자 노는 습관이 몸에 배도록 틈틈이 스스로를 고독에 적응시켜야 합니다. 그래야 어쩔 수 없는 고독한 상황에 처했을 때 삶을 포기하지 않고 끝까지 즐겁게 인생을 적극적으로 즐길 수 있게 되는 것입니다

03

잘 놀기 위한 공부

잘 놀기 위해 갖춰야 하는 능력

잘 놀기 위해 우리가 갖춰야 할 능력은 다음과 같습니다.

1 감각능력/이성능력

보고, 듣고, 맛보고, 만지고, 냄새 맡는 감각능력 + 분석하고 판단하는 이성능력

2 음미력/상상력

감각과 이성으로 입수된 정보를 상상력을 활용해 정서적으로 깊이 있게 구조화시키는 능력

3 표현력
구조화된 정서를 언어를 통해 표현하는 능력

4 과시력
대중들에게 나의 유희 감정을 효과적으로 표현해서 그들로부터 인정받고 칭찬받는 능력

5 벤치마킹력, 보방력
1~4번까지의 과정을 타 사례를 통해 배우고 응용하는 능력

예를 들어 우리가 '와인'이라는 놀거리를 제대로 즐기기 위해선, 첫째로 와인의 색과 향, 입에 닿는 촉감, 맛 등을 잘 느낄 수 있는 감각 능력이 개발돼야 합니다. 그리고 와인의 재료로 쓰인 포도의 종류, 와이너리, 지역, 토양, 날씨, 만들어진 연도, 와인과 얽힌 스토리와 같은 정보들을 이성적으로 수집하고 분석할 줄 알아야 합니다.

둘째로 이런 감각작용과 이성작용을 통해 얻어진 정보를 앵무새처럼 그대로 암기하는 것이 아니라, 상상력을 발휘해서 본인만의 경험으로 깊이 있게 음미할 줄 알아야 합니다. 와인 맛을 '떫다, 시다'와 같은 일반적인 감각 수준으로 경험하는 것에서 더 나아가 '새벽 냄새'나 '헛간 향'처럼, 본인의 상상력을 활용해 독창적으로 맛과 향을 Appreciate(음미)하는 능력입니다.

셋째로 음미한 경험을 '비 온 후 공원에 쌓인 썩은 낙엽 냄새가 난다'와 같은 문학적 묘사를 통해 언어로 표현할 줄 알아야 합니다. 인간의 두뇌는 언어로 표현된 내용대로 감각하고 사고하려는 경향이 있습니다. 그래야 비로소 네 번째, 남들에게 내가 즐긴 경험, 내가 논 경험을 객관적으로 증거할 수 있고 그 결과 그들로부터 인정과 칭찬을 받을 수 있게 되는 것입니다.

그리고 마지막으로 나와 같은 와인을 이미 맛보고 경험한 다른 사람들이 남긴 감상 평, 리뷰들을 찾아보면서 내가 미처 캐치하지 못했던 맛과 향, 그리고 그것을 묘사한 표현들, 와인과 관련된 추가 정보들을 배워 나의 와인 감상 수준을 한층 더 높게 끌어 올리는 것이 바로 다섯 번째 벤치마킹 능력입니다.

이처럼 와인을 즐기는 경험이 단순하게 와인을 맛보고 취하는 수준에서 그치는 것이 아니라, 본인이 그것을 즐기는 능력을 얼마나 갖추고 있느냐에 따라 그 즐거움의 수준과 다양성은 한없이 깊어질 수 있는 것입니다.

잘 노는 것을 어떻게 평가할 수 있을까?

그렇다면 잘 놀고 못 논다는 것을 객관적으로 평가한다는 것은 과연 가능한 일일까요? 만일 그렇다면 우리는 그것을 어떤 기준으로 평가할 수 있을까요?

 개중에는 놀고 즐긴다는 것은 지극히 개인적이고 주관적인 경험인데, 여기에 무슨 평가가 필요하냐고 반문하실 분도 계실 겁니다. 하지만 만일 정말로 그렇다면, 수많은 취미 활동 분야에 있어서 우리가 그것을 더 재미있게 즐기기 위한 테크닉을 배우고 연마히는 노력, 예를 들면 와인을 제대로 시음하는 능력, 예술작품을 더 즐겁게 감상하는 능력을 키우기 위한 노력 자체가 아무 의미가 없다는 뜻이 되지 않을까요?

 이 물음에 제대로 된 답을 하기 위해서 우리는, 칸트의 '코페르니쿠스적 전환'으로 잘 알려진, 인간의 인식개념에 대한 이야기를 잠시 들여다볼 필요가 있습니다.

 칸트의 주장에 따르면 인간은 감각기관을 통해 들어온 외부 정보를 본인의 머리 속에 있는 시간과 공간이라는 좌표 안에서 해석, 분석한다고 합니다. 즉 실체는 세상에 있는 것이 아니라 우리 각자의 해석 능력 안에서만 존재한다는 뜻이지요. 이것은 마치 세상은 0과 1로만 존재하는 컴퓨터 게임 프로그램인데, 우리 머리 속의 해석기관이 세상을 지금 우리가 경험하고 있는 모습의 세계로 인지한다는 '매트릭스 이론'과 같은 것이지요. 이런 칸트의 발상이 코페르니쿠스가 천동설을 부인하고 지동설을 주장했던 것과 비교될 만큼의 충격을 세상에 주었다고 해서 그런 이름이 붙여진 것입니다.

칸트의 이와 같은 인식론적 주장은 그의 '판단력 비판'이란 책에서 취미, 미학의 범주로까지 확장되는데, 결국 인간이 경험하는 아름다움과 즐거움이란 인간 내부에 장착된 해석기관, 즉 일종의 정보처리 프로세서에 의해 해석된 결과물인 것이고, 그 프로세서의 성능에 따라서 같은 정보를 경험하더라도 사람마다 다른 수준의 결과물을 얻게 된다는 것입니다. 예를 들어, 우리가 같은 경치를 보더라도 정보처리 프로세서의 성능이 높은 사람의 경우엔 그렇지 않은 경우보다 상대적으로 더 다양하고, 더 깊은 수준의 경험을 할 수 있다는 뜻입니다. 같은 내용의 코미디를 보더라도 누구는 웃고, 누구는 웃지 않는 것, 혹은 누구는 더 크게 웃고, 누구는 작게 웃는 이유도 이와 같은 원리로 설명될 수 있는 것이지요.

사람마다 서로 다르게 가지고 있는 경험 체감 능력은 누가 더 옳고 그르다, 혹은 더 고상하다 천박하다 라는 식의 객관적인 잣대로 평가될 수는 없지만, 개인적 차원에서는 그것을 얼마나 더 즐겁게 경험할 수 있는지에 대한 차이를 만들어 낼 수는 있다는 것이지요. 즉, 남과 비교해서 나의 '즐기는 능력'을 평가할 순 없지만, 본인의 내면적 차원에서는 객관적으로 우열 판단(Better or Worse)이 가능하다는 것입니다. 미학경험은 대외적으로는 상대적 성격을 가지지만, 내부적으로는 개인 차원에서 판단평가가 가능한 객관성을 가지고 있다는 뜻이지요. 단, 인간에겐 시대적인 혹은 유전적인 '공통감'이라는 것이 존재하기 때문에 본인이 경험한 감상의 내용을 다른 사람에게 강요할 수는 없지만, 최소한 그들의 동의를 요청할 수는 있다는 것입니다.

그렇기 때문에 우리가 더 잘 놀기 위해선 시간에 구애받지 않고 여유 있게 놀거리를 즐길 수 있는 양적인 '여건'과 더불어, 놀거리를 보다 깊이 있게 즐기기 위해 필요한 질적인 '능력'을 갖추는 것 역시 중요합니다. 식도락의 경우, 여유 있게 고급스러운 음식을 즐기는 것도 물론 즐거움이겠지만, 시간에 쫓겨가며 단출한 음식을 먹어야 하는 상황에서도 앞서 설명 드린 '제대로 즐기기 위한 다섯 가지 테크닉'을 십분 활용해서 나름 깊이 있는 오감의 경험을 한껏 즐길 수 있다면 그 역시 훌륭한 놀거리가 될 수 있는 것이지요.

정리해보면 노는 경험, 유희의 경험은 그 대상 자체가 아닌, 그것을 즐기는 사람의 능력에 따라 경험의 깊이가 달라지기 때문에 우리가 더 깊고 몰입감 있는 즐거움을 누리기 위해선 각자의 인식 프로세서 성능, 즉 즐기는 능력을 개발할 필요가 충분히 있고, 그 노력에 따라 본인의 노는 능력은 얼마든지 발전할 수 있다는 것입니다.

놀거리를 벤치마킹 하다

잘 놀기 위해선 돈이 필요합니다. 하지만 돈 버는 방법은 노력한다고 해서 쉽게 배울 수 있는 것이 아니지요. 반면 잘 노는 방법은 테크닉과 태도에 관한 것이기 때문에, 누구라도 노력한 만큼의 기대한 성과를 얻을 수 있습니다. 재미는 놀 수 있는 여건과, 놀 줄 아는 능력의 종합점수로 경험되는 것이기 때문에 만일 양적인 측면에서 점수가 부족한 사람은 그 부족한 만큼의 점수를 질적인 점수를 통해 메꾸면 됩니다. 즉 본인이 상대적으로 다른 사람에 비해 돈과 시간이 부족하다고 느낀다면, 대신 남보다 즐기는 방법을 더 많이 배워서 전체적인 합산점수를 높이면 되는 것이지요.

노는 능력을 키우기 위해 가장 손쉽게 할 수 있는 방법은 가까운 주변 사람들로부터 새로운 놀거리나 노는 방법, 자세, 테크닉 등을 배우는 것입니다. 저는 특히 나이 드신 형님들과 어울리다 보면 노는 것에 대해서 만큼은 늘 뭔가 하나씩 배워 옵니다. 이 분들은 사소한 일상, 가령 내기 골프를 치거나, 식당에서 밥을 먹을 때도, 그 평범한 경험 속에서 즐거움을 더 만끽하기 위한 나름의 노하우를 가지고 있습니다.

흔히 김치찌개 집에서 라면사리를 추가하면 사리가 찌개 안에 담겨 있는 채로, 주는 그대로 끓여 먹습니다. 하지만 이 형님들은 사리를 빼고 찌개만 끓여 김치와 돼지고기 먼저 어느 정도 드신 후에 육수를 추가로 붓고 그제서야 라면사리를 넣고 끓입니다. 처음부터 라면사리를 넣으면 라면 자체는 맛있겠지만 국물이 너무 걸쭉해져서 전체적인 찌개의 맛을 망치기 때문이라고 하더군요. 물론 사람의 기호에 따라서 어떤 쪽이 맞다 틀리다 이야기할 수는 없겠지만 이렇게 김치찌개를 끓여 먹는 작은 일상 속에서도 그것을 어떻게 해서든 평소보다 더 맛있게 먹으려고 노력하는 자세는 배울 만한 점이 아닌가 생각됩니다.

이처럼 다른 사람들의 사례를 통해 나의 놀거리의 종류와 테크닉을 개발하는 것이 앞서 설명 드린 '잘 노는데 필요한 다섯 가지 능력' 중에서 가장 마지막에 해당하는 벤치마킹 역량입니다. 사실 다섯 가지 역량들 중에 가장 쉬운 부분이기도 하지요.

 아무런 재미도, 감흥도 느끼지 못했던 일상의 평범한 경험들도 만일 다른 사람이 그와 똑같은 경험을 했을 때 느꼈던 즐거움, 재미에 대한 멋진 감상을 접하게 되면, 그 경험이 이전과는 다르게 다가오는 경우도 있습니다. 제가 중학교 때 한 라디오 프로그램에서 팝 스타 마돈나가 하루 일과 중에 가장 행복한 순간이 머리 감으면서 소변을 볼 때라는 충격적인 이야기를 들은 적이 있었지요. 이렇듯 남들의 놀거리, 노는 테크닉, 감상평 등을 접하고 공부하는 것은 비록 그것이 일상의 사소한 부분일지라도 우리들의 삶을 훨씬 더 재미있고 풍요롭게 만들어 줍니다.

 저는 지금껏 사람들에게 주로 장사에 대한 강의를 해 왔는데, 장사를 잘하기 위해 필요한 공부 역시 그 원리는 잘 놀기 위한 것과 크게 다르지 않습니다. 장사를 잘하기 위해선 먼저 내가 가진 정보의 양을 늘려야 하고 요즘 뭐가 잘 팔리는지, 어디서 그런 물건들을 사올 수 있는지, 그리고 그 물건을 어디에서, 어떻게 팔아야 잘 팔리는지 등에 관한 정보를 현재 내가 가지고 있는 수준보다 더 많이 획득해야 합니다. 그 다음으로 필요한 공부의 영역이 바로 셀러의 '역량'입니다. 내가 상품을 팔려고 하는 시장에 대한 이해, 소비자들에 대한 이해, 내가 파는 상품 카테고리에 대한 인사이트, 그리고 마케팅 테크닉 등을 키워야 하지요. 그래서 저는 장사란 내가 가진 정보와 역량의 종합점수가 다른 셀러들보다 높은 만큼, 딱 그만큼의 돈을 벌게 되는 정직한 게임이라고 가르칩니다.

잘 노는 원리도 이와 다르지 않습니다. 우선 놀거리에 대해 본인이 소유한 정보의 양을 늘리는 것이 중요합니다. 그러기 위해선 먼저 남들은 도대체 뭘 하고 노는지를 관찰해야 하지요. 정보의 POOL을 늘려 놓아야 그 중에서 나에게 맞는, 내가 더 재미있게 즐길 수 있는 놀거리를 찾아낼 확률이 높아지기 때문입니다.

그 다음으론 같은 소재의 놀거리라도 다른 사람은 그것을 가지고 어떻게 '다르게 노는지'를 배워야 합니다. 그들이 어떤 테크닉을 발휘하면서 즐거움을 찾아 내는지를 관찰하는 것이지요. 이것이 바로 앞서 설명 드렸던 감각/이성능력, 음미력/상상력, 표현력, 과시력과 같은 역량들이고, 이런 역량들을 다른 사람들의 사례들을 관찰하는 방법을 통해 발전시키는 능력이 바로 벤치마킹력입니다.

취향을 판단하는 것이 금지된 사회

논다는 것은 자신의 취향이 만족될 때 얻게 되는 쾌감을 즐기는 것이라고도 설명될 수 있습니다. 즉 우리가 놀면서 얻는 재미의 퀄리티는 스스로 가지고 있는 취향의 퀄리티에 따라 변한다는 뜻이지요.

 남들의 노는 방식을 관찰하고 따라 하다 보면 자신의 취향이 본인도 모르게 이전과 달라지는 것을 경험합니다. 그러면서 예전에는 즐기지 못했던 놀거리, 먹거리들을 즐기게 되지요. 이처럼 취향이 변함에 따라 즐거움도 변하고, 그것을 추구하기 위한 놀거리의 종류도 변하게 되는 것입니다.

 앞서 우리는 칸트의 판단력비판에 등장하는 '취미판단'의 결론 부분을 인용하면서, 인간의 유희 경험은 개인적 차원에서는 객관적인 우열 판단(Better or Worse)이 가능하지만, 대외적으로는 다른 사람들과의 비교 판단이 불가능하다는 결론을 내렸습니다. 하지만 저는 취향이란 것이 일정 부분 객관적으로도 우열 판단이 가능한 대상은 아닐까 조심스럽게 생각해 봅니다.

 만일 개인적 취향이 객관적으로 우열판단이 가능한 것이라면 특정 취향이 다른 어떤 취향보다 더 세련되거나 촌스럽다고 객관적으로 말할 수 있게 되는 것이지요. 이 말은 어떤 맛이 다른 맛보다 더 맛있다, 맛없다, 혹은 어떤 얼굴이 더 예쁘다, 못 생겼다, 어떤 옷의 코디가 세련되었다, 촌스럽다고 객관적으로 말할 수 있게 된다는 뜻입니다. 이런 발상은 사회적으로 커다란 파장을 몰고 올 수밖에 없습니다.

 프랑스 혁명으로 인해 귀족 계급이 붕괴되고 노예제도가 폐지되면서, 이후 현대 사회를 지배하는 지상 최고의 가치는 평등이었습니다. 그런데 이 평등 개념을 가장 크게 위협하는 것이 바로 '개인의 취향'이었지요. 아무리 제도적으로 모든 계급을 평등하게 만들어 버렸다 해도 귀족적 취향과 서민적 취향은 누구도 부인할 수 없는 채 일상 속에 엄연히 남아 있었으니까요. 그래서 이 취향을 공격하기 위해 '모든 취향은 상대적인 것이다', '내 눈에 예쁜 게 예쁜 것이다', '취향에 대해선 객관적으로 그 우열을 판단할 수 없다'라는 목소리가 힘을 얻게 된 것입니다. 그리고 이 메시지는 온갖 미디어를 통해 그것이 만고의 진리인 양 대중들에게 설파되었지요.

 그래서 지금도 누군가 어떤 대상에 대해서 촌스럽다, 상스럽다, 맛없다와 같은 취향을 판단하는 듯한 말을 하게 되면, 사람들로부터 마치 인종 차별주의자를 대하는 듯한 따가운 눈총을 받게 됩니다. 바야흐로 우리는 개인의 취향에 관해선 일체의 지적을 금지당하고 오로지 칭찬만이 허용되는, 즉 취향 판단이 금지된 사회에 살게 된 것입니다.

 그럼에도 불구하고 우리 주변엔 아직도 수많은 사람들이 본인의 취향을 발전시키기 위해 취미 관련 학원을 다니고, 책을 보고, 유튜브를 보면서 공부를 하고 있습니다. TV 프로그램 역시, 전문가들의 고급스러운 취향을 배울 수 있는 와인, 요리, 레저, 취미 같은 내용의 컨텐츠들이 많은 인기를 얻고 있지요. 우리 역시 나보다 낳아 보이는 취향을 가진 사람들의 인생을 즐기는 방법을 벤치마킹 하면서 본인의 취향을 더 높은 수준으로 발전시키려는 노력을 일상 속에서 끊임없이 하고 있습니다.

그래서 만일 우리가 더 다양한 놀거리를 즐기며, 더 수준 높은 재미를 추구하며 인생을 살고 싶다면 우선 개인적 취향에는 우열이 존재한다는 사실을 솔직히 인정하고, 사람들이 더 우월하다고 말하는 취향이 무엇인지 알아본 후 그것을 실제로 본인 생활 속에서 시도해 볼 필요가 있습니다.

그리고 보면 우리는 일하기 싫고 공부하기 싫어서 놀고 싶은 것인데, 제대로 놀기 위해선 다시 공부란 일을 해야 한다는 사실이 아이러니하지 않을 수 없지요. 하지만 잘 놀기 위한 공부, 잘 쉬기 위한 공부는 일단 한번이라도 해보신 분들은 공통적으로 경험해 보셨겠지만, 그 목적이 과거에 학교에서 억지로 했던 공부처럼 막연한 것이 아니라, 즐거움이란 매우 구체적이고 달콤한 것이기 때문에 공부하는 과정이 지루하거나 억지스럽지 않다는 것을 느끼게 됩니다. 나중에는 공부하는 그 행위 자체가 즐거운 놀거리가 되는 경우도 있지요.

나의 고독한 놀거리 여정

이 책에서 앞으로 다루게 될 놀거리에 대한 내용들은 제가 그 분야에 있어서 여러분들보다 더 뛰어나거나, 그래서 뭔가를 가르치겠다는 의도로 쓴 것이 결코 아닙니다. 오히려 저처럼 이것저것 다방면에 넓게 재미를 추구하는 사람은, 물론 나름의 장점도 있겠지만, 깊이가 얕다는 단점을 가지고 있지요.

돌아보면 저는 타고나기를 성실하지 못하고, 인내심이 부족하며, 호사스러운 것을 좋아하고, 주변의 유혹에 약하며, 비판적이면서도 남들에게 칭찬받기 좋아하는, 결론적으로 세상의 기준으로 비춰 볼 때 골치 덩어리 인간이라고 볼 수 있습니다. 오죽하면 어릴 적 친구 집에 놀러 갔다 오면 나중에 그 집 어머니가 제 친구에게 '아까 그 애랑은 어울리지 말라'는 말을 했다고 하지요. 그만큼 저는 사회적 기준으로 비추어 보았을 때 '훌륭한 인간'으로서는 결격사유가 많은 사람임엔 분명합니다. 하지만 늘 재미있게 살고 싶은 마음만은 진심이었지요.

저는 어린 시절의 대부분을 조부모님과 같이 보내게 되어서 늘 혼자 있는 시간이 많았습니다. 하지만 지금 생각해 봐도 외롭다는 느낌을 가졌던 기억은 거의 없습니다. 늘 혼자서 뭔가를 하면서 부지런히 놀았던 기억뿐이지요. 이렇듯 어린 저에게 세상은 놀거리로 가득 찬 장소였습니다.

고등학교를 졸업하고 미국으로 유학을 가게 되었을 때도 놀기 좋아하는 저의 성향은 바뀌지 않았습니다. 오히려 날개를 달게 되었지요. 미국 대학이란 온갖 나라에서 유학 온 친구들로 북적이는 새로운 공간에서 저의 놀거리 벤치마킹 작업은 본격적으로 불이 붙었습니다. 전공과목으로 '영화'를 선택한 이유도 그게 제일 재미있을 것 같다는 이유에서였고, 한국에 돌아와 장사를 시작한 배경 역시 '내가 재미있어 하고 좋아하는 물건들을 내가 좋아하는 인테리어가 갖춰지고, 내가 좋아하는 음악이 흘러나오는 매장에서 팔면 더 많은 사람들로부터 칭찬을 받지 않을까'라는 다분히 재미와 즐거움을 추구하고자 하는 의도에서 비롯된 것이었습니다. 그래서 더 많은 칭찬을 받기 위해, 더 많은 재미를 얻기 위해 열심히 일하고 공부했던 것 같습니다. 그리고 이후 유튜브를 시작하고, 창업 강의를 하고 또 이 책을 쓰는 이유도 역시 같은 이유였습니다. 오로지 목적은 재미이지요. 그리고 이 순수하고 강렬한 재미를 향한 모티베이션은 결과적으로도 늘 저에게 좋은 결과를 선물했습니다.

제가 가지고 있는 남다른 성향은 당시 사회적인 분위기에 비춰볼 때 바람직하지 않다고 평가되는 것들이 대부분이었던 것 같습니다. 하지만 그중 두 가지 성향만큼은 나름 긍정적으로 인정받을 만한 가치가 있다고 생각되는 것이 있는데, 그것은 바로 '습관적으로 생각하고 행동하려 들지 않는 태도'와 '게으르지 않음'입니다. 만일 이 두 가지 성향이 저에게 없었더라면 저는 개미와 베짱이 동화 속에 등장하는 베짱이처럼 불행한 엔딩을 맞이했을 겁니다.

저는 항상 재미를 인생에서 가장 높은 가치로 여기며 살았지만 그 재미는 흔하고 뻔한 재미만은 아니었습니다. 저는 늘 남과 다른, 기존에 없던, 새롭고 신선한 재밋거리를 찾으려 했고, 같은 소재라도 뭔가 다른 관점에서 재미를 추구해보려 노력했던 것 같습니다. 그리고 한번 재미를 향한 열정에 불이 붙으면 그것이 어느 정도 깊이 있는 수준에 이를 때까지 포기하지 않았습니다. 남이 억지로 시킨 일이나 동기부여가 되지 않는 일에 대해선 한없이 게을렀지만, 저에게 재미를 주는 일에 대해서 만큼은 누구보다 성실했습니다.

이 세상에 존재하는 놀거리는 그것을 일일이 나열할 수 없을 만큼 많겠지요. 그리고 논다는 영역, 재미의 영역은 철저히 개인적인 것이기 때문에 무엇이 더 재미있는 놀거리라고 객관적으로 정의할 수는 없는 것입니다. 그렇기 때문에 제가 이 책에서 앞으로 말씀드릴 놀거리는 다분히 제가 직접 경험한 개인적인 체험을 토대로 쓰여 졌다는 점을 말씀드리고 싶습니다.

벤치마킹에는 직접적인 벤치마킹과 간접적인 벤치마킹이 있습니다. 직접적인 벤치마킹은 말 그대로 뭔가를 똑같이 베끼는(Copy, Paste) 방법입니다. 사람에 따라선 이런 방법이 효과적인 경우도 있습니다만 보다 효과적이고 바람직한 방법은 두 번째 방식인 간접적인 벤치마킹입니다. 무조건 남의 것을 베끼는 것이 아니라 벤치마킹을 통해 인사이트를 얻은 후, 그것을 나의 상황에 맞게 재해석해서 새로운 모습으로 적용하는 방식이지요. 즐거움의 영역, 재미의 영역은 다분히 상대적이고 개인적인 영역인 만큼 여러분들께서는 저라는 한 개인의 노는 방식을 간접적으로 벤치마킹 해보자는 마음으로 이 책을 대하시면 어떨까 싶습니다.

CHAPTER 2

고독한 놀거리의 본격적인 탐구

01

예술감상

  익숙한 놀거리라도 본인이 과거에 그것을 즐기던 방식만 고집하지 말고, 다른 사람들은 그 놀거리를 어떤 식으로 즐기고 있는지를 주의 기울여 볼 필요가 있습니다.

  음악감상이란 평범한 놀거리도 사람에 따라서는 그것을 통해 인생을 대하는 태도를 배울 수도 있고 이전에 몰랐던 명곡들을 찾아 마치 탐험을 하듯이 즐길 수도 있으며, 자연이나 신의 숭고미를 느끼기 위한 수단으로도 사용될 수 있는 것이지요.

  여행을 즐기는 방법도 여러 가지입니다. 어떤 사람에겐 여행의 목적이 오로지 먹기 위한 것일 수도 있고, 온전히 쉬기 위한 것일 수도 있으며, 그 지역의 역사와 문화를 체험하는 것일 수도 있으며, 때론 인생의 목적을 발견하겠다는 보다 철학적인 것일 수도 있는 것입니다. 그래서 우리가 여행에 앞서 정보 중심의 여행 가이드북만 볼 것이 아니라 여행을 소재로 한 소설이나 에세이를 통해 여행을 대하는 여러 사람들의 다양한 태도를 배워 보는 것도 의미가 있는 것이지요.

어떤 사람이 남보다 음악을 더 많이 안다고 해서 그 사람이 남들보다 음악을 더 제대로 즐긴다고 이야기하긴 어렵지요. 집에 고가의 명품 스피커가 많다고 해서 음악 감상 수준이 남보다 높다고 말 할 수도 없는 것입니다. 그렇기 때문에 놀거리의 종류를 많이 아는 것 이상으로 중요한 것이 놀거리를 제대로 즐기는 방법을 배우는 것입니다.

예술작품을 보다 재미있게 감상하는 방법

우리가 혼자 있을 때 흔히 찾게 되는 놀거리는 음악, 영화, 문학 작품같은 예술작품을 감상하는 것이지요. 여기서 예술은 비단 클래식 장르에만 국한된 것이 아니라 팝, 재즈, ROCK, 코믹, 수필, 사진, 웹툰 같은 광범위한 개념의 예술적 가치를 가진 모든 창작물들을 뜻합니다. 흔히 우리가 '무엇을 감상한다'라는 말을 할 때 그 대상이 되는 모든 것을 포함한다고 생각하시면 될 것 같습니다.

문제는 예술작품 감상이 우리가 일상에서 자주 접하게 되는 놀거리임에도 불구하고, 우리는 정작 어떻게 해야 예술 작품을 잘 감상하는지에 대해서 제대로 배워 본 적이 없다는 점입니다. 초 중 고등학교 총 12년간의 정규 교육 과정 동안 예술이란 장르는 시험을 치르기 위한 암기과목 정도로만 여겨져 왔지, 그것을 감상하고 즐기는 방법에 대해선 배울 기회가 없었지요.

감상에는 두 가지 종류가 있습니다. 첫 번째는 자연의 풍경을 감상할 때처럼 그것을 있는 그대로 '관조'하는 형태의 감상입니다. 여기에는 그 대상을 판단하려고 하는 마음이 개입되지 않지요. 그저 눈에 보이는 그대로, 귀에 들리는 그대로, 그 대상이 내게 주는 감동을 느끼기만 할 뿐입니다. 반면 두 번째 종류의 감상은 대상을 '판단' 하면서 즐거움을 느끼는 형태의 감상입니다. 우리가 예술 작품을 감상할 때 반드시 필요로 하는 것이 바로 이 두 번째 종류의 감상 방법이지요.

물론 모든 예술작품을 매번 '판단'하면서 감상할 필요는 없습니다. 때론 풍경을 감상할 때처럼, 있는 그대로를 관조하는 태도만으로도 예술작품을 감상할 수 있지요. 이 때 예술작품은 우리에게 평온한 감정을 주기도 하고, 웃음을 주기도 하고, 때론 비극적인 연민과 공포감을 통해 마음이 정화되는 카타르시스를 주기도 합니다. 하지만 여기에서 한 발 더 나아가 우리가 예술작품의 작품성을 판단하려는 마음이 그 감상의 과정 속에 개입되게 되면 감상이 주는 재미는 한 층 더 깊어지게 됩니다.

예를 들어 영화를 볼 때도 아무 생각 없이 스토리 라인만 따라가기 보단 영화가 가진 작품성을 스스로 판단을 해 보며 감상을 하는 것이 중요합니다. 판단의 내용은 단순히 영화가 재미있다, 재미없다, 감동적이다, 지루하다 와 같은 표면적 수준에서 그칠 수도 있지만, 여기서 한 발 더 나아가 영화가 좋았다면 어떤 면에서 좋았는지, 부족했다면 왜 부족했는지를 스스로 판단해 보는 것이 중요합니다. 그래서 이런 판단의 내용들을 말로 표현하거나 글로 남기게 되면 개인적 차원의 감상 경험이 객관적인 모습을 갖추게 되어 다른 사람들과 소통될 수 있는 모습으로 발전하게 되지요. 영화는 물론 음악, 미술, 문학 등 다른 여러 예술 작품들을 대상으로도 판단을 동반한 감상을 하게 되면 여러분은 예술작품을 감상하는 경험에 더 깊게 개입하게 되고 그로 인해 더 큰 즐거움을 얻게 될 수 있는 것입니다.

음악감상의 목적

시간을 거슬러 음악사에 역사적인 사건으로 평가받는 우드스탁 페스티벌(Wood Stock Festival)이 열렸던 1960년대 후반의 세계로 가보겠습니다. 그 시대를 살았던 젊은이들에게 음악은 과연 어떤 의미였을까요? 그들은 어떤 마음으로, 어떤 목적을 가지고 음악을 들었을까요?

당시의 젊은이들에게 음악이란 자신의 인생을 어떻게 살아가야 하는지에 대해 지침을 주는 경전과도 같은 의미를 가지고 있었습니다. 그래서 그 시절 젊은이들이 즐겨 듣고 부르던 노래를 '송가'라고 표현하기도 했지요.

이 점을 이해하기 위해서 우리는 당시 혼란스러웠던 사회적 분위기를 살펴볼 필요가 있습니다. 1945년 2차세계대전이 끝난 후, 세상은 유래 없던 경제적 풍요로움을 경험하게 됩니다. 두 차례의 큰 전쟁을 통해 비약적으로 발전된 과학기술과 의료기술로 인해 자동차, TV, 라디오와 같은 소비제품들이 대중들의 일상 생활 속으로 파고들고, 항암제나 각종 질병에 대한 치료법들이 속속 등장하며 대중들의 삶에 대한 기대치는 급속도로 높아지게 되지요. 곧이어 1969년 7월 16일, 인류 최초로 루이 암스트롱이 달에 발을 디디면서 당시 만연했던 낙관론적 세계관은 그 정점을 찍게 됩니다. 암스트롱은 달에 착륙한 직후 남긴 인터뷰에서 "이것은 한 인간에게는 작은 걸음이지만 인류에게는 위대한 도약이다."라는 멋진 말을 남기기도 했지요.

이처럼 먹고 사는 고민이 해결되고 가까운 미래에 우주의 비밀이 모두 밝혀질 것이란 낙관적인 세계관을 가지게 된 대중들은 자연스럽게 인생이란 무엇인가? 우리는 왜 태어났는가? 어떻게 살아야 잘 사는 것일까? 등과 같이 생업보다 한 차원 더 높은 주제에 관심을 가지게 됩니다. 항상 인간은 등 따습고 배부르면 형이상학적인 고민에 빠지기 마련이지요. 그래서 그 당시 사람들은 세상에 대해 가지고 있던 의문들을 해결해 주는 정답, 인생의 진리를 찾기 위해 애썼고, 나름 본인들이 찾은 정답대로 살기 위해 노력하는 급진적인 사람들도 많았습니다. 그 시대 사람들이 가지고 있던 진리에 대한 태도는 지금 시대를 사는 우리들과는 비교가 안 될 정도로 진지했지요. 그래서 신흥종교, 최면술, 심령술, 심리학 등을 주제로 한 대형 집회들이 큰 호황을 누렸습니다. 하지만 당시 합리적 사고를 갖춘 젊은이들에겐 그런 집회들이 눈에 들어오지 않았지요. 대신 그들이 인생의 답을 찾기 위해 기댄 곳이 바로 음악입니다. 그 중에서도 ROCK 음악이 주요한 역할을 담당했지요.

당시 ROCK 음악은 젊은이들에게 있어서 그들이 동경하는 아티스트가 가지고 있는 삶에 대한 태도를 경험하는 통로의 역할을 했습니다. 물론 들으면 고막이 즐거운, 아름답고 듣기 편한 음악들도 대중들의 인기를 끌었지만 이보다 더 강렬하게 젊은이들이 열광했던 음악은 그 안에 아티스트의 인생관이 녹아 있는 음악들이었지요. 그들에게 음악을 듣는다는 것은 단순히 노래의 아름다운 멜로디를 감상하거나, 가수가 본인의 목청을 과시하는 기교를 감탄하는 것 이상의 의미를 가지고 있었습니다.

우리는 음악을 들으며 아티스트 고유의 인격, 그리고 아티스트가 가지고 있는 삶에 대한 자신만의 태도를 총체적으로 경험하게 됩니다. 이런 태도는 곡의 멜로디나 가사는 물론, 가수가 목소리를 내는 방법, 발음, 숨소리, 코드의 배열, 악기의 선택과 배치, 편곡 방식, 노래를 부를 때 짓는 표정, 몸짓, 의상 등 모든 면에서 종합적으로 표현됩니다. 여기에 앨범 자켓 디자인, 사진, 인터뷰, 아티스트의 사생활, 평소의 언행과 같은 간집적인 정보늘이 귀에 들리는 음악과 한데 어우러져 종합적인 모습으로 감상의 경험을 완성하게 되는 것이지요.

그래서 당시에 살았던 젊은이 중 한 명이 어느 특정 아티스트를 좋아한다고 말할 때 그 진정한 뜻은, 그 아티스트의 음악을 즐겨 듣는다는 차원에서 더 나아가 그 아티스트의 '스타일'을 좋아하고, 그 아티스트가 삶에 대해 가지고 있는 태도에 공감한다는 의미를 가지는 것입니다. 그리고 이 호감이 강렬해질 때 소위 그 아티스트를 존경한다고까지 말하게 되는 것이지요.

이러고 보니 제가 과거에 특별한 이유도 없이 몇몇 특정 아티스트들의 음악을 왜 유달리 듣기 싫어했는지 그 의문이 풀리는 것 같습니다. 가수들 중에 보면 개중에 멜로디도 좋고 가창력도 훌륭함에도 불구하고 딱 꼬집어서 왜 그 가수의 노래를 듣기 싫은지 말하기 어려운 경우가 있습니다. 저의 경우는 '저니', '야니', '브라이언 아담스'가 그랬습니다. 그 이유는 바로 그들이 추구하는 라이프스타일이 당시의 저에겐 호감으로 다가

오지 않았기 때문이었지요. 다른 사람에겐 모르겠지만 적어도 제 눈엔 그들이 추구하는 라이프스타일이 세련되어 보이지 않았고, 지적 수준이 다소 떨어져 보이고, 사회 비판력도 부족해 보이며, 그러면서도 대중들의 인기에 영합하려고 애쓰는 그저 그런 인격으로만 보였던 것 같습니다. 반면 '프린스'의 경우엔 노래 자체보다는 그가 언론 인터뷰에서 기자를 대할 때 상당히 무례하게 행동하는 모습을 TV에서 보고, 그 자유분방한 모습에 반하게 되어 아티스트를 좋아하게 된 케이스입니다. 이후 '프린스'란 아티스트를 더 깊이 있게 경험하게 되면서 그가 선과 악의 기준은 물론 기존의 가치관, 기호와 상징에 대해서도 스스로 새롭게 정의하며 자신만의 세계관을 만들어 가는 모습을 보고 그의 음악에 더 흠뻑 빠지게 되었지요.

저에겐 소위 '가창력으로 승부하는 가수'라는 타이틀로 대중들의 인정을 받는 아티스트는 단지 성대를 사용하는 기술이 남보다 뛰어난 재주꾼 정도로 밖엔 여겨지지 않았습니다. 성대를 사용해 고음을 뽑아 내는 기술을 높은 수준까지 발전시킨 그 노력과 열정에는 박수를 보내지만 아티스트로서의 가치는 없었던 것이지요. '대중들이 듣고 싶어하는 음악을 하는 가수'라고 불리는 아티스트들의 경우도 마찬가지입니다. 저에게 이런 가수들은 대중들이 듣고 싶어하는 이야기만 하는 정치인이나 종교인들과 전혀 달라 보이지 않았지요.

이런 관점에서 볼 때 1969년 우드스탁 페스티벌에 모였던 그 수많은 젊은이들은 단지 평소에 좋아하는 뮤지션들의 노래를 듣기 위해 그곳에 모인 것이 아니라, 당시 혼란스러운 삶에 대한 답을 찾기 위해 간절한 마음으로 부흥집회에 모인 '신도'들이었습니다. 그들은 지미 핸드릭스를 통해 삶에 저항하며 용감하게 맞서는 태도를, 그레이트풀 데드의 제리 가르시아를 통해 현실에 대해 초연하고 관조적으로 매 순간 자체를 유유자적 즐기는 히피적 태도를, 제니스 조플린을 통해 사회적 기치관에 대항하는 반항적인 여성의 스타일을 배웠지요. 그들은 인생을 어떻게 살아야 할지에 대한 답을 얻기 위해 그곳에 모였고, 그곳에 참가한 아티스트들은 여러 종파를 대표해서 그들이 찾던 답을 주기 위해 모인 목사이자 구루였던 것이었지요. 이처럼 음악은 우리가 방황하거나 혼란에 빠져 있을 때, 뭔가 문제를 해결할 답이 필요할 때, 그 답을 제시해 주는 종교의 역할을 합니다.

음악이 우리의 삶에 끼치는 영향

우리는 살면서 종종 의욕이 떨어지거나 권태에 빠져 있는 순간을 경험하게 됩니다. 이럴 때 밝고 긍정적인 성격을 가진 친구를 만나면 왠지 마음에 위로를 받지요. 친구와 대화를 나누는 과정에서 나의 마음이 그 친구의 긍정적인 파동에 동화되기 때문입니다. 음악은 우리에게 이런 친구의 역할을 해주지요. 이런 저런 음악을 듣다 보면, 개중에 나에게 말을 거는 듯한 느낌을 주는 음악이 있습니다. 그것은 단지 멜로디나 가사의 내용 때문이라기 보단, 그 음악이 가진 고유의 파동이 나에게 그런 감정을 느끼게 해주기 때문입니다.

 말러의 교향곡을 들으면 나의 고민과 넋두리를 말없이 들어주는 공감능력이 뛰어난 친구의 너그러운 파동을 경험하게 됩니다. 그러면서 나의 괴로움이 위로 받고 치유되는 느낌을 받지요. 바그너의 오페라를 들으면 삶에 대한 욕망과 의지가 불타오르며 권태가 눈 녹듯 사라지는 경험을 합니다. 데이빗 보위의 음악은 인생을 더 세련되고 지적인 방향으로 발전시키고 싶은 마음이 들게 해주고, 모차르트의 음악을 들으면 마음이 차분해지고 실타래처럼 얽혀 있는 고민거리들을 어디서부터 해결하면 좋을지 생각이 정리되며 일의 우선순위가 정해집니다. 비지스(Bee Gees)의 음악을 들으면 인생을 화려하게 뽐내며 살고 싶은 의욕이 충만해지고, 토킹헤즈의 음악을 들으면 제대로 한번 미쳐서 인생을 내 맘대로 살고 싶은 객기가 생깁니다. 버트 바카락(Burt Bacharach)의 음악은 고상하고 여유 넘치는 로맨틱한 인생을 추구하고 싶은 마음을, 벨벳 언더그라운드의 음악을 들으면 내 안에 숨겨진 예술성을 세상에 마음껏 표출하고 싶은 모티베이션이 생겨나며, 조지 해리슨의 음악을 들으면 불교적 명상에 빠져 삶을 관조적으로 보는 태도가 생깁니다. 레드 제플린의 음악은 성적욕망을 자극하고, 마빈 게이나 러브, 키스 자렛(Keith Jarrett)의 음악은 용서의 힘을 줍니다. 월터 원더리(Walter Wanderley)의 이국적이며 감미로운 음악은 내 안에 마법 같은 긍정의 에너지를 무한히 채워 주어 세상은 온통 아름다운 것들로 가득 차 있는 멋진 곳이라는 판타지를 줍니다.

이처럼 우리는 음악을 들을 때 아티스트의 파동과 나의 파동이 중첩되면서 나의 인격이 아티스트의 인격으로 잠시 빙의를 하는 경험을 하게 됩니다. 칸트는 이 빙의 과정 속에 작용하는 기능을 '상상력'이라고 표현했지요. 그래서 몸은 현실에 있지만 정신은 상상력을 통해 그 아티스트의 정신으로 빙의 될 때, 그 아티스트의 태도와 관점으로 현실을 볼 수 있게 되는 것입니다.

음악을 많이 듣다 보면 각각의 음악들이 본인에게 어떤 서로 다른 빙의 효과를 제공하는지 알게 되고, 그 경험치가 일정 수준 이상 쌓이게 되면 본인의 마음 상태에 따라 그 때 그 때 상황에 도움이 되는 음악을 골라서 들을 수 있는 기술이 생기게 됩니다. 그래서 치유가 필요할 땐 치유의 효과가 있는 음악을 듣고, 활력이 필요하거나 모티베이션이 필요하면 그런 감정을 고취시켜 주는 음악을 찾아 들을 수 있게 되는 것이지요.

하지만 모든 음악이 이런 역할을 하지는 못합니다. 대중들에게 그들이 듣고 싶어하는 음악을 들려주기 위해서 만들어진, 오로지 흥행만을 위해 만들어진 음악은 그 아무리 아름답고 귀에 듣기 좋은 음악이라 하더라도 우리를 빙의로 이끌지 못합니다. 애초에 아티스트가 대중들이 자신의 노래에 빙의 하는 것을 목적으로 만든 음악이라야 가능한 것이지요. 이런 음악이 바로 대중들에게 공감을 주는 음악입니다.

음악의 작품성을 판단하는 기준은 바로 여기에 근거합니다. 이 기준에 따라 누구는 그저 가수(Singer)라고 불리는 것이고, 또 누구는 아티스트(Artist)라고 불리는 것이지요. 그래서 무조건 난해하고 심오한 음악이 작품성이 있는 것도 아니며, 아무리 쉽고 대중적인 음악이라도 그 안에 아티스트의 삶에 대한 솔직한 태도가 배어 있고, 그 음악을 듣는 사람들의 삶 속에서 구체적인 영향력을 행사한다면 우리는 그것을 명작이라고 부르는 것입니다.

이런 배경에서 저는 DJ DOC의 RUN TO YOU 같은 유행가도 감히 명작이라고 평가하고 싶습니다. 이 음악에는 '반항아'라는 아티스트의 솔직한 삶을 향한 태도가 멜로디와 가사, 발성법, 발음, 편곡방식 곳곳에 고스란히 녹아 있으며, 실제로 저는 그 음악을 들을 때마다 세상에 제대로 한 방을 먹이고 싶은, 반항하고 싶고 탈선하고 싶은 강렬한 마음이 고개를 들기 때문입니다.

이렇듯 스스로에게 여러 종류의 빙의 효과를 제공하는 음악들을 찾고, 찾은 음악들로 본인만의 감상 컬렉션을 만들어 음악의 도움이 필요할 때마다 바로 꺼내 들을 수 있는 환경을 만드는 것이 음악감상이란 놀거리를 제대로 즐기는 방법이라고 말할 수 있겠습니다.

좋은 음악을 판단하는 기준이란?

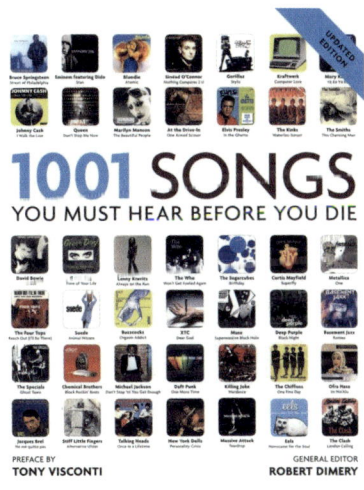

가끔 롤링스톤지(Rolling Stone Magazine)나 타임지(The Times) 같은 권위 있는 잡지에서 '죽기 전에 반드시 들어야 할 1000곡의 음악'과 같은 제목으로 소위 작품성 있는 명곡들을 선정해서 발표하는 것을 볼 수 있습니다. 혹은 유명 인사나 음악 평론가들이 자신이 만일 무인도에 가게 된다면 꼭 가져가고 싶은 음반들이 뭔 지에 대해 이야기하는 경우도 있지요. 도대체 왜 죽기 전에 음악을 들어야 하는지, 무인도에 가는데 왜 굳이 음반을 가져야 하는지 이해가 안 가시는 분들도 계시리라 봅니다만, 이런 내용들을 보면 음악이 그만큼 우리의 삶에 있어 차지하는 부분이 크다는 것을 짐작해 볼 수 있습니다.

한 가지 재미있는 것은 음악의 선호가 다분히 그것을 감상하는 사람의 개인적 취향에 따라 달라질 수 있는 것임에도 불구하고, 각기 다른 잡지에서 선정한 명곡 리스트들을 보면 그 중에서 서로 겹치는 음악들이 상당히 많다는 점입니다. 이런 점에서 우리는 명곡이란 것이 과연 객관적으로 평가될 수 있는 것인지, 그렇다면 도대체 어떤 기준으로 명곡이 평가되는 것인지, 그리고 그런 명곡들이 가지고 있는 특징들은 무엇인지가 궁금해집니다. 하루에도 수백 수천 개의 새로운 음악이 시장에 쏟아지는데, 왜 우리는 그 중에서 아주 일부의 곡들만 명곡이라고 부르고 나머지는 그렇게 부르지 않는 걸까요?

커리어의 대부분을 비즈니스 업계에 몸 담았던 저는 '브랜딩'이란 개념에 상당히 익숙합니다. 과거에 브랜드가 가지고 있던 기능은 나의 상품을 다른 상품들과 구분하기 위한 '식별표' 역할에 불과했지만, 1980년 중반을 넘어서면서 브랜드는 셀러의 '인격'을 담아 제품의 가치를 높이고 가치의 방향성을 정하는 커뮤니케이션의 역할을 담당하게 되었지요. 하지만 이런 새로운 브랜딩의 개념이 업계 전체로 확산되자 모든 기업들이 일제히 브랜드 인격화 작업을 하면서 이른바 브랜드 인격 홍수의 시대에 접어들게 되었습니다.

이런 혼란스러운 상황에도 불구하고, 일부 브랜드들은 끝까지 경쟁에서 살아 남아 소비자들의 사랑을 받게 되었는데, 이런 특별한 브랜드들을 비즈니스 용어로 '러브마크'라고 부르게 되었습니다. 그리고 러브마크가 아닌 단순히 훌륭한 브랜드의 경우엔 상품성이 아무리 좋아도 조금만 실수를 하면 고객들이 등을 돌리지만, 일단 '러브마크' 수준에 이른 브랜드는 실수를 해도 고객들이 인내하며 그것이 개선될 때까지 기다려 준다는 차이점을 발견했지요. 그래서 당시 좋은 브랜드의 대표적인 예가 '삼성'이고 '러브마크'의 대표적인 예가 바로 '애플'이었습니다. 할리데이비슨, 샤

넬, 에비앙 같이 나름 팬덤을 가지고 있는 브랜드들도 러브마크의 좋은 예였지요. 이어 학자들은 러브마크들이 가지고 있는 특징들을 연구해서 발표했는데, 그 특징들이 바로 좋은 음악, 명곡이라고 일컬어지는 음악들이 가지고 있는 공통점들과 상  당히 유사한 점이 많다는 것을 발견하게 된 것입니다. 당시 학자들이 발견한 러브마크가 가지고 있는 특징은 친근함, 세련됨, 의외성 그리고 마지막으로 신뢰감이었습니다.

러브마크가 가지고 있는 네 가지 특징을 음악에 적용해보면,

'친근함'은 음악의 멜로디와 가사가 시대적 취향과 잘 맞고, 아티스트가 가지고 있는 삶에 대한 태도가 그 작품 속에 잘 드러나 그 음악을 접하는 대중들로 하여금 더 쉽고 친근하게 작품에 '빙의'할 수 있게 되는 것을 말합니다.

'세련됨'은 음악이 시대를 앞서 가는 스타일을 가지고 있어서 음악을 듣는 사람으로 하여금 세련되고 트렌디한 감성을 느끼게 해 주는 것을 의미합니다.

'의외성'이 가장 흥미로운 부분입니다. 의외성은 브랜드의 호감도를 높이는 데 있어 가장 중요한 역할을 하지요. 브랜드의 행보가 늘 대중들이 예측 가능한 방향으로만 전개된다면 대중들은 브랜드에 대해 신비한 매력을 느끼지 못합니다. 그래서 가끔은 기존에 가지고 있던 브랜드 이미지와는 전혀 다른 이미지를 가진 모델을 사용하기도 하고, 대중들의 예상을 뒤엎는 캠페인을 진행하기도 하는 것이지요. 이것은 비단 브랜드에만 해당되는 게 아니라 남녀 간의 연애 메커니즘에도 동일하게 적용이 됩니다.

그렇다면 '의외성'은 음악에 어떤 모습으로 적용될까요? 음악은 시간이란 틀 안에서만 감상이 가능한 장르입니다. 그림 작품은 한눈에 그림 전체의 모습을 감상할 수 있지만, 음악은 순간 순간 기다리는 과정들이 모여야만 전체를 감상할 수 있지요. 우리가 특정한 음악을 접할 때 그 다음 순간 어떤 멜로디가 어떤 비트로 어떻게 등장할지를 미리 예측할 수 없습니다. 다만 기다릴 뿐이지요. 그러다가 멜로디가 등장을 하면 그 다음 순간 어떤 멜로디가 전개될지를 다시 기다려야 합니다. 즉 기대하고 경험하고 또 예측하고 경험하는 과정을 반복하는 것이 음악을 감상하는 방법입니다.

그래서 어떤 멜로디를 일단 경험하고 이후 등장하는 멜로디나 비트가 본인이 기대한 것과 일치하게 되면 그 음악은 편안함과 익숙함은 주지만 동시에 의외성은 잃게 됩니다. 이런 음악은 처음 들을 때는 호감을 느끼지만 몇 번 반복해서 듣게 되면 금세 질리게 되지요.

반면 이후에 등장하는 멜로디나 비트가 본인이 생각한 것과 전혀 다르게 진행된다면 우리는 일시적인 심리적 불편함을 경험하게 됩니다. 철학자 존 듀이는 이렇게 예측을 벗어난 예술적 경험을 '갈등이론'이란 연구를 통해 설명했습니다.

인간은 예술감상을 할 때 작품의 전개가 본인의 상식이나 습관적인 예측을 벗어나게 되면 처음에 심리적 갈등을 겪게 되지만, 예측을 벗어나 흐트러진 퍼즐들을 자신의 상상력을 이용하여 스스로 고안해낸 개념 안에 짜 맞춰가는 자유로운 경험을 할 때 가장 큰 예술적 쾌감을 느낀다는 것입니다. 어떤 종류의 음악은 처음 들었을 때 낯선 느낌이 들고 귀에 잘 들어오지 않지만 들으면 들을 수록 음악에 빠져들게 되는 경우가 있지요. 우리가 흔히 명곡이라 부르는 곡들 중에선 이런 특징을 가진 음악이 많습니다.

마지막으로 '신뢰성'은 평론가들의 의견, 다른 사람들의 리뷰나 별점으로 표현되는 작품에 대한 평가로 인해 얻게 됩니다. 물론 다른 사람들의 평가는 본인이 작품을 순수하게 감상하는데 있어서 선입견을 줄 수도 있지만, 인간의 심리상 다른 사람들의 좋은 평가를 받은 작품은 신뢰감을 갖게 되어 그렇지 않은 경우보다 더 좋게 느껴지기 마련입니다.

이처럼 명곡들이 공통적으로 가지고 있는 특징들을 잘 이해한다면, 음악을 들을 때 어떤 기준을 가지고 그 음악들을 판단하고 비평할 수 있을지 알게 됩니다. 하지만 이런 특징들은 어디까지나 본인의 개인적 감상 경험을 통해서만 평가될 수 있는 것이기 때문에, 내가 평가한 내용을 남에게 강요할 수는 없습니다. 본인이 명곡이라고 판단하는 음악을 다른 사람에게도 명곡으로 인정하라고 강요할 수 없다는 것이지요.

하지만 저는 일반적으로 명곡이라 일컬어지는 음악은 누가 들어도 명곡이 아닐까라는 생각을 조심스럽게 해봅니다. 만일 누군가 명곡이라고 하는 음악을 들었을 때 그 음악이 왜 좋은지 모르겠고, 전혀 마음에 와 닿지 않는다면, 그 이유는 그 노래에 문제가 있어서라기 보다는 본인이 아직 그 음악을 제대로 감상할 수준의 역량을 갖추지 못해서 그럴 지도 모릅니다. 그래서 많은 사람들이 명곡이라고 인정하는 음악은 처음엔 내 취향과 맞지 않는 것같이 느껴지더라도 언젠가 본인이 음악과 친숙해지는 순간이 오길 기대하며 인내심을 가지고 반복해서 감상해 볼 가치가 있다고 생각합니다.

만일 어린아이가 생선회를 처음 먹을 때 맛이 없다고 회를 뱉어 버린 후, 평생 회를 먹어볼 시도조차 않는다면 그 아이는 회라는 인생의 즐거움 중 하나를 잃게 되는 게 아닐까요? 음악도 마찬가지입니다. 저는 일정 숫자 이상의 사람들이 좋아하는 음악의 장르, 명곡이라고 평가받는 음악들은 반드시 거기엔 그럴 만한 이유가 있다고 생각합니다. 만일 제가 그 음악을 즐기지 못한다면 그건 저의 미숙함 탓이라고 생각하지요. 그래서 저는 이런 상황에 닥치게 되면 오히려 기대감을 갖게 됩니다. 왜냐하면 제 귀에 낯선 음악이 많다는 건 결국 제 인생에서 아직 경험해보지 못한 새로운 즐거움이 많이 남아있다는 뜻이기도 하니까요.

나의 인생에 마법을 건 음악들

어릴 적부터 혼자인 시간이 많았던 저는 오랜 세월 동안 많은 음악들을 들으면서 그 음악들의 영향을 받으며 성장했습니다. 지금 제가 가지고 있는 인생관, 세계관은 어떻게 보면 어릴 적부터 들어온 음악들의 영향을 받으며 서서히 만들어진 것이라 해도 과언이 아니지요. 이처럼 음악을 들으며 거기에 빙의 되는 과정을 통해 사람의 감정이 요동치고 성품이 변화되는 것은 마치 마법과 같은 일이 아닌가 싶습니다.

그래서 이 기회를 빌려 제 인생에 마법을 건 음악들 중 일부 곡들을 여러분께 소개해 드리고, 그 음악이 어떤 방식으로 저에게 영향을 주었고, 제가 인생을 사는 방식을 어떻게 변화시켰는지를 말씀드리고자 합니다.

: America - Simon & Garfunkel

1960년대 후반, 미국 전역을 휩쓸었던 반전운동 끝에 미군이 베트남에서 철수해 버리자 당시 젊은이들은 일종의 정신적 공황 상태를 겪게 됩니다. 반전이라는 공공의 목적을 향해 다같이 싸웠던 동안에는 그들의 삶

 속에 열정이 넘쳐났지요. 일부는 화염병을 던지며 적극적인 방식으로 투쟁하기도 하고, 일부는 히피적인 삶을 살며 자신들의 반사회적 메시지를 간접적인 방식으로 표출하기도 했습니다. 그것이 어떤 모습이든 간에, 당시 젊은이들의 마음 속에는 삶에 대한 간절한 목적과 희망이 불타고 있었습니다. 그러다 막상 전쟁이 끝나버리자 그들은 지금껏 매달려 오던 삶의 목적이 한 순간에 눈 녹듯 증발해 버리는 경험을 하게 되지요. 그리고 세상은 마치 아무 일 없었던 것처럼, 제 때 대학을 졸업하고 틈틈이 자본을 축적한 사람들이 중심이 되어, 그들 위주로 돌아가고 있는 것을 보게 됩니다. 그리고 자신들은 어느 순간 사회로부터 소외당했다는 느낌, 주류와는 어울리지 못하는 사람이 되어 버렸다는 사실을 깨닫게 되지요. 이런 사회적 배경 위에 사이몬 앤 가펑클의 America라는 곡이 발표됩니다.

 인생의 목적을 찾지 못해 방황하는 소도시 출신의 가난한 한 쌍의 젊은 남녀는 정해진 목적지도 없이 집을 나와, 그레이하운드 버스를 타고 어디론가를 향해 무작정 떠나지만, 집에서 멀리 벗어나지도 못한 채, 차창 밖으로 수많은 자동차들로 붐비는 맨하튼 외곽 고속도로 위로 해가 저무는 모습을 힘 빠진 눈으로 보게 됩니다. 그리고 남자는 옆에서 자고 있는, 혹은 자는 척을 하고 있는 여자 친구에게 'Cathy, I am lost'라는 고백을 하

지요. 저는 이 노래를 들으면 언제나 이 부분에서 눈물을 흘립니다. 아마 제가 겪어 온 인생의 과정도 이들과 크게 다르지 않다는 생각이 들어서 이겠지요.

 여러분은 삶을 향한 어떤 목적에 대해 그것이 인생의 진리라고 생각하고, 그렇게 사는 것만이 올바른 길이라고 믿으며 그것을 이루기 위해, 혹은 거기에 조금이라도 다가가기 위해 치열하게 노력해 본 적이 있지 않나요? 그리고 목적지에 점점 가까워질수록 그 실체가 마치 오즈의 마법사의 결론처럼 허망한 속임수에 불과했다는 사실을 깨닫고 허탈감에 빠져 본 적이 있지 않나요?

 인생에서 바로 이런 순간에 이르렀을 때 사이먼 앤 가펑클의 'America'는 저에게 큰 위로를 주었습니다. 아, 이런 경험은 나만의 것이 아니었구나, 1970년대 10대 시절을 보냈던 미국의 수많은 젊은 세대들도 지금 내가 겪고 있는 이 혼란과 아픔을 똑같이 겪었고, 이런 경험은 과거에도 그리고 앞으로도, 인간이라면 누구라도 겪게 되는 것이며, 내가 한 단계 더 성장하기 위한 과정의 일부였다는 생각이 들었습니다. 그리고 이런 아픔을 경험하고 그 아픔을 잊기 위해 그 위에 또 다른 아픔을 눈처럼 쌓아가며, 마치 나이가 들수록 손이 거칠고 두꺼워지듯이, 점점 성숙해지며 늙어가는 것이 인생 본연의 모습이라는 교훈을 얻게 되었지요. 이것이 바로 이 음악이 우리에게 주는 힐링의 힘입니다.

: Travelling boy - Art Garfunkel

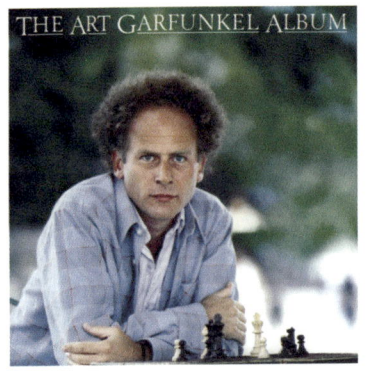

이 음악은 저에게 삶이란 어떤 특정한 종착지를 향하는 것도 아니며, 그 종착지에 영원히 머물기 위함도 아니며, 단지 이 곳에서 저 곳으로, 그리고 그 곳에서 또 다른 곳을 향해 떠나는 끝없는 여행의 과정, 경험의 과정 그 자체라는 사실을 일깨워 줍니다. 이 말은 그 어떠한 위대한 삶의 발견이나 소중한 인연, 만남도 언젠간 떠나 가야 할 과정에 불과하기 때문에, 거기에 너무 집착하거나 고통스러워하고 미련을 가질 필요가 없다는 뜻이기도 하지요. 하지만 동시에 그것들은 삶이란 긴 여행을 완성하기 위해 반드시 필요한, 마치 퍼즐 조각들처럼 하나 하나 중요한 경험들이기 때문에 모두 소중하고 가치 있다는 뜻이기도 합니다.

한번 떠난 사랑은 이후 다시 만난다 하더라도 처음의 감정을 느낄 수 없고, 한 때 느꼈던 치열한 경험 역시 시간이 흐른 후엔 그 때와 같은 열정을 경험할 수 없지요. 하지만 이 모든 순간 순간에 진심이었던 사람은 평생 동안 그 기억들을 마음 속에 품고 삽니다. 그 기억 속의 만남들, 그 감정들이 하나하나 모여서 지금의 나를 만들고, 그 모습을 간직한 채 오늘을 살아가고 있는 것이지요.

I won't say that I'll be back again
나는 다시 당신에게 돌아오지 못할 수도 있어요.

'Cause time alone will tell,
그건 오로지 시간만이 답해줄 수 있겠지요.

So, no goodbyes for one just passing through,
그러니 떠나는 나에겐 '굿바이'라고 말하지 말아요 나는 그저 지나칠 뿐이에요.

But one who'll always think of you.
하지만 나는 언제나 당신을 기억할 거예요.

이 노래를 듣다 보면 이제껏 제가 살아오면서 떠나온 사람들, 제가 살던 도시들, 거기에서 일어난 크고 작은 사건들이 주마등처럼 머릿속에 스쳐 지나갑니다. 마음에 상처를 주고 떠난 사람도 있었고, 서로 분명 호감을 가지고 있었지만 말 한마디 제대로 건네지 못하고 헤어진 인연도 있었습니다. 지금 생각하면 얼굴이 빨개져서 기억에서 지우고 싶은 부끄러웠던 순간, 망신스러운 순간도 있었고, 반대로 다시 돌아가고 싶은 멋지고 황홀한 순간들도 있었지요. 그리고 이 모든 경험들은 그것이 크든 작든 간에, 즐거웠든 괴로웠든 간에 모두가 제 인생에서 소중하게 빛나는 순간들이라는 깨달음을 얻게 됩니다. 그리고 이런 순간들로 빛나는 인생이란 너무나 아름다운 곳이라는 멋진 결론에 이르게 되지요.

: Ripple – Grateful Dead

 이 보석 같은 노래는 우리에게 '그저 바라보는 힘'의 위대함을 일깨워 줍니다. 이 노래를 듣다 보면 아무리 세상이 시기와 질투, 가진 자와 그렇지 못한 자 간의 갈등, 진리를 찾아 헤매는 사람과 진리와는 거리가 먼 삶을 살아가는 사람들, 성공한 사람과 그렇지 못해 좌절하는 사람들로 북적이더라도, 그것은 삶이란 거대한 호수에 돌멩이 하나를 던졌을 때 퍼져 나가는 잔잔한 물결(ripple)처럼 자연스러운 모습이라는 깨달음을 줍니다. 이런 깨달음을 통해 우리는 세상이란 호수에 퍼져가는 잔잔한 물결을 감상하듯이, 삶에서 벌어지는 크고 작은 사건들을 관조하는 마음으로 여유 있고 편안하게 바라볼 수 있게 되는 것이지요.

 어차피 일어날 일은 일어나는 것이고, 이미 일어난 일은 되돌릴 수 없는 것입니다. 물론 내가 그 때 더 올바른 의사결정을 했더라면 지금보다 더 좋은 결과가 일어날 수도 있었겠지만, 또 굳이 그렇게 안되더라도 삶은 계속되기 마련이지요. 나에게 주어진 결과를 있는 그대로 받아들이고, 현재 상황에서 최선을 다하는 것이 지금 내가 할 수 있는 일의 전부인 것입니다.

우리는 항상 인생에서 무언가 대단한 업적을 이뤄야 한다는, 혹은 의미 있는 사람이 돼야 한다는 강박관념에 쫓겨 사는 경우가 많습니다. 때론 일어나지도 않은 일에 대한 걱정에 사로잡혀 막연한 불안감 속에 고통스러워하기도 합니다. 하지만 'Ripple'을 듣다 보면, 삶이란 결국 바로 지금 이 순간 순간들이 모여서 만들어지는 것에 불과하다는 위대한 사실을 깨닫게 됩니다. 그래서 이미 일어난 과거의 일을 후회하거나, 일어나지도 않은 미래를 걱정하기보다는 지금 당장의 순간에 충실한 것이 내가 할 수 있는 가장 의미 있는 행동이란 것을 알게 됩니다.

마치 일본의 하이쿠 형식처럼 쓰여진 이 곡의 아름다운 가사를 보면, 잔이 비면 채우면 되는 것이고, 걷다가 넘어지면 일어서면 되고, 비록 그 길이 고속도로가 아니더라도 내가 가야 하는 길을 꾸준히 가는 것이 최선이라고 합니다. 이 밴드의 싱어였던 '제리 가르시아'의 삶을 향한 유유자적한 태도를 한껏 느낄 수 있지요. 이 음악을 들으며 운전을 하면, 길게 막히는 차선을 가로질러 갑작스럽게 제 앞에 끼어든 얌체 운전자에게도 '나름 급한 일이 있어서 그랬겠지' 란 너그러운 마음이 듭니다.

: Psycho Killer – Talking Heads

 시간이 되면 회사에 출근하고, 배가 고프면 식당에 가고, 집에 돌아오면 습관적으로 TV 앞에 앉아 있는, 매일 매일을 아무 생각 없이 사는 듯한 자신의 모습을 발견할 때가 있습니다. 마치 자신이 게임 속 등장하는 수많은 캐릭터들 중 하나 같다는 생각도 들지요. 이럴 때 우리는, 나는 과연 누구인가? 나는 무엇을 위해 존재하고 있는가? 내가 남과 다른 점은 무엇인가? 와 같은 실존적인 질문들을 머리 속에 떠올리게 됩니다.

 이런 순간 '토킹헤즈'의 '싸이코킬러'를 들으면, 마치 드라큘라가 피를 보면 눈동자가 빨갛게 변하는 것처럼, 자신의 눈빛도 뭔가의 강렬한 기운으로 차오르는 듯한 경험을 하게 됩니다. 그리고 지금껏 자신을 얽매고

속박하고 있던 사회적 분위기나 눈치에서 벗어나 내 원래의 모습, 내 고유의 '자유의지'가 원하는 대로 말하고 행동하고 의사결정하는 인간이 되야겠다는 의욕이 불타오릅니다. 그래서 정말로 자신이 원하는 것이 무엇인지를 찾아서, 싫은 건 싫다고 하고, 하고 싶은 게 있으면 하고, 내 몸이 원하는 대로 움직이고, 먹고 싶은 거 다 먹고, 보고 싶지 않은 사람은 안 볼 수 있는 용기가 생기게 됩니다. 주변 사람들의 분위기만 살피면서 조심스럽게 살던 내가, 이 순간만큼은 내 본연의 모습으로 돌아가는 것이지요. 영혼이 자유로워진다는 기분이 바로 이런 느낌을 두고 얘기하는 게 아닐까요? 그래서 이 곡은 제 인생에 있어서 '전투곡'의 역할을 합니다. 이 곡을 들으면 정신이 번쩍 들면서 과연 나는 인생을 내 의지대로, 내가 원하는 대로 살고 있는지, 아니면 남의 눈치나 보면서 비겁하게, 습관적으로, 게으르게 살고 있지 않는지를 다시 한번 점검하게 됩니다.

 몇 해 전 프랑스 파리로 출장을 갔을 때, 호텔 건너편 야외 Bar에서 새벽 3시까지 술에 취해 Psycho Killer를 부르던 젊은 여자 때문에 잠을 설쳤던 기억이 납니다. 짜증은 났지만 그 순간만큼은 내가 정말 파리에 있다는 게 실감이 났지요. 목소리로 볼 때 많아야 20대 초반도 안 돼 보이는 젊은 여성이 1970년대 유행했던 '싸이코 킬러'를 술에 취해 목이 쉬도록 부르는 모습을 보며, 그런 자유롭고 주관적인 문화 속에 살고 있는 프랑스인들이 한없이 부러웠던 기억이 납니다.

: Tod Rundgren - A Dream Goes on Forever

여러분은 살면서 '우리'라는 단어가 내포하고 있는 일종의 배타적인 소속감을 경험해 본 기억이 있나요? 아마도 그것은 우리가 어릴 적 철이 들기 시작하면서 세상을 향한 냉소적인 시선을 처음 가져본 시기가 아닐까 싶습니다. 그때 우리가 가졌던 냉소적인 시선은 우리들을 이해하지 못하는 기성세대, 즉 어른들을 향해 있었지요. 우리는 어른들의 인생관, 그들의 기호, 그들의 유머 코드에 동의할 수 없었고, 그들이 바라는 모습으로 성장하기를 거부했습니다. 그 때는 우리들끼리만 쓰던 표현이 있었고, 우리들끼리만 공유했던 슬픔과 설렘이 있었습니다. 다른 사람들은 이해하지 못하는 우리들만의 세계 속에서 살고 있던 것이었지요. 아마도 그 때가 우리에게 있어서 지금껏 살아온 인생을 통틀어 가장 순수하고 빛나던 순간이 아니었나 싶습니다.

그 시절, 우리는 우리들끼리만 공유하고 있던 문화적 동질감을 증거하기 위한 도구로써 기성세대가 듣던 음악이 아닌, 우리들만 즐길 수 있었던 음악을 들었지요. 저의 경우는 봄여름가을겨울, 어떤 날, 친구들, 새 바람이 오는 그늘, 들국화, 우리, 최성원, 조동익 같이 기성세대들은 잘 이해하지 못했던, 우리들만 알고 있던 아티스트들의 음악이었습니다. 어른들이 만들어 놓은 세상이란 틀 안에서 어쩔 수 없이 그 규칙을 따라 살아야 했던 어린 시절, 그것을 거부하고 싶지만 그럴 만한 힘도, 용기도 없었던 우리들은 이런 음악들을 서로 공유하면서 위로를 주고받을 수밖에 없었지요.

소피아 코폴라 감독의 Virgin Suicide라는 영화를 보면 1970년대 미국 소도시에서 이 같은 상황을 겪었던 10대 소녀들의 이야기가 펼쳐집니다. 그들의 운명은 결국은 자살이란 비극으로 끝나게 되지만, 그 과정 속에서 음악을 통해 실낱같은 생의 희망을 찾으려 했던 당시 10대 소녀들의 간절함을 엿볼 수 있지요. 이것은 비단 감수성이 예민하다는 이유만으로는 이해될 수 있는 성격의 것이 아닙니다. 그들이 자살로 인생을 마감할 수밖에 없었던 이유는, 그만큼 그들이 인생에 대해 순수하고 진지한 태도를 가졌기 때문이었지요. Todd Rundgren의 음악을 듣는 순간, 우리들은 오랜 시간 잊고 살았던 자신들의 순수했던 그 시대의 모습을 떠올리게 됩니다.

클래식 음악감상의 목적

　클래식 음악은 오래 전에 만들어진 음악이라 요즘 듣기엔 고리타분하다고 생각하는 분들이 많지요. 특히 입문자들에겐 클래식 음악이 마치 하나의 거대하고 독립된, 전문가들 만의 성역처럼 여겨지기도 하기 때문에, 막상 그것에 도전해 보려 해도 어디서부터 어떻게 시작해야 할지 엄두가 안 나기도 합니다.

　또한 클래식 음악감상이 추구하는 '미학'의 성격이 '수학미', '숭고미'처럼 인간 내면의 성찰을 요구하는 것들이기 때문에, 장시간 진지한 마음으로 감상을 하지 않으면 그 맛을 제대로 느낄 수 없지요. 이렇듯 높아 보이는 문턱이 우리로 하여금 클래식 음악 감상을 더 어렵고 지루한 것으로 여겨지게 만드는 것 같습니다.

　하지만 알고 보면 클래식 음악엔 듣기 어렵고 주제가 숭고한 작품들만 있는 게 아닙니다. 개중에는 마치 지미 핸드릭스(Jimi Hendrix)의 기타 연주를 듣는 듯한 'ROCK SPIRIT'으로 충만한 작품들은 물론 요즘 유행하는 CITY POP처럼 귀에 착착 감기는 트랜디한 작품들도 많으며 BUBBLE POP처럼 일상에서 가볍게 BGM(배경음악)처럼 들을 수 있는 작품들도 많습니다. 무엇보다도 클래식 음악은 대중음악처럼 매일같이 신곡들이 쏟아져 나오는 것이 아니라, 감상해야 할 음악들의 대부분이 이미 오래 전에 작곡된 것들이기 때문에, 정작 내가 꼭 알아야 할 작곡가, 꼭 들어야 할 작품들의 숫자가 생각한 것만큼 많지 않습니다. 그래서 어느 정도 시간만 투자한다면 짧은 기간 안에 일정 수준 이상으로 클래식 음악을 마스터하는 것이 가능하다는 장점도 있지요.

물론 클래식 음악을 제대로 감상하려면 한도 끝도 없지요. 같은 작품이라 하더라도 오케스트라나 지휘자, 연주자들에 따라 해석이 각각 나르기 때문에, 여러 버전의 작품들을 서로 비교 감상해 가며 그 느낌이 어떻게 서로 다른 지 경험해 봐야 합니다. 또한 대중석으로 잘 알려지지 않은 숨어있는 명작들을 보석처럼 발굴하는 재미도 쏠쏠하지요. 같은 작품이라도 그 음악을 어렸을 때 듣는 것과 나이를 먹고 들을 때와 감흥이 다르고, 마음 상태에 따라서도 매번 들을 때마다 색다른 종류의 감동을 느끼기 때문에, 클래식 음악 감상은 여러 번 우려 마시는 차처럼 여정의 종착지가 없습니다.

입문자 입장에서 클래식 음악과 친해지기 위한 가장 좋은 방법은, 꼭 들어봐야 할 작곡가들의 리스트를 만드는 것입니다. 그리고 리스트를 나열해 보면 막상 그 숫자가 생각보다 많지 않다는 사실을 알게 됩니다.

바흐, 베토벤, 베를리오즈, 비제, 브람스, 보로딘, 브루크너, 쇼숑, 쇼팽, 드뷔시, 드보르작, 프랑크, 그리그, 헨델, 하이든, 홀스트, 야나첵, 코다이, 하차투리안, 리스트, 말러, 멘델스존, 모차르트, 무소르그스키, 페르골레시, 풀랑, 프로코피예프, 라흐마니노프, 라벨, 림스키코르샤코프, 라이네케, 로시니, 생상스, 스크리아빈, 슈베르트, 슈만, 쇼스타코비치, 슈포어, 요한 스트라우스& 쥬니어, 리하르트 슈트라우스, 스트라빈스키, 챠이코프스키, 베르디, 바그너

그리고 나서 유튜브나 스포티파이를 이용해서 리스트 된 작곡가들의 대표적인 작품들을 듣다 보면, 개중 본인의 취향과 잘 맞는다는 느낌이 드는 몇 몇 작곡가들을 발견할 수 있을 겁니다. 그 다음으론 추려진 작곡가들의 대표 곡들을 장르별로 구분해서 들어 보는 것을 추천드립니다. 클래식 음악의 장르 역시 알고 보면 그리 많지 않지요.

 작곡가들 대부분은 커리어 초기에는 작품을 라이브로 연주하는데 비용이 적게 드는 독주곡이나 실내악, 가곡들을 위주로 작곡을 합니다. 그러다 어느 정도 사회적으로 인정을 받기 시작하면 협주곡이나 교향곡을 작곡하고, 이어 발레곡이나 미사곡, 오페라 등에도 도전을 하지요.

 흔히 소나타라고 불리는 특정 악기의 솔로 연주를 위해 만들어진 독주곡, 현악 4중주, 피아노 3중주같이 중주란 말이 뒤에 붙는 소규모 실내악, 한 개의 악기가 주인공이 되어 오케스트라와 같이 연주하는 협주곡, 오케스트라만 연주하는 교향곡, 그리고 나머지 장르인 미사곡, 오페라, 발레곡, 가곡, 합창곡 등이 여러분들이 들어야 하는 클래식 음악 장르의 전부입니다. 베토벤, 브람스, 슈베르트, 모차르트같이 다양한 장르에 걸쳐 많은 명작들을 남긴 예외적인 경우를 빼고는, 작곡가마다 각자 전문적인 장르가 따로 있기 때문에 전체적으로 입문자 입장에서 들어야 할 작품들을 따져보면 생각보다 그 숫자가 그리 많지 않다는 것을 알 수 있습니다.

입문자들을 위한 클래식 음악 감상 요령

과거에 비해 현대인들이 클래식 음악을 즐겨 듣지 않는 가장 큰 이유는, 소위 대중적으로 명곡이라고 일컬어진 클래식 작품들이 주는 감동의 내용이 요즘 사람들이 음악에 기대하는 것과 다르기 때문입니다. 그래서 흔히 '클래식 입문자 추천 음악'이나 '작곡가별로 꼭 들어야 하는 대표곡'이라는 제목 하에 선정된 음악들이 주는 감동은 사실 요즘 젊은 사람들의 취향과는 맞지 않는 경우가 많습니다.

예전 사람들이 음악을 통해 찾던 감동은 칸트의 표현을 빌리자면 '숭고미', '수학미'와 같은, 음악 속에서 인간 내면에 심겨진 '신의 영역'을 느낄 수 있게 만들어 주는, 그런 형이상학적인 아름다움이었습니다. 물론 음악을 점점 깊게 듣다 보면 결국엔 이런 음악이 주는 고귀한 아름다움이 얼마나 대단한 것이고, 그 경험이 얼마나 감동적인지 깨닫게 되는 순간이 오지만 처음 클래식 음악을 듣는, 그것도 요즘 시대의 말초적 감성에 익숙한 사람들에겐 이런 감흥은 낯선 것일 수밖에 없습니다. 그래서 클래식 음악에 대해서 지루하다, 들으면 잠이 온다, 나와는 맞지 않는다 와 같은 선입견을 가지게 되는 것이지요.

하지만 클래식 음악엔 이런 종류의 감동을 주는 음악만 있는 게 아닙니다. 개중에는 요즘 사람들의 기호와 감성에도 잘 맞는 멋지고 스타일리쉬한 작품들도 많습니다.

몇 년 전 TV에서 방영되었던 드라마 '밀회'에 등장하는 슈베르트 판타지 103번, 차이코프스키의 사계 중 달맞이꽃, 브람스 intermezzo 2번, 모차르트 피아노 소나타 8번, 모차르트 론도 A minor 와 같은 음악들은 듣는 사람들로 하여금 마치 자신이 드라마틱한 영화 속 주인공이 된 듯한 느낌이 들게 해줍니다. 슈베르트의 '바이올린과 피아노를 위한 환상곡'은 흔들리는 감정들 사이에도 중심을 잃지 않는 초연함을 가지게 해주고, 드뷔시의 달빛이나 에릭 사티의 피아노곡들은 바쁜 일상 속에서 모든 것이 한 순간 멈춰진 것 같은 일종의 명상감을 줍니다. 쇼팽의 왈츠 10번, 슈만의 8개의 환상소품이나 아라베스크를 들으면 내 주변에 보이는 모든 것들이 마치 어떤 감성적 의미를 지닌 채 새롭게 탄생되는 듯한 느낌을 받게 되고, 비제의 쥬데팡스(어린이 놀이), 특히 그중 11번째 곡은 이 세상이 신비한 마법으로 가득 찬 동화 같은 곳으로 느껴지게 만들어 줍니다. 슈베르트 피아노 소나타 4번 2악장을 듣다 보면 그 아무리 복잡하게 엉켜 있는 상황이라도 결국 시간이 지나면 자연의 순리대로 모든 게 제자리를 찾아 갈 것이란 긍정적인 마음을 가지게 되고, 멘델스존 피아노 3중주 1번은 그 어떤 헤비메탈 음악보다 강렬한 질주의 느낌과 동시에 고상한 기품을 동시에 경험하게 해줍니다. 발트토이펠 스케이츠 왈츠는 고달파 보이는 우리의 인생이 결국 한편의 해피엔딩 영화 속 스쳐 가는 과정에 불과하다는 위안을 주지요. 만일 인생에서 극도의 심적 괴로움에 빠져 있는 순간이 올 때 슈베르트 피아노 소나타 20번 2악장을 듣는다면, 마치 내 곁에 나의 하소연을 귀 기울이며 들어주는 마음 따뜻한 친구가 앉아있는 듯한 느낌을 받을 수 있을 겁니다.

타고 나기를 영혼이 순수한 사람들은 클래식 음악을 처음 들을 때부터 모차르트나 하이든의 음악을 좋아하겠지만, 저의 경우는 그렇지 않았지요. 저는 반항적이고 늘 색다른 취향을 추구하는 성격을 가지고 있어서 그랬는지 몰라도 평화롭고 정직하게만 보이는 모차르트의 음악은 도통 귀에 들어오지 않았습니다. 하지만 자식 교육에 엄격했던 부모님은 베토벤도 모르는 게 무슨 건방지게 비제, 드뷔시 같은 음악을 듣냐며 클래식은 무조건 베토벤, 모차르트부터 들어야 한다고 다른 작곡가의 음악은 통못 듣게 하셨지요. 그러다 보니 저에게 클래식 음악은 지루한 것, 억지로 들어야 하는 것이었고, 나이가 들어 독립을 한 후부턴 클래식 음악은 아예 처다 보지도 않게 되었습니다.

그런데 대학에서 영화를 전공하다 보니 자연스럽게 많은 영화들을 보게 되었고, 그 영화들에 사용된 멋진 클래식 음악들에 대해 눈을 뜨게 되면서 클래식 음악이 주는 감동이 일반적인 POP이나 ROCK 음악과는 비교가 안 될 정도로 강렬하다는 사실을 깨닫게 되었지요. 그래서 뒤늦게 다시 클래식 음악을 찾아 듣다 보니 그 안엔 제가 모르던 신세계가 있었다는 사실을 발견하게 되었습니다.

우리가 흔히 대중들의 수준을 훨씬 뛰어 넘는 ROCK 음악을 들으면, 이건 분명 그 아티스트가 약에 취한 상태로 만든 음악일 것이라는 말을 합니다. 맨 정신으론 그런 수준의 음악을 만들 수 없을 거라는 뜻이지요. 당시 제가 드뷔시, 라벨, 부르크너, 말러, 리하르트 슈트라우스, 생상스, 바그녀와 같은 음악을 듣고 들었던 생각이, 이런 음악은 ROCK 뮤지션이 사용했던 것의 몇 배는 더 강력한 약을 먹지 않고선 도저히 만들 수 없는 음악이라는 것이었습니다.

그래서 처음 클래식 음악을 들을 때는 대중적으로 명곡이라 평가받는 작품들, 꼭 들어야 한다는 작품들은 잠시 미뤄두고, 나에게 편하고 익숙한 감동을 주는 작품들부터 감상하는 것이 좋습니다. 그런 음악들을 하나씩 모아 나만의 플레이리스트를 만들고, 그 중에서 내가 특히 좋아하는 작곡가들이 생겨나면, 그 작곡가가 작곡한 다른 작품들로 점점 감상의 폭을 넓혀 나가는 것이지요. 이런 과정을 통해 본인이 클래식을 들을 때 추구하는 감동의 종류를 처음엔 익숙한 것에서 나중엔 점차 심오하고 숭고한 성질로 자연스럽게 발전시켜 가는 것이 좋다고 생각합니다. 그러다 보면 사실 누구나 결국 기본으로 돌아가 모두에게 명곡이라 칭송받는 모차르트나 베토벤의 작품들에 빠져 있는 자신의 모습을 발견하게 되긴 하지요.

음악이 변화시키는 삶의 모습

음악감상에 대해 해야 할 이야기는 너무 많지만, 더 자세한 설명은 기회가 된다면 따로 음악 이야기만을 전문적으로 다룬 책을 통해 말씀드리기로 하고, 대신 음악이 저의 삶에 끼쳤던 영향력을 테마 별로 정리해서 과연 어떤 음악들이 어떤 영향력을 행사했는지, 그 내용들을 여러분들과 함께 나누어 보려고 합니다. 제가 테마 별로 리스트업 한 음악들은 꼭 스포티파이나 유튜브를 통해 들어 보시고, 이 음악들이 주는 멋진 영감이 여러분들의 삶 속에서 실제로 작동하는 마법을 한껏 경험해 보시기를 바랍니다.

세상의 스포트라이트를 한껏 받으며, 화려한 인생의 순간을 누려 보고 싶은 마음이 들게 해주는, 그런 열정을 가슴 가득히 불어넣어 주는 음악

- Nights on Broadway – Bee Gees
- Fantasy – Miles Davis
- Savoy Truffles – The Beatles
- I Wish – Stevie Wonder
- 말하자면 – 김성재

흘러가는 인생을 유유자적하며 바라보게 만들어 주는 음악

- Don't Think Twice, It's All Right – Peter Paul and Mary
- Year of Cats – Al Stewart
- Goodbye Stranger – ELO

인생은 사랑으로 넘치는, 살아 볼만한 가치가 있는 곳이란 사실을 깨우쳐 주는 음악

- Liberation – Pet Shop Boys
- So Very Hard to Go – Richie Havens
- Everybody's Gotta Live – Love
- What is Life – George Harrison

마법으로 가득 차 있는, 꿈과 환상으로 넘치는 인생을 마음껏 모험해 보고 싶은 마음이 드는 음악

- Don't Take Your Time – Roger Nichols
- Something Big – Burt Bacharach
- Rocket Man – Elton John
- Eve's Warning – Park Mikyoung

방황하고 사랑하고 좌절했던 나의 인생이 한 편의 잔잔한 영화처럼 느껴지게 해주는 음악

- American Tunes – Paul Simon
- Sleeping – The Band
- Life on Mars – David Bowie

어딘가를 향해 바쁘게만 흘러가던 시간이 갑자기 멈춘 듯한, 그래서 고요해진 나의 주변, 그리고 나의 마음을 잠시 돌아보게 만들어 주는 음악

- La Puerta – Frankie Reyes
- Who Knows Where Time Goes? – The Fairport Convention
- Thorn Tree in the Garden – Derek & The Dominos
- Save me – Aimee Mann

평범하고 상식적이기만 한 나의 모습에서 벗어나, 뭔가 큰 대형 사고를 치고 싶은 마음이 드는 음악

- The Theme From "A Summer Place"
- Here Comes A Man – Pixes
- Pets – Pornos for Pyros

내 안에 잠재되어 있던 천재적이고 번뜩이는 능력을 마음껏 발휘할 수 있을 것 같은 예술적 자신감을 들게 해주는 음악

- Field of Joy – Lenny Kravitz

어디인지도 모르는 깊은 심연 속으로 빠져들게 만드는 음악

- Are You Going with Me? – Pat Metheny Group
- What Are You Doing Rest of Your Life – Bill Evans

나의 지난 시절, 평범하지만 소중했던 순간들이 아름다운 추억으로 반짝이게 만들어 주는 음악

- At Seventeen – Janis Ian

원래 나의 모습은 온데 간데없고 다른 사람들의 눈치만 보고 살다 아무 색깔도 없는 평범한 인간이 되어 버린 내 인생에 반기를 들고, 세상을 다 뒤 엎어 버리고 싶은 용기를 주는 음악

- Rock You Like a Hurricane – Scorpions
- Highway Star – Deep Purple
- Cum on Feel the Noize – Quiet Riot

그리고 본격적으로 때려 부수고, 작당을 시작하는 음악

- Breaking the Law – Judas Priest
- We're Not Gonna Take It – Twisted Sistors
- OPP – Naughty by Nature

아무리 괴로웠던 시간이라도, 오늘이 지나면 해는 다시 떠오르고, 눈 앞에 펼쳐진 삶이란 멋진 세계에 다시 뛰어 들고 싶은 마음이 드는 음악

- Mr. Blue Sky – ELO
- Thirteen – Big Star

나의 모습, 나의 형편, 나의 인생을 있는 그대로 행복하고 아름다운 모습으로 받아들이게 만들어 주는 음악

- My Song _ Keith Jarrett
- My Little Corner of the World – Yo La Tengo
- Zebra – The Beach House

끝없이 반복되는 인생이란 거대한 수레바퀴 앞에, 이번 생의 크고 작은 인연과 사건들이 아무것도 아니라는 사실을 깨닫고, 일순간 숙연해지는 느낌을 주는 음악

- Where Are We Now? – David Bowie

지루하고 반복적인 일상에서 벗어나, 어디론가 이국적인 곳으로 떠나고 싶은 마음이 드는 음악

- Cry Out Your Sadness – Walter Wanderley
- Slip Away – Pat Metheny Group
- Under the Sun – Michael Franks
- Crayon Angels – Judee Sill
- Rocky Mountain High – John Denver

그것이 비록 어떤 운명이었든 간에, 나를 스쳐간 모든 사람들을 사랑스럽고 소중하게 만들어 주는 음악

- Cody's Song – Kenny Logins
- Why I Feel This Way – Take 6
- Love Will Conquer All – Lionel Riche

슬프고 좌절하고 후회되고, 나 혼자의 힘으로 어떻게 해 볼 길이 없다고 느낄 때, 내게 위로가 되는 음악

- The Sound of Someone You Love Who's Going Away – Penguin Café Orchestra
- 날개 – Mot
- Damaged – Primal Scream

아무리 많은 우여곡절이 있다 하더라도, 인생이란 결국 한편의 코미디 같다는 마음이 들게 만들어 주는 음악

- Mr. Sandman – Chet Atkins
- Books are Burning – XTC
- How Are You – David Byrne, Fat Boy Slim
- Nothing From Nothing – Billy Preston
- Fools Rush in – Frank Sinatra

결국 외롭고 쓸쓸한 인생이지만, 그래도 외투 깃을 세우고 주어진 길을 걸어가는 나의 동반자가 되어 주는 음악

- Ol' 55 – Tom Waits
- The Nights Are Cold – Richard Hawley
- The Weight – The Band
- One – U2

인생이 가상 현실 속 게임이란 사실에 눈을 뜨게 만들어 주는 음악

- Surf's Up – The Beach Boys
- The Logical Song – Supertramp
- Utopia – Goldfrapp
- Chinese Translation – M. Ward

인생은 인간의 머리로 도저히 이해할 수 없는 거대한 퍼즐이란 사실을 일깨워 주는 음악

- Sinitaivas – Olavi Virta, Harmony Sisters
- Ben's My Friend – Sun Kil Moon
- Borderline – Madonna

바람이 부는 대로, 마음이 가자는 대로 인생을 유유자적하며 살고 싶게 만드는 음악

- (Don't Fear) The Reaper – Blue Oyster Cult
- Rock n Roll Suicide – David Bowie
- Who Loves the Sun – The Velvet Underground

무대 위에 올라가 미친 듯이 춤추고 싶을 때 듣는 음악

- Juice (Breakbot Mix) – Lizzo
- Bizarre Love Triangle – New Order
- Rockit – Herbie Hancock
- Whoomp! There It Is – Tag Team
- Bust A Move – Young MC
- Born Slippy – Underworld

나를 둘러싼 모든 순간을 한 땀 한 땀 자수를 놓듯이 세련되고 아름답게 꾸며가듯이
만들어 가고 싶은 마음이 드는 음악

　· An Occasional Dream – David Bowie

인간이란 사랑하고 분노하고 꿈꾸고 좌절한다는, 깊고 진한 휴매니티에 빠져 들어,
모든 인류를 사랑할 수 있을 것만 같은 마음이 들게 하는 음악

　· The Waters of March – Suzanna McCorkie
　· I Can't Make it Anymore – Riche Havens

〈부록 – 최근 유행하는 CITI POP의 ORIGIN이 된 음악들〉

　· New Frontier – Donald Fagen
　· Good Morning Sunrise – Maysa
　· Je reviens – Gilles Rivard
　· The Art of Love – Michael Franks
　· Moonlighting – Al Jarreau
　· Lowdown – Boz Scaggs
　· Africa – TOTO
　· Half a Minute – Matt Bianco
　· Too Hot – Kool & The Gang
　· Breezin' – George Benson
　· In the Stone – Earth Wind & Fire
　· Drunk on Love – Basia

음악감상의 신세계, Spotify 놀기

 디지털 음원의 등장 이후, 우리는 애플뮤직, 멜론, 네이버뮤직, 지니, 벅스같은 뮤직 스트리밍 서비스들을 통해 언제 어디서든지 원하는 음악을 들을 수 있게 되었습니다. 하지만 이런 스트리밍 서비스들은 요즘 유행하는 음악들이나 과거에 대중적으로 히트했던 곡들을 검색해서 듣는 데에는 특별히 불편한 점이 없지만, 소위 명곡이라고 불리는 음악이나 개성 있는 음악들을 찾아서 들어 보려고 하면 기대 이하로 그런 음악들을 찾기 어렵다는 단점을 가지고 있습니다. 아예 검색 결과가 안 나오거나, 검색이 되더라도 저작권 이슈로 스트리밍이 불가능한 경우가 많지요. 또한 스트리밍 서비스는 싱글 곡 단위로 감상하기 편하게 인터페이스가 구성되어 있기 때문에, 한 아티스트가 발매한 전체 앨범들을 감상하기가 불편하고, 앨범을 검색해 봐도 오리지널 앨범에 수록된 곡들이 일부 누락되어 있는 경우도 많습니다.

음악을 단순히 생활 배경음악(BGM)의 역할이 아닌, 내게 영감과 에너지를 주는 멘토로서 듣기 시작하게 되면 내가 좋아하는 음악을 곡 단위로 찾아 듣기보단, 내가 좋아하는 아티스트를 검색해서 그 아티스트가 발표한 앨범을 전체적으로 듣는 것을 선호하게 됩니다. 여러 곡들이 서로 간의 관계성과 순서를 가지고 모여 있는 하나의 앨범이란 포맷을 통해서만 아티스트가 애초에 전달하고 싶었던 음악적 메시지를 제대로 이해할 수 있기 때문이지요. 그래서 우리가 특정 아티스트를 제대로 이해하기 위해선 그가 만든 앨범을 전체적으로 들어 봐야 합니다.

또한 한 아티스트를 제대로 이해하기 위해선 그가 발표한 앨범들을 데뷔 앨범부터 최근에 발매된 앨범까지 순서대로 들어 봐야 합니다. 그래야 우리가 마치 한 편의 위인전을 읽듯이, 그의 음악이 초기 시절부터 어떤 고민과 과정을 겪으면서 현재까지 발전해 왔는지를 이해할 수 있기 때문입니다. 또한 한 아티스트를 어느 수준 이상으로 알게 되면, 자연스럽게 그 아티스트에게 영향을 끼친 아티스트는 누구인지 알고 싶게 되고, 이 아티스트의 영향을 받은 아티스트는 또 누구인지도 궁금해지지요. 그래서 이젠 연관된 아티스트들의 음악들을 찾아 듣게 됩니다.

이것이 음악을 제대로 듣기 시작한 사람들이 일반적으로 거치는 과정입니다. 우리 선배 세대들에게는 이런 과정이 결코 쉬운 일이 아니었습니다. 비용도 많이 들었지요. 듣고 싶은 음악이 있으면 LP나 CD를 구매해야 했고, 그럴 만한 형편이 안 되는 사람은 라디오 앞에 앉아서 언제 나올지도 모르는 음악을 기다리다, 기다리던 음악이 나오면 카세트 테이프에 녹음을 해야만 했지요. 외국 잡지나 방송도 접하기 어려웠던 시절이었기 때문에, 요즘 외국에서 어떤 음악이 명곡으로 인정받는지, 어떤 음악이 젊은 세대들에게 영향력을 끼치고 있는지에 대한 정보조차 제대로 구할 수 없었습니다. 국내 라디오방송 DJ들이 틀어주는 음악들은 대부분 한국인들이 듣기 좋아하는 음악 위주로 신곡이 되나 보니 늘 편향된 스타일의 음악들만 접할 수 있었지요. 어떤 아티스트가 어떤 아티스트의 영향을 받고, 또 누구에게 영향력을 끼쳤는지와 같은 수준 높은 이야기는 당시엔 접하기 어려운 고급 정보였습니다. 이런 정보를 배우기 위해선 음악감상 분야에서 전문가라고 소문난 사람을 찾아 그 사람의 제자가 되는 방법 밖엔 없었지요.

물론 이렇게 음악에 대한 정보가 폐쇄적이었던 시절이 나쁘기만 한 건 아니었습니다. 좋은 음악에 대한 정보가 귀했던 만큼, 누군가 그런 음악들을 알고 있고 즐기고 있다는 사실은, 그들에게 상당한 자부심, 우월감, 더 나아가 일종의 특권의식까지 주었지요. 대중적으로 잘 알려지지 않았던 특정 아티스트에 대해 잘 알고, 그런 음악을 즐기는 사람들 사이에선 나름 그들만의 공동체 의식, 소속감 같은 것이 생겨나기도 했습니다. 그래서 당시 사람들은 처음 누구를 만나는 자리에선 상대방에게 평소에 무슨 음악을 즐겨 듣는지, 어떤 아티스트를 좋아하는지를 꼭 물어보곤 했습니다. 누가 어떤 아티스트를 좋아하는지 알게 되면 그 사람이 어떤 가치관, 어떤 라이프스타일을 추구하는 사람인지를 대략 알 수 있게 되기 때문이지요. 그래서 만일 그 대답이 본인들이 기대하는 수준에 미치지 못한다고 여겨지면, 그 사람은 같은 부류로서의 대접을 못 받는 일도 있었습니다. 그들에겐 어떤 음악을 즐기는지가 자신들의 문화적 신분을 대변하는 신분증과 같은 의미를 가지고 있었던 것이었지요.

 지금껏 대부분의 음악 스트리밍 서비스들은 우리가 음악감상에 대해 기대했던 내용들을 제대로 충족시켜주지 못했습니다. 그나마 유튜브가 있어서 스트리밍 서비스에서 들을 수 없는 음악들을 들을 수 있었지만, 듣고 싶은 곡을 매번 검색해야 한다는 불편함은 그대로 남아있었지요. 하지만 얼마 전부터 국내에도 서비스가 시작된 '스포티파이(Spotify)'는 여러 차원에서 기존의 스트리밍 서비스가 가지고 있었던 아쉬운 점들을 해결해 주었습니다. 기존의 스트리밍 서비스가 대중들이 원하는 것에 대응하는 수준의 서비스를 제공했다면 '스포티파이'는 대중들에게 음악감상은 이렇게 하는 것이라고 한 수 알려주는 차원의 서비스를 제공합니다.

 검색 결과에 음악이 노출되는 로직도 청취 횟수나 판매량은 물론 그 음악이 시대적으로 끼친 영향력도 함께 반영이 되고, 아티스트 페이지, 앨범 리스트 업, 연관 아티스트 검색기능 면에서도 그 결과가 기존의 스트리밍 서비스들과 비교가 안 될 정도로 수준이 높습니다.

 이보다 더 놀라운 기능은 '추천 음악' 서비스입니다. 애플뮤직 역시 추천 음악 서비스가 제공되지만 경험해 보신 분들은 아시다시피, '스포티파이'

의 추천 음악 서비스와 비교했을 때 음악이 추천되는 로직이 다릅니다. 애플뮤직이 추천해 주는 음악들은 본인이 서비스에 가입할 때 좋아한다고 설정한 아티스트들의 음악적 장르 범위에서 크게 벗어나지 않지요. 이에 반해 스포티파이가 추천하는 음악은 보다 입체적이고 다양한 관점을 통해 선별됩니다. 가끔 전혀 내가 좋아하지 않는다고 생각되는 음악이 추천되더라도, 계속 듣다 보면 그 음악이 본인이 좋아한다고 설정한 아티스트들과 어떤 식으로든 관계된 음악이란 것을 알게 되지요. 즉 '스포티파이'의 추천 음악 서비스는 추천된 음악을 들으면 들을수록 청취자들의 음악 세계의 스펙트럼이 넓어지게 해주는 교육적 역할을 해줍니다.

이런 소프트웨어적 장점 말고도, 사이트의 그래픽이나 구성, 인터페이스의 구조 모두 음악감상을 하는데 편리한 방향으로 디자인이 되어 있어서 한번 '스포티파이'를 경험하면 다른 스트리밍 서비스를 사용함에 있어 불편함을 느끼게 됩니다.

제가 스포티파이에서 가장 즐겨 사용하는 기능은 '플레이리스트'입니다. 저는 중학교 때 처음 팝송을 들은 이후, 마치 미국의 빌보드 차트처럼 매주 한 번씩 저만의 기준으로 팝송들의 순위 차트를 만들었습니다. 그것을 제 이름을 본떠 '종구리 차트'라고 불렀는데, 빌보드차트처럼 자체 로고도 있었고, 이번 주 순위, 지난 주 순위, 상승폭, 차트 신규 진입 아이콘, 차트에 머문 주' 등 나름 형식을 갖춘, 그럴싸해 보이는 순위 차트였습니다. 물론 당시 레코드 가게에서 무료로 나눠 주던 주간 빌보드 TOP100

리스트에 나와있는 음악들을 보고, AFKN 미군방송 라디오를 들어가며 테이프에 녹음해 놓은 노래들을 기준으로 만든 차트였지만, 매번 스스로에게 상당히 솔직하고 엄중한 기준으로 노래들의 순위를 매겼습니다. 물론 그 차트를 보는 사람은 당시 제 주변에 팝송에 관심 있던 몇몇 친구들이 전부였지만, 당시 '종구리차트'를 만드는 과정은 매우 진지했고 즐거웠습니다. 결과적으로 팝송에 대한 지식들도 많아지게 되었지요.

 이처럼 여러분들도 좋아하는 음악들의 순위를 매겨 본인만의 리스트를 만들어 보면 음악을 감상하는데 있어서 좋은 동기부여가 됩니다. 저는 최근엔 과거처럼 매주 새롭게 발표되는 노래들로 순위 차트를 만들진 않습니다. 요즘 발표되는 신곡들 보단 예전에 듣던 음악들이 더 좋고, 과거의 노래들 중에서도 내가 미처 몰랐던 좋은 음악들, 명곡들이 많다는 사실을 알았기 때문이지요. 그래서 대신 저는 스포티파이에서 좋아하는 음악들을 골라, 다양한 제목의 플레이리스트를 만듭니다. '내 인생을 바꾼 음악 100곡', '나의 10대 시절과 함께한 음악', '내가 선정한 죽기 전에 들어야 할 명곡 100곡', '세상에서 가장 아름다운 음악들', '흙 속에 숨겨진 보석 같은 명곡들'처럼 제 나름대로의 잣대로 음악들을 평가한 종류의 리스트인 경우도 있고, '삶에 의욕을 채워주는 음악', '인생을 멋지고 스타일리쉬하게 살고 싶어지는 음악'처럼 정서적인 용도를 기준으로 만든 리스트인 경우도 있으며, '청소할 때 듣는 음악', '운전할 때 듣는 음악'처럼 상황에 맞는 음악들을 골라서 만든 리스트도 있습니다.

제가 최근 즐겨 만드는 리스트는 SHOP에서 틀면 어울릴 것 같은 음악들을 모은 매장 음악 리스트입니다. 음악과 장사와의 연관성은 일전에 제가 쓴 '해외소싱 마스터'란 책에서 자세히 다루었기 때문에 더 자세한 설명은 생략하겠지만, 장사와 어울리는 음악을 고르는 경험은 상당히 그럴싸하고 입체적인 재미를 줍니다.

또 한가지 재미있는 일은 제가 미래에 만들 영화를 상상해, 거기에 삽입될 OST곡들을 선정해서 플레이리스트를 만드는 것입니다. 물론 저는 영화를 만든 적도 없고, 만들 계획도 요원합니다. 하지만 꿈은 언제나 꿀 수 있지요. 본인만의 영화를 만든다는 것은 모두의 로망이기도 하니까요. 그래서 저는 제가 만들고 싶은 영화의 시놉시스만 간단히 몇 줄로 써 놓고, 만일 그 영화가 만들어진다면 장면마다 어울릴 것 같은 음악들을 골라서 스포티파이에 있는 플레이리스트에 저장합니다. 영화 속 장면과 어울리는 음악들을 한데 모아서 들어보는 경험은 마치 본인이 연출한 영화를 극장에서 직접 보는 듯한 짜릿한 기분을 선사해 주기도 하지요.

영화 감상

언제 어디서든 보고 싶은 영화를 마음대로 볼 수 있게 된 지금, 우리는 컴퓨터나 TV 앞에서 매번 어떤 영화를 봐야 할 지 고민에 빠집니다. 그럴 때마다 자연스럽게 핸드폰을 켜서 유튜버들이 올린 영화 리뷰 컨텐츠들을 찾게 되지요. 문제는 그런 컨텐츠들의 대부분이 영화를 줄거리 위주로 짧게 요약한 영상들이기 때문에, 그 영상을 보고 나면 마치 한 편의 영화를 다 본 것 같은 기분이 든다는 점입니다. 그래서 그런 컨텐츠를 보고 나면 2시간이 넘는 영화를 실제로 보기가 귀찮아지지요. 억지로 본다고 한들, 이미 대략의 줄거리를 알고 있는 상황이라 반전이 주는 놀라움도 없고 감동도 줄어들기 마련입니다.

 이런 배경에는 우리가 영화를 항상 줄거리 위주로만 감상하려고 하는 습관을 가지고 있기 때문입니다. 그렇기 때문에 영화가 진정한 놀거리가 되기 위해선, 우리는 영화를 어떤 관점으로 감상해야 하는지, 영화 감상을 통해 어떤 즐거움을 얻을 수 있는지에 대해 좀 더 자세히 알아볼 필요가 있습니다.

 영화는 알게 모르게 영화를 보는 사람들의 인생에 영향을 끼칩니다. 이 점은 음악의 경우와 다르지 않지만, 영화가 끼치는 영향은 음악보다 훨씬 구체적입니다. 그래서 저는 음악을 추상화에 비유한다면, 영화는 사물을 구체적으로 묘사한 정밀화에 더 가깝다고 생각합니다.

 우리는 영화를 보면서 등장인물들의 생각이나 행동, 대사를 통해 그들의 가치관과 취향이 우리에게 전이되는 경험을 하게 됩니다. 이 과정은 우리가 영화의 스토리나 분위기에 깊게 몰입된 상태에서 발생하기 때문에 스스로 알아차리지도 못하는 가운데, 무의식적으로 일어나게 되지요. 그래서 어떤 영화를 보기 전의 나와 영화를 본 후의 나는 어떤 식으로든 달라지게 되는 것입니다. 특히 영화에서 긍정적인 이미지로 묘사되는 인물의 가치관이나 취향은 더욱 효과적으로 보는 이들의 마음을 무장 해제시켜 무방비 상태에서 그 영향을 쉽게 받아들이게 만듭니다.

영화 속에 등장한 아름답고 매력적인 여배우가, 자기는 멋진 감색 자켓을 입은 남자만 보면 외모와 상관없이 다시 한번 그 사람을 쳐다보게 된다고 말하는 장면을 접하게 되면, 실제로 비싼 감색 자켓을 한 벌 장만하고 싶다는 마음이 생깁니다. 평소에 좋아하지 않던 음식이라도, 호감 가는 배우가 그 음식을 맛있다고 감탄하며 먹는 장면을 보면, 왠지 그 음식을 한 번 맛보고 싶은 마음이 생기지요. 가난과 불행 가운데에서도 행복한 가정을 꾸려 나가는 마음 따뜻한 가장의 모습을 보면, 새삼스럽게 내게 주어진 환경에 감사함을 느끼게 되고, 사회가 요구하는 가치관에 반항하고 법을 어기고 일탈을 일삼는 영화 속 주인공의 모습이 공감되게 보이면, 나도 한 번 저렇게 인생을 살고 싶다는 생각이 들기 마련입니다.

1980년대 중반 대한극장에서 개봉했던 폴 버호벤 감독의 '로보캅'이란 영화가 있었습니다. 당시 극장에서 영화를 보고 나오는 사람들의 몸 움직임이 다들 하나같이 마치 로봇처럼 뻣뻣했던 것을 본 기억이 납니다. 너무 영화에 몰입하다보니 본인 스스로가 로봇이 된 것처럼 느껴졌던 것이지요.

이처럼 감독은 영화 안에서 모든 수단과 방법을 동원해 보는 우리로 하여금 영화 속 등장하는 인물들에 동의하고, 몰입하게끔 만듭니다. 그래서 우리는 영화를 보는 내내 그들처럼 세상을 바라보고, 그들처럼 느끼고 생각하게 됩니다. 일종의 '빙의' 작용이 일어나는 것이지요. 그러면서 우리는 감독이 배우들 안에 본인을 대신해서 심어 놓은 세계관으로 이 세상을 받아들이고 해석하는 일종의 대리 경험을 하게 됩니다.

 만일 영화를 통해 경험하는 취향이나 세계관이 기존에 본인이 가지고 있던 것과 일치할 경우, 우리는 공감과 위로의 감정을 느끼게 됩니다. 반면, 영화 속 취향과 세계관이 본인이 가지고 있던 것과 다를 경우에는 일종의 불편하고 낯선 감정을 느끼게 되는데, 이 감정이 우리의 호기심을 자극하면서, 결국 카타르시스로 발전하는 쾌감을 맛보게 됩니다. 그 결과 나의 취향이나 세계관은 이전보다 더 다양해지고 풍부해지게 되지요.

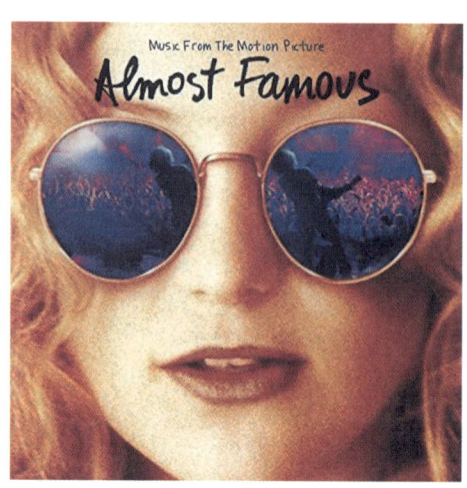 

저는 카메론 크로우의 Almost Famous를 보면서 자신의 신념을 쫓아 살던 1960년대 후반 젊은이들의 순수한 영혼을 경험할 수 있었고, 데이빗 린치의 Lost Highway를 보면서 우리가 보고 듣는 세계가 진짜 세계가 아닌 그림자에 불과하다는 확신을 가지게 되었습니다. 데니 보일의 Trainspotting은 세상이 권하는 방식이 아닌 각자만의 방식으로 인생을 살아야겠다는 강렬한 에너지를 주었으며, 프링소와 오종의 영화를 보면 삶의 매 순간을 지적으로 그리고 세련되게 살고 싶은 마음이 넘치게 됩니다.

짐 자무쉬의 Dead Man을 보고 나선 삶과 죽음의 명확한 경계가 무너졌고, 훌리오 메뎀이나 레오카락스의 영화는 남과 다른 저의 모습이 열등감이 아닌 나 다움으로 느껴져, 어딘가에 나와 같은 모습을 가지고 있는 다

른 한 짝과의 운명적인 만남을 기대하게 해주었습니다. 폴 토마스 앤더슨 영화에 등장하는 개성있는 인물들을 접하면서 제가 가지고 있는 마음의 상처들이 사람이라면 누구나 하나씩 안고 사는 숙명과도 같은 것에 불과하다는 사실을 깨닫고 큰 위안을 받게 되었지요. 이 외에도 지적이면서도 아름답고, 그러면서도 시니컬한 대사가 넘치는 우디 앨런의 영화들, 모든 종류의 사랑이 가진 순수함과 위대한 가치를 일깨워 주었던 토드 헤인즈와 팀 버튼의 영화들까지, 제가 본 수많은 영화들을 통해 받은 영향들이 모자이크 조각처럼 하나 하나 모여, 지금 저의 모습, 저의 성향과 인격을 만들어 낸 것입니다.

이처럼 영화가 우리의 마음에 작용하는 기능을 제대로 이해하게 되면, 우리는 그때 그때 받고 싶은 정서적 영향의 내용에 따라서 본인에게 필요한 영화를 고를 수 있게 됩니다. 예를 들어 내가 그 순간 특별히 빙의하고 싶은 인격이 있으면 그런 인격을 가진 등장인물이 나오는 영화를 찾아보는 것이지요. 그래서 우리는 영화를 통해서 본인이 원하는 방향으로 감정을 바꿀 수도 있고, 새로운 취향을 얻게 될 수도 있고 더 나아가 인생의 새로운 가치관을 얻게 될 수도 있는 것입니다. 이런 과정을 영성계에서는 '기운을 조정한다'라는 말로 표현하기도 하지요. 이것이 바로 영화를 적극적으로 감상할 때 느끼는 묘미입니다.

하지만 모든 영화가 이런 기능을 가지고 있지는 않지요. 그래서 우리는 이런 기능이 풍부한 영화를 영향력 있는 영화, 좋은 영화, '명작'이라고 부릅니다. 흔히 스토리텔링이 어렵고 장르나 형식이 독특한 영화를 명작이라고 여기는 경우가 있는데, 명작을 판단하는 기준을 영화가 대중들에게 끼치는 영향력으로 놓고 보면, 영화의 장르나 표현형식들은 영화를 평가할 때 그렇게 중요한 요소가 아니란 것을 알게 됩니다. 영화가 얼마나 흥행을 했는지, 어떤 배우가 등장하는지도 좋은 영화를 판단하는데 있어서 그렇게 중요한 이슈가 아니지요.

반면, 영화를 연출한 감독에 관한 정보는 영화를 고를 때 매우 중요한 열쇠가 됩니다. 감독을 알면 우선 영화의 기본적인 수준을 가늠할 수 있게 되고, 감독마다 가지고 있는 독특한 인생관, 세계관을 참고해서 감상할 영화를 선택할 수 있기 때문입니다. 그래서 좋아하는 영화가 뭐냐는 질문에 대답할 때는 특정 장르나 배우를 언급하기 보단, 어떤 감독의 영화를 좋아한다고 말하는 것이 보다 올바른 대답이 아닐까 싶습니다.

이런 관점에서 보았을 때, 우리가 관심을 가져야 할 만한 감독들을 정리해 보면 다음과 같습니다.

> 압바스 키아로스타미, 압델라티프 케시시, 알레한드로 조도로프스키, 알폰소 쿠아론, 안드레이 타르코프스키, 안드레이 즈비아긴체프, 아피찻퐁 위라세타쿤, 빌라와일더, 브라이언 드 팔마, 카메론 크로우, 찰리 카우프만, 크리스토퍼 놀란, 코엔 형제, 데이언 셔젤, 데니 보일, 데런 아로노프스키, 데이빗 크로넨버그, 데이빗 핀처, 데이빗 린치, 드니 벨뇌브, 에드가 라이트, 에드워드 양, 펠리니, 프란시스 코폴라, 프랑소와 오종, 프랑소와 트뤼포, 가스파 노에, 조지 밀러, 기예르모 델 토로, 호우샤오센, 장 뤽 고다르, 장 피에르 쥬네, 짐 자무쉬,

> 훌리오 메뎀, 크쥐시토프 키에슬로프스키, 라스 폰트리에, 레오 카락스, 루치노 비스콘티, 마틴 스콜세이지, 마이클 베이, 미하엘 하네케, 미쉘 공드리, 마이크 리, 올리버 스톤, 파올로 소렌티노, 폴 토마스 앤더슨, 페드로 알마도바르, 피터 잭슨, 쿠엔틴 타란티노, 라치드 링클레이터, 리들리 스콧, 소피아 코폴라, 스탠리 큐브릭, 스티븐 스필버그, 타셈 싱, 테렌스 멜릭, 테리 길리엄, 팀 버튼, 토드 해인즈, 웨스 앤더슨, 우디 앨런, 빔 벤더스, 자이에 돌란, 지오르고스 란디모스, 봉준호, 김기덕

물론 이 리스트에 포함된 감독들 외에도 수많은 훌륭한 감독들이 있지만, 우선 이 정도 리스트를 시작으로 각 감독들의 필모그래피를 참고해서 차례대로 영화를 감상해 보는 것만으로도 여러분의 영화 감상 수준은 상당히 높아질 것입니다.

위에서 언급한 감독들의 영화는 웬만해선 우리를 실망시키지 않습니다. 영화마다 감독의 세계관이나 메시지는 달라질 수 있지만, 누구든 일단 영향력 있는 영화를 만드는 감독의 반열에 오르면 아무리 상업적인 영화일지라도 어느 정도 수준의 작품성을 유지하려고 노력을 하게 마련이니까요.

좋은 영화는 한 개인의 인생관, 세계관을 변화시키는 기능 외에도, 우리로 하여금 살아보지 못했던 시대, 가보지 못한 장소를 간접적으로 경험하게 해주고, 새로운 지식이나 정보, 역사, 인물들을 알게 해주며, 영화 속에 등장하는 아름다운 의상, 미술, 음악들을 통해 예술적 감상을 경험할 수 있게 해주는 역할을 합니다. 2차 대전이 한창이던 시절 북아프리카의 모습, 소용돌이치는 역사의 한가운데서 살았던 사람들의 모습들을 경험하

고 싶을 땐 '아라비아의 로렌스'를 보고, 1950년대 미국, 신흥 귀족사회의 숨겨진 모습을 경험하고 싶을 땐 '위대한 개츠비'를 보면 되지요.

 영화를 자주 보다 보면 영화 속 아름다운 장면들이 머릿속에 잔상으로 남게 됩니다. 이 잔상들은 우리가 삶을 살아가는 동안 문득 문득 떠올라, 힘든 일을 겪을 때 위로가 되고 그것을 극복하고 이겨 낼 힘을 주기도 합니다. 때론 어떤 음악을 듣는 순간 그 음악과 어울릴 법한 영화 속 장면이 머릿속에 떠올라 그 장면이 나의 현실과 오버랩 되기도 하지요. 그러면 나의 현실이 마치 영화 속의 한 장면처럼 느껴지면서, 그것이 비극이든 희극이든 상관없이 모든 상황을 기꺼이 받아들이게 되는 신비한 경험을 하게 됩니다.

 물론 영화를 스트레스를 날려주고 아무 생각 없이 시간을 보내게 해주는 가벼운 목적으로 볼 수도 있습니다. 모처럼 연애감정을 소환시키고 싶은 목적으로 영화를 보기도 하지요. 물론 이런 목적도 중요하지만, 영화가 우리에게 줄 수 있는 더 많은 기능들을 이해하게 되면 영화를 고르는 기준은 전보다 더 풍성해지게 됩니다.

미술작품 감상

 일반인들은 물론 미술을 전공한 전문가들에게도 현대 미술 감상은 말 못

할 고민거리입니다.

100년전만 해도 미술 작품 감상은 어려운 것이 아니었습니다. 누가 보더라도 잘 그린 그림이 좋은 그림으로 평가받았기 때문이지요. 당시에 좋은 그림이란 자연이나 인물의 모습이 얼마나 현실감 있게 화폭에 옮겨졌는지, 작품의 구도나 덩어리들이 황금 비율을 형성하고 있는지 등을 통해 판단될 수 있었습니다. 하지만 최근 우리가 접하는 현대 미술작품들은 이런 감상 기준만으로는 도저히 이해 불가능한 것들이 대부분이지요. 그래서 우리는 그런 종류의 그림들 앞에서 할 말을 잃게 됩니다.

수 년 전, 국내 모 대학의 미술감상 최고위경영대학원을 다닌 적이 있었는데, 수업 마지막 시간에 해당 대학의 학장님이 본인 스스로도 최근 현대 미술에 대해서 어떤 해석으로 접근해야 할지 당최 감이 오지 않는다는 솔직한 고백을 하셨던 게 기억이 납니다. 이렇듯 미술은 어딘가를 향해 계속 변해가고 발전해 나가고 있지만, 그것을 해석하고 평가하는 태도는 100년 전 수준에 그대로 머물러 있는 게 오늘날 미술계의 현실인 것 같습니다.

저는 미술을 전공하지는 않았지만, 30여 년 전 미국에 있을 때부터 현대 미술 관련 잡지들을 꾸준히 구독해 왔습니다. 덕분에 최근 들어 현대 미술이 어떻게 변해 왔고, 어떤 작품들이 대중들의 인기를 얻고, 어떤 작품들이 평론가들의 극찬을 받아 비싸게 팔리는지, 그 과정을 나름 깊이 있게 관찰해 올 수 있었지요. 물론 좋은 평가를 받고 비싸게 팔리는 그림이 무조건 좋은 그림이라고 말하긴 어렵겠지만, 그런 그림들은 뭔가 공통된 특징들을 가지고 있다는 점이 저의 흥미를 자극했습니다. 저는 그런 그림들이 가지고 있는 공통적인 특징을 다름 아닌 '매력'이란 단어로 표현하고자 합니다.

평론가들 사이에서 높은 평가를 받고 비싸게 팔리는 그림들은 동시대에 살고 있는 사람들만이 느낄 수 있는 특별한 매력을 가지고 있습니다. 매력이 있다는 것을 바꿔 말하면 호감을 준다는 것이지요.

우리가 어떤 대상에 있어서 호감을 느낄 때 거기엔 정해진 조건이 없습니다. 그것은 이성적 분석으로도 설명되지 않고, 감성적 접근으로도 충분히 설명되지 않습니다. 호감은 개인이 어떤 매력적인 이성을 만났을 때 느끼는 감정과도 같습니다.

우리는 잘 생기고 예쁘고 멋진 이성에게 쉽게 호감을 느끼기도 하지만, 외모가 훌륭하다는 이유만으로는 이성에게 느끼는 호감의 실체를 충분히 설명할 수 없지요. 우리는 평소 비호감이라 여겼던 스타일의 이성과 한 눈에 사랑에 빠지기도 하고, 처음에는 전혀 호감을 느끼지 못했던 이성과도 시간이 점점 지나면서 묘한 호감의 감정을 느끼게 되기도 합니다. 우리는 바로 이런 관점으로, 마치 처음 보는 이성을 대하는 듯한 마음으로 현대미술을 감상해야 합니다. 즉 본인이 좋아하는 그림을 감상하는 행위는 마치 좋아하는 이성의 사진을 보는 것과 같은 원리로 이해될 수 있는 것입니다.

이런 태도를 가지고 현대미술을 감상하면, 작품 속에서 마치 한 이성이 다른 이성에게 자신의 매력을 어필하려고 노력하는 듯한 여러 가지 모습들을 발견할 수 있게 됩니다. 어떤 작품은 예쁜 화장과 옷차림으로 상대방을 유혹하듯이 다양한 컬러와 디테일이 화려한 묘사를 뽐내기도 하고, 반면에 어떤 작품은 나쁜 남자처럼 거칠고 투박한 모습으로, 어떤 작품은 한없이 착하고 순종적인 고전적 여성미를 풍기고 있는 모습을 발견할 수 있게 됩니다. 반면 데미안 허스트나 제프 쿤스, 매튜 바니 같은 작가들의 경우엔 트랜디하고 힙한, 대세감 있는 '인싸'의 모습으로 자신의 매력을 과시하기도 하지요.

이렇듯 우리는 미술을 접할 때 굳이 작품이 뜻하는 의미를 찾아 내려고 애쓰기보단, 그 작품을 통해 개인적으로 느껴지는 매력이 무엇인지를 찾기 위해 노력해야 합니다. 작가의 의도를 찾기 위해 노력하기 보단, 작품에 반응하는 내 마음의 변화에 더 관심을 기울여야 하는 것이지요. 그렇기 때문에 그림의 시장 가격은 수요공급의 법칙에 따라, 얼마나 많은 사

람들이 그 그림에 매력을 느끼는지에 따라 정해지는 것입니다.

 만일 여러분이 어떤 그림에 대해 아무런 호감을 느끼지 못한다면 그 작품은 여러분에게만큼은 매력이 없는 작품입니다. 본인과 안 맞는 작품인 것이지요. 아무리 세상 사람들이 좋다고 따라다니는 사람이라도, 여러분이 그 사람에게서 아무런 호감을 느끼지 못한다면 그 사람과는 인연이 없는 것입니다. 시간이 지나고 보니 처음엔 몰랐던 매력을 나중에 느끼게 될 수는 있어도, 당장 호감을 느끼지 못한다면 여러분은 현재의 감정에 충실하면 되는 것입니다. 애써 어떤 그림을 좋아하려고 노력할 필요가 전혀 없는 것이지요. 그래서 만일 여러분이 로스코나 야스퍼존스 같은 거장들의 그림 앞에서 아무런 감동을 느끼지 못한다 하더라도 전혀 당황할 이유가 없는 것입니다. 아무리 상대방이 많은 사람들로부터 인정받는 인격자이고 매력이 넘치는 사람일지라도, 여러분 스스로가 그런 사람을 만날 준비가 안 되었다면, 아직은 그 사람과의 행복한 연애를 기대하긴 어려운 것이니까요.

그렇기 때문에 우리는 마치 처음 만나는 이성과 소개팅을 하는 것과 같은 가벼운 마음으로 그림을 감상하면 되는 것입니다. 소개팅 자리에서 우리는 처음 만나는 상대방에 대한 호기심을 가지지요. 그래서 처음 보는 그림을 감상할 때는 이런 호기심 가득 찬 눈으로, 이 작품을 그린 사람은 어떤 사람일까? 어떤 매력이 있을까? 어떤 재능을 가지고 있을까? 와 같은 궁금한 마음을 품고 작품을 대해야 합니다. 그러면서 상대방의 인생관, 세계관, 취미, 기호, 유머감각, 섹시함, 버릇, 말투 등을 상상하게 되고, 동시에 이 사람이 나와 맞는 사람인지 아닌지도 판단할 수 있게 되지요.

우리가 호크니의 그림을 좋아하는 이유는 그의 작품이 미술적 가치가 높아서도 아니고, 그가 작품을 통해 전달하고자 하는 메시지가 감동적이기 때문도 아니지요. 단지 그의 작품 속에서 느껴지는 한 인격이, 요즘 대중들이 환호하는 특별한 인격적 요소, 즉 돈 많고, 세련되고, 유머감각이 넘치고 지적이지만 심각하지 않은 모습들을 두루 갖추고 있기 때문입니다. 같은 풍경이라도 도시적이고 유쾌하고 세련된 안목으로 그려낸 결과물과, 가난에 찌들고 반사회적인 시각으로 그려낸 결과물은 완전히 다른 모습으로 나타나겠지요. 그래서 요즘 사람들의 데이트 상대로는 모나고 어두운 성격의 인물보단, 호크니처럼 밝고 여유 있는 사람이 더 어울리는 것입니다.

 저 역시 그림 작품을 대할 때 그것을 공부의 대상으로 보기 보단, 나의 기분을 좋게 해주고, 웃음을 짓게 해주고, 삶의 에너지를 공급해 주는 용도로서 감상을 합니다. 그래서 올바른 그림작품 감상은 지극히 개인적이고 이기적이야 하는 것이지요. 날씨가 안 좋아 마음이 우울하고 쳐질 때 마티스의 그림을 보면, 마치 화창한 날씨의 남프랑스 휴양지로 휴가를 떠나 온 것 같은 기분을 들게 해줍니다. 피터 도이그(Peter Doig)의 작품을 보면 마음씨 착한 유령들과 비밀스러운 대화를 나누고 있는 듯한 느낌에 빠지게 되고, 제프 쿤스(Jeff Koons)의 작품을 보면 열심히 일하고 빨리 돈 많이 벌어서 페라리를 사야겠다는 마음이 듭니다. 피카소의 그림을 보면 나이가 들어도 남자로서의 섹시한 매력을 유지해야겠다는 의지가 생기고, 패트릭 헤론(Patrick Heron)의 작품을 보면 마치 나의 영혼의 모습을 보고 있는 듯한 평온함을 얻게 되며, 셜리 자페(Shirley Jaffe)의 그림을 보면 내 안에 숨겨진 창조적 재능이 꿈틀거리는 느낌을 받아 어떤 일이든지 잘 해 낼 수 있을 것 같은 자신감이 넘치게 됩니다.

Peter Doig

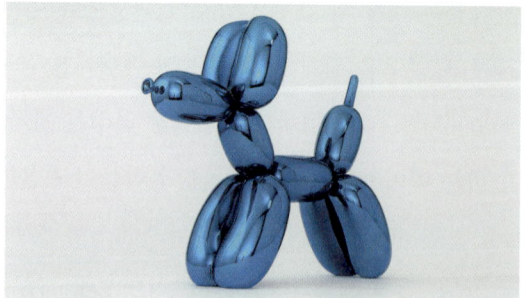

Jeff Koons

Patrick Heron

이렇듯 저는 그림을 감상하는 과정을 통해 그 순간 정서적으로 부족한 부분, 채우고 싶은 감정들을 공급받습니다. 그래서 외국 출장을 가게 되면 꼭 그 도시에 있는 현대미술관에 가서 그림을 감상하지요. 그리고 미술관을 나설 땐 마치 수많은 매력적인 인물들로부터 훌륭한 영감을 가득 받고 나온 기분에 휩싸이기도 합니다.

다른 장르의 예술작품들과 비교했을 때 미술작품이 가지고 있는 특징은 음악이나 영화의 경우, 창작자의 인격과 성향이 악기나 등장인물 같은 간접적 매개체를 통하여 우회적으로 드러나는 것에 비해, 미술작품은 창작자의 인격과 성향이 실제 본인의 붓 터치를 통해 캔버스에 직접적으로, 물리적으로 드러난다는 점입니다. 그래서 우리가 그림 작품을 감상하는 순간, 작가가 직접 자신의 손을 사용해 남긴, 일차원적으로 본인의 의도를 옮겨 놓은 흔적을 그대로 느낄 수 있게 되는 지극히 생생한 경험을 할 수 있게 되는 것이지요.

그래서 미술 작품은 갤러리에 가서 직접 눈으로 보아야 제대로 된 감상을 할 수 있는 것입니다. 그림을 직접 보는 것은 사진이나 화면을 통해서 본 것과는 비교할 수 없을 정도의 생생한 색감을 느낄 수 있다는 장점도 있지만, 작가의 생생한 붓 터치를 가까이서 보고 느낄 수 있다는 점에서 엄청난 경험의 차이를 만들어 줍니다. 간혹 그림을 너무 가까이서 보다 보면, 작가가 실수한 부분을 발견할 때도 있고, 또 그 실수를 메꾸기 위해 나름 열심히 노력한 흔적을 볼 수도 있지요. 하지만 우리가 한 사람을 알아갈 때 그 사람의 장점만 경험하기보단 그가 가지고 있는 단점들 또한 알아야 하듯이, 작품의 부족한 면을 발견하는 것 역시 작품 감상의 일부입니다.

미술 작품 감상의 과정이 이처럼 한 사람의 인격을 대하는 것과 같은 개인의 사적 영역에서 이루어진다는 것을 깨닫고 보니, 역사적으로 유명한 화가들이 왜 그렇게 많은 이성들 사이에서 인기가 많았는지가 이해가 되는 것 같습니다. 미술 작품은 그것을 감상하면서 느끼는 작품에 대한 매력들이 작가에 대한 직접적인 호감으로 더 쉽게 발전하기 때문이겠지요.

이처럼 매력적인 인물을 대하는 듯한 마음을 가지고 작품을 감상할 때 비로소 미술감상은 여러분에게 진정한 놀거리로 변할 수 있게 될 것입니다. 미술관을 갈 때의 마음도, 유명하고 멋진 작품을 보겠다는 막연한 목적이 아닌, 새로운 이성을 만나는 설렘으로 가득 찰 수 있으니까요.

문학작품 감상

어릴 적부터 우리는 독서는 마음의 양식이란 이야기를 귀가 따갑게 들어왔지만, 도대체 어떤 근거로 독서가 인생에 양식이 되고, 그것이 우리에게 어떤 구체적인 도움을 주는지는 잘 알지 못합니다. 책을 읽는 것은 영화를 보거나 음악을 듣는 것에 비해 재미도 덜 하지요.

자고로 명작이라 일컬어지는 문학작품들을 보면 대부분 오래 전에 쓰인 소설들이 대부분입니다. 예전에 쓰인 소설들은 지금과 시대감이 달라 공감도도 떨어지고, 스토리 전개 속도가 웹툰이나 영화처럼 빠르지 않아 읽는 내내 지루함이 느껴집니다. 이런 이유에서 그나마 어릴 적에 독서에 취미가 있던 사람들도 나이가 들면서 생활에 필요한 정보를 주는 실용서나 감성적 공감을 주는 에세이 류에만 손이 가게 됩니다. 그런데 이런 면에선 책보다는 오히려 유튜브나 SNS에 있는 컨텐츠들이 더 도움이 되기 때문에, 결과적으로 독서는 우리 생활에서 점점 멀어지게 되었지요.

이 배경에는 우리가 문학작품을 어떤 목적으로 감상해야 하는지, 문학작품을 통해 어떤 종류의 재미를 얻을 수 있는지를 잘 모르고 있다는데 그 원인이 있습니다. 영화의 경우도 마찬가지겠지만 문학작품을 정보 습득 차원이나 스토리 위주로만 읽게 되면, 그 작품을 통해 내가 얻을 수 있는 더 크고 다양한 감동들을 놓치게 됩니다.

인류가 남긴 가장 위대한 문학작품이라고 평가받는 도스토예프스키의 '카라마조프의 형제들' 이란 소설도 그 스토리만 놓고 보면 평범한 범죄 스릴러물에 불과합니다. 그래서 평소 습관대로, 스토리 전개에만 신경을 써서 이 책을 읽다 보면, 내가 왜 이렇게 두꺼운 책을 장시간 동안 읽어야 하는지 모르겠다는 생각이 들게 마련입니다. 하지만 우리가 그 소설에 등장하는 인물들에 초점을 맞추어 그들 각자의 입장에서 펼쳐지는 사건들을 바라보게 된다면, 마치 내가 다른 사람이 된 것인 마냥, 기존에 본인

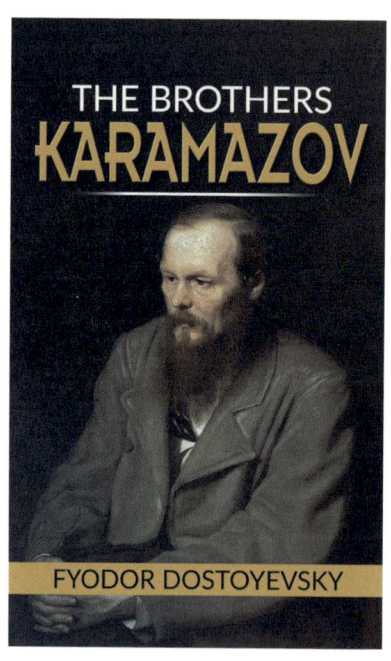 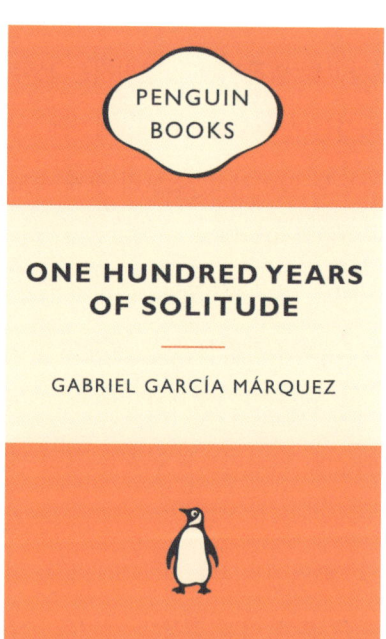

이 생각해보지 못했고 느껴보지 못했던 가치관과 성격을 경험해 볼 수 있게 됩니다. 동일한 사건이라도 그것을 바라보는 사람들의 관점이나 가치관에 따라 해석이 달라질 수 있기 때문에, 우리는 한 편의 소설을 읽으면서 여러 사람의 입장이 되어 동일 사건에 대해서도 여러 가지 다른 감정적 경험을 해볼 수 있게 되는 것이지요. 이런 경험은 기존의 편협했던 독자의 세계관을 넓혀주고, 본인과 다른 성격이나 가치관을 가진 사람들을 이해할 수 있는 너그러운 마음을 가지게 해줍니다.

문학작품의 또 다른 감상거리는 작품 속 등장하는 풍경이나 사건, 또는 인물들의 감정을, 그것을 묘사한 작가 고유의 문장력 안에서 발견할 수 있다는 점입니다. 바로 이 점이 문학작품과 다른 장르의 예술작품들 간의 가장 큰 차이점이자 문학작품만이 가지고 있는 고유한 매력입니다.

 아름다운 자연의 풍경을 사진이나 영화 속의 모습으로 볼 때와, 문학작품에서 문장으로 표현된 것을 읽었을 때와는 그 감동의 깊이가 다릅니다. 우리가 사진이나 필름을 통해 풍경을 보게 되면, 그것에 대한 정확한 정보를 얻을 수 있겠지요. 하지만 그것이 글로 표현되는 경우에는 작가의 독창적인 관점이나 취향이 그 풍경을 문장으로 묘사하는 과정 속에 개입이 됩니다. 그리고 그 문장을 읽는 과정 속에서 우리의 상상력이 또 한 번 개입되지요. 그래서 같은 자연의 풍경이라도 작가 고유의 관점과 독자 고유의 상상력이란 두 가지 필터를 거쳐, 독자마다 전혀 다른 모습으로, 오히려 실제보다 더 아름다운 풍경으로 머릿속에 나타나게 되는 것이지요. 이런 이유에서 문학작품 속에서 작가가 묘사한 훌륭한 자연 풍경이 그것을 사진으로 볼 때보다 더 큰 감동을 우리에게 주는 것입니다.

 이 원리는 비단 풍경의 묘사뿐 아니라, 사건의 묘사, 인물들의 감정 표현에서도 동일하게 적용됩니다. 서로 호감을 가지고 있는 사람들 사이에선 직접 만나서 말로 할 때보다, 글로 마음을 전할 때 그 감동이 더 큰 이유 역시, 글을 읽는 과정에서 읽는 사람의 상상력이 그 안에 개입되기 때문입니다. '미안해'라고 쓴 한 줄의 글도, 만일 평소에 상대방에 대해 좋은 감정을 가지고 있던 사람의 머릿속에는, 상대방이 사랑스러운 얼굴을 하고 미안하다 말하는 모습이 상상되겠지요. 국제 커플이 연애초기에 같은 국적을 가진 커플들 보다 사이가 더 좋은 경우도 같은 이유로 설명될 수 있습니다. 서로 익숙하지 않은 언어를 사용하여 대화를 해야 하기 때문에 그 대화 과정 속에 상대방에 대한 긍정적인 상상력이 개입되는 것이지요. 우리에게 큰 감동을 주었던 소설이 영화로 만들어졌을 때, 그것이 소설로 읽었을 때보다 훨씬 더 재미없게 느껴지는 것도 바로 이런 이유에서입니다.

 그래서 저는 특히 소설을 읽을 때는 풍경이나 인물의 심리상태를 묘사한 작가의 문장 표현에 주의를 기울여 감상을 합니다. 오래 전 쓰인 소설들의 경우엔 스토리가 시작되기도 전 배경묘사에만 수십 페이지가 할애되곤 하지요. 제가 어릴 적 맬빌의 '모비딕'을 읽다 중간에 포기한 이유도 그랬습니다. 책을 읽기 시작한지 며칠이 지나도 여전히 포경선은 출항도 못한 채 부두에 있었으니까요. 당시 서민들은 여행이 자유롭지 못했고, 영화나 TV도 없던 시절이라 자기 동네 외에 다른 세계가 어떻게 생겼는지 알 수 있는 방법은 소설밖에 없었지요. 이런 이유에서 그 당시 작가들은 이런 풍경 묘사에 많은 지면을 할애하지 않았나 생각됩니다. 그러다 보니 작가들도 자신이 가진 온갖 문학적 능력을 상황이나 배경을 묘사하고 표현하는 데 쏟아 붓게 되고, 바로 이런 점이 그 당시 작품의 문학성을 판단하는데 중요한 잣대로 쓰이게 된 것이지요.

 문학작품을 스토리 위주로만 감상하던 버릇에서 벗어나 작가의 문장력, 표현력까지 감상하는 차원으로 접근하고서부터 저에게 독서는 완전히 새로운 경험이 되었습니다. 예전에 포기했던 고전들도 다시 꺼내 읽게 되었고, 소설뿐 아니라 시, 수필, 희곡 같은 다양한 순수문학 장르에 이르기까지 독서의 범위가 넓어지게 되었지요.

한편, 문학작품 감상은 비교적 많은 시간이 요구되는 놀거리입니다. 음악이나 영화, 미술 장르의 예술작품 감상에 소요되는 시간은 짧으면 몇 초, 길어야 두 세시간 정도가 걸리는 것에 비해, 문학작품, 특히 소설의 경우 책 한 권을 다 읽기 위해선 상당히 많은 시간을 투자해야 합니다. 어떤 작품은 몇 달 이상의 시간이 걸리기도 하지요. 또한 음악이나 영화, 그림 작품의 경우엔 찰나의 느낌으로 그 작품을 감상할 수 있는 것에 비해, 문학작품은 길고 긴 문장을 읽어 가며 그 안에서 펼쳐지는 스토리 라인과 감정의 변화들을 온전히 따라 가야만 작가가 전하고자 하는 메시지, 세계관을 경험할 수 있습니다. 제대로 된 감상을 위해선 인내와 노력을 필요로 하는 예술 장르인 것이지요.

그렇기 때문에 문학작품은 무엇을 읽을지를 결정하는 초기 과정이 상당히 중요합니다. 음악이나 영화는 이것저것 들어 보다가 마음에 안 든다 싶으면 아무 때라도 중간에 바로 그만 둘 수 있지만, 문학은 일단 책을 구매해야 하기 때문에 시도 자체에도 비용이 들어가고, 꽤 많은 시간을 투자한 후에야 그 작품이 읽을 만한 작품인지 아닌지를 비로소 판단할 수 있기 때문이지요. 그래서 문학작품은 공신력 있는 기관에서 발표한 '지성인이라면 꼭 읽어야 하는 책'과 같은 추천 리스트들을 참고해서 어떤 책을 읽을지 결정하는 것이 좋다고 생각합니다. 하지만 소위 명작이라고 일컬어지는 작품들을 마치 밀린 숙제를 하는 듯한 의무감으로 읽게 되면, 자칫 독서의 경험이 '놀거리'가 아닌 '일거리'가 되지요. 그래서 아무래도 시작은 고전으로 하되, 주제가 너무 철학적인 것보다는 본인에게 현실적으로도 공감되는 내용, 그리고 스토리 전개가 주인공의 심리상태를 따라 전개되는 스타일의 소설류를 고르면 독서가 더 쉽게 느껴지게 됩니다.

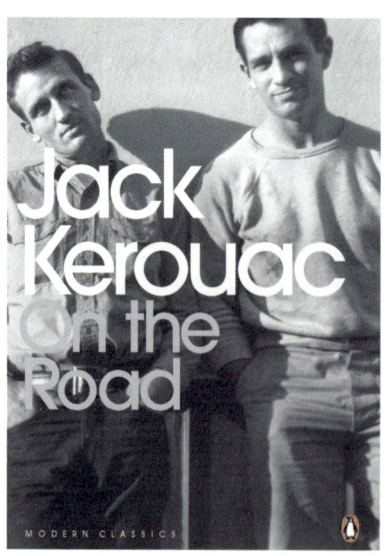
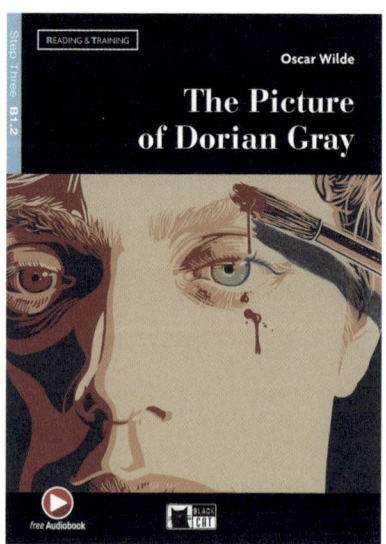

이런 면에서 도스토예프스키나 톨스토이, 스탕달, 오스카 와일드, 잭캐루악, 스타인벡, 마르케스의 작품들처럼, 세속적인 소재를 다루면서도 긴장감 있는 심리묘사가 뛰어난 작품들, 또 헤르만 헤세나 나쓰메소세키의 일상적이지만, 사색적이고 수필적 느낌이 강한 소설들이 처음 읽기에 적합한 소설이 아닐까 생각됩니다. 이후 어느 정도 긴 문장을 읽는 것이 익

숙해지면 괴테나 토마스만 같은 독일 작가들의 심오한 작품에 도전해보는 게 자연스러운 순서가 아닐까 싶습니다.

〈참고〉 뉴욕타임즈가 선정한 20세기 최고의 책 100선

문학
1. D.H.로렌스/아들과연인/1913
2. 루쉰/아큐정전/1921
3. 엘리엇/황무지/1922
4. 제임스조이스/율리시스/1922
5. 토마스만/마의산/1924
6. 카프카/심판/1925(?)
7. 프루스트/잃어버린시간을찾아서/1927
8. 버지니아울프/등대로/1927
9. 헤밍웨이/무기여잘있거라/1929
10. 레마르크/서부전선이상없다/1929
11. 올더스헉슬리/멋진신세계/1932
12. 앙드레말로/인간조건/1933
13. 존스타인벡/분노의포도/1939
14. 리처드라이트/토박이/1940
15. 베르톨트브레히트〈억척어멈과그자식들〉1941
16. 카뮈/이방인/1942
17. 조지오웰/1984/1948
18. 사뮈엘베게트/고도를기다리며/1952
19. 블라디미르나보코프/롤리타/1955

20. 유진오닐/밤으로의긴여로/1956

21. 잭케루악/길위에서/1957

22. 파스테르나크/닥터지바고/1957

23. 치누아아체베/무너져내린다/1958

24. 귄터그라스/양철북/1959

25. 조지프헬러/캐치22/1961

26. 솔제니친/수용소군도/1962

27. 가르시아마르케스/백년동안의고독/1967

28. 움베르토에코/장미의이름/1980

29. 밀란쿤데라/참을수없는존재의가벼움/1984

30. 살만루슈디/악마의시/1989

인문

1. 지그문트프로이트/꿈의해석/1900

2. 페르디낭드소쉬르/일반언어학강의/1916

3. 막스베버/프로테스탄트윤리와자본주의정신/1920

4. 라다크리슈난/인도철학사/1923~27

5. 게오르그루카치/역사와계급의식/1923

6. 마르틴하이데거/존재와시간/1927

7. 풍유란/중국철학사/1930

8. 아놀드토인비/역사의연구/1931~64

9. 마오쩌둥/모순론/1937

10. 헤르베르트마르쿠제/이성과혁명/1941

11. 장폴사르트르/존재와무/1943

12. 칼포퍼〈열린사회와그적들〉1945

13. 호르크하이머,아도르노/계몽의변증법/1947
14. 시몬드보봐르/제2의성/1949
15. 한나아렌트〈전체주의의기원〉1951
16. 루트비히비트겐슈타인/철학적탐구/1953
17. 미르치아엘리아데/성과속/1957
18. 에드워드헬렛카/역사란무엇인가/1961
19. 클로드레비-스트로스/야생의사고/1962
20. 에릭홉스봄/혁명의시대/1962
21. 에드문트후설/현상학의이념/1964
22. 미셸푸코/말과사물/1966
23. 노엄촘스키/언어와정신/1968
24. 베르터하이젠베르크/부분과전체/1969
25. 질들뢰즈,펠릭스가타리/앙티오이디푸스/1972
26. 에리히프롬/소유냐삶이냐/1976
27. 에드워드사이드/오리엔탈리즘/1978
28. 페르낭브로델/물질문명과자본주의/1979
29. 피에르부르디외/구별짓기/1979
30. 위르겐하버마스/소통행위이론/1981

사회
1. 브라디미르일리치레닌〈무엇을할것인가〉1902
2. 프레드릭윈슬로테일러/과학적관리법/1911
3. 안토니오그람시/옥중수고/1926~37
4. 라인홀트니버/도덕적인간과비도덕적사회/1932
5. 존메이너드케인스/고용.이자.화폐일반이론/1936

6. 윌리엄베버리지/사회보험과관련사업/1942

7. 앙리조르주르페브르/현대세계의일상성/1947

8. 앨프리드킨지/남성의성행위/1948

9. 데이비드리스먼/고독한군중/1950

10. 조지프슘페터/자본주의.사회주의.민주주의/1950

11. 존갤브레이스/미국의자본주의/1951

12. 대니얼벨/이데올로기의종언/1960

13. 에드워드톰슨/영국노동계급의형성/1964

14. 마루야마마사오/현대정치의사상과행동/1964

15. 마셜맥루헌/미디어의이해/1964

16. 케이트밀레트/성의정치학/1970

17. 존롤스/정의론/1971

18. 이매뉴얼월러스틴/세계체제론/1976

19. 앨빈토플러/제3의물결/1980

20. 폴케네디/강대국의흥망/1987

과학

1. 알버트아인슈타인/상대성원리/1918

2. 노버트비너/사이버네틱스/1948

3. 조지프니덤/중국의과학과문명/1954

4. 토머스쿤/과학혁명의구조/1962

5. 제임스왓트슨/유전자의분자생물학/1965

6. 제임스러브록/가이아/1978

7. 에드워드윌슨/사회생물학/1980

8. 칼세이건/코스모스/1980

9. 이리야프리고진/혼돈으로부터의질서
10. 스티븐호킹/시간의역사/1988

예술, 기타
1. 헬렌켈러/헬렌켈러자서전/1903
2. 아돌프히틀러/나의투쟁/1926
3. 마하트마간디/자서전/1927~29
4. 에드거스노우/중국의붉은별/1937
5. 아놀드하우저/문학과예술의사회사/1940~50
6. 안네프랑크/안네의일기/1947
7. 에른스트한스곰브리치/서양미술사/1948
8. 말콤엑스/말콤엑스의자서전/1966
9. 에른스트슈마허/작은것이아름답다/1975
10. 넬슨만델라/자유를향한긴여정/1994

예술의 객관적 판단은 가능한 것인가?

주변엔 '내 눈에 아름다운 게 좋은 그림이고, 내 귀에 듣기 좋은 게 좋은 음악이다'라는 의견을 가진 분들이 많습니다.

그렇다면 과연 예술에는 세련됨과 촌스러움, 고상한 것과 천한 것의 차이가 존재하지 않는 것일까요? 예술은 뭐가 더 좋고 나쁘다고 객관적으로 평가할 수 없는 것일까요? 만일 예술 경험이 이처럼 철저히 개인적 취향을 통해서만 경험되는 것이라면 이 논란은 예술적 요소가 개입되는 개인의 옷차림, 취미, 입맛의 범주에까지 확대되어 다뤄져야 하겠지요. 이 이야기는 판도라의 상자를 여는 것과 같은 큰 사회적 파장을 야기하게 됩니다.

 사실 이 질문은 인류가 아주 오랫동안 고민해 오던 주제이기도 합니다. 하지만 칸트는 이미 그의 저서 '판단력 비판'을 통해 이 질문에 대한 명확한 대답을 했지요. 즉, 우리는 예술 그 자체에 대해선 객관적으로 무엇이 더 좋고 나쁜지를 평가할 수 없지만, 그것을 감상하는 감상자의 입장에선 어떤 작품이 본인에게 더 감동적이고 어떤 작품이 덜 감동적인지를 개인적 경험의 내용과 깊이의 차원에서 평가할 수 있다는 것이지요. 하지만 각각 다른 감상자들에게 큰 감동과 재미를 주는 작품들은 어떠한 공통적 특징을 가지고 있기 때문에, 이런 공통적 특징을 가진 작품을 우리는 감히 좋은 작품으로, 그렇지 않은 작품은 나쁜 작품으로 말할 수 있다는 것입니다.

 즉 모든 예술작품은 개인에 따라 서로 다른 '종류'의 감동과 즐거움을 줄 수 있는데, 그 작품이 가지고 있는 어떤 공통적인 특징에 따라 작품이 주는 감동의 '크기, 수준, 깊이'가 달라지고 바로 이 기준으로 예술의 객관적 판단이 가능하다는 말이지요. 작품이 주는 감동의 종류는 개인에 따라 다를 순 있지만 전체적인 감동의 크고 작고의 차이는 객관적으로 존재한다는 뜻입니다.

개인에 따라서 믹스커피를 원두커피보다 더 좋아할 수도 있습니다만, 믹스커피가 일반적으로 사람들에게 주는 감동의 크기나 깊이가 원두커피의 경우보다 작다고 판단된다면 우리는 원두커피가 믹스커피보다 더 좋은 맛이라고, 혹은 원두커피를 좋아하는 취향이 더 좋은 취향이라고, 객관적으로 이야기할 수 있다는 것이지요. 다르다는 점은 충분히 존중받아야 하지만, 분명 그 중에서도 더 좋고 더 나은 것은 존재한다는 뜻입니다.

그렇다면 더 깊은 수준의 재미와 감동을 주는 '좋은' 예술작품들이 가지고 있는 특징은 과연 무엇일까요?

플라톤은 인간의 의식구조를 진, 선, 미, 세가지로 구분했습니다. 진은 지성의 영역, 선은 도덕/신의 영역, 미는 욕망의 영역을 뜻합니다. 플라톤 이외에 수많은 동서양의 철학자들, 종교인들도 나름의 기준으로 인간의 의식체계를 구분했지만, 대부분 플라톤의 진선미 구분 체계에서 크게 벗어나지 않았지요. 칸트는 인간의 의식을 '현상계'와 '물자체'로 구분했는데, 현상계는 플라톤 구분 체계에서 '진'에 속하고 물자체는 '선'에 속합니다. 그리고 이 두 세계를 연결하는 중간자로서 '미, 아름다움, 예술'을 위치시켰습니다. 여기서 '현상계'는 지성, 감각이 존재하는 현실의 세계를 뜻하는데, 이것은 버츄얼 리얼리티 게임 속의 가상 공간일 뿐, 진짜로 존재하는 세계는 신의 영역인 '물자체'라는 것이지요. 그래서 인간이 느낄 수 있는 진정한 감동은, 가짜 세계인 현상계 차원이 아닌 진짜 세계, 신의 영역인 물자체를 경험하는 데에서 비롯되고, 이 연결고리 역할을 해주는 것이 바로 미의 역할, 예술의 존재 가치라는 것입니다.

그래서 많은 작품들 중에서 현상계에 속하는, 이성적인 메시지를 가지고 있거나, 인간의 감각, 욕망을 자극하는 것들은 수준 높은 예술이 아니며, 대신 이런 인간의 현실적이고 감각적인 관심과는 무관한, 사심이 들어가 있지 않은 물자체 세계의 '무사심'한 감동을 주는 작품이 보다 더 높은 수준의 예술 작품이라고 합니다.

'그림 작품'을 예를 들자면, 칸트 입장에서 현상계, 즉 하위 개념에 속한 작품들은 현실세계와 관련된 것들, 예들들면 역사적 정보를 주는 그림들, 또는 자유, 혁명, 고독, 가족의 화목함, 감사와 같은 인간의 감성을 직접적으로 표현한 그림들이고 이런 인간의 관심과 무관한 신의 영역인 물자체스러운 작품, 그의 표현을 빌리자면, 수학적 숭고미, 역학적 숭고미, 신이 창조한 자연의 아름다움을 표현한 작품이 인간에게 더 높은 수준의 감동을 주는 상위 개념의 작품이라는 것이지요. 아마도 로스코나 이우환의 작품을 감상할 때 느껴지는 경험이 이런 종류의 감동을 이야기 하는 것 같습니다.

이 주장을 음식의 맛에 적용해 보자면, 달고, 쓰고, 짠, 직접적이고 자극스러운 맛보다는, 신의 영역에 가까운 자연스러운 맛, 재료 자체 고유의 맛과 향을 살린 맛이 더 높은 차원의 맛이라는 뜻이지요. 옷차림의 경우도 옷 입는 사람의 의도가 직접적으로 드러나지 않는듯하면서도, 자연스러운 아름다움이 배어 나오는 옷차림이 더 세련된 옷차림이라고 평가할 수 있다는 것이지요. 이처럼 집안 인테리어, 말투, 취미 등에 이르기까지 그 안에 예술적 취향이 개입되는 모든 활동을 대상으론 취향 판단을 통해 좋다, 나쁘다, 세련되었다, 촌스럽다는 객관적 평가가 가능하다는 뜻입니다.

 제가 일전에 쓴 '패턴'이란 책에서도 인간이 예술작품을 접할 때는 이성이나 감성의 영역이 아닌 그것을 수면 아래서 좌우하는 '패턴'의 영역에서 감상 활동이 이루어진다는 이야기를 드렸습니다. 이 패턴의 작용이 바로 인간을 영, 혼, 육으로 나눌 때 '영'의 영역에 해당하는 것이지요. 이것은 창조자가 자신의 모습을 본떠 만든 인간 안에 심어 둔 일종의 '공통 경향'입니다. 이것은 어떤 정보를 이성적으로 분석한 결과도 아니고, 오감의 직접적인 반응도 아닙니다. 우리가 어떤 음악을 듣거나, 어떤 장면을 보았을 때 이성과 감성의 차원을 뛰어넘는 감동을 감각하는 기관을 뜻합니다.

 사람들은 흔히 기존에 익숙한 것들만 보고 듣고 싶어하는 경향이 있지요. 익숙하지 않은 것들에 대해선 일단 거부감이 듭니다. 왜냐하면 그것을 어떻게 해석해야 하는지, 어떻게 감상해야 하는지 도통 감이 오지 않기 때문입니다. 특히 앞서 칸트가 언급한 종류의 '무사심성'스러운 예술작품들과 마주치게 되면, 이성이나 지성적 차원으로는 도대체 이 작품이 무슨 메시지를 의미하는지 해석이 불가능하기 때문에, 나와는 맞지 않는 분야라고 생각하고 바로 포기해 버리기 쉽지요. 하지만 감상이란 경험이 단지 이성, 감성적 해석을 통해 작품의 메시지를 뽑아내는 것뿐만 아니라, 영적 영역인 '패턴'을 통해 내 안에 숨겨진 '신'의 영역을 잠시나마 들여다보는 기쁨이라는 사실을 알게 되면, 예술을 대함에 있어서 기존에 없었던 자신감이 생기게 됩니다.

 이처럼 예술 작품 앞에서 내 안에서 움직이는 직관적 반응을 감지하는 게 감상의 테크닉이라는 사실을 알게 되면, 그 아무리 낯설고 난해해 보이는 예술작품도 그것을 대하는 것이 두렵지 않게 되는 것이지요. 이런 원리를 알게 되면 처음 먹어 보는 음식, 기존에 내 입맛에 맞지 않는다고 생각했던 음식도 한번 도전해 볼 만한 용기가 생기게 되지 않을까요?

02

혼자 떠나는 여행

아무리 좋은 집에서 사랑하는 가족들과 함께 편안한 생활을 누리고 있는 사람이라도, 가끔씩 찾아오는 권태는 피하기 힘듭니다. 사람은 일단 한번 권태에 빠지게 되면 좋은 음식을 먹어도 맛이 없고, 비싼 물건을 사도 기쁨이 오래가지 않지요.

자고로 권태를 해결하는 가장 좋은 방법은 그것을 잊을 만큼의 더 강력한 스트레스를 경험하는 것입니다. 예로부터 왕들이 혼란스러운 내정을 해결하기 위한 방법으로 전쟁을 일으켰듯이, 스트레스는 인간이 건강하고 정상적인 삶을 살기 위해 반드시 필요한 존재입니다. 그래서 우리는 가끔씩 스스로를 스트레스를 경험할 수 있는 환경에 위치시킬 필요가 있습니다. 그 가장 좋은 방법이 바로 혼자 여행을 떠나는 것이지요. 여행을 평소에 친한 사람들과 같이 가게 되면 여행은 환경만 바뀐 일상의 연장이 되어 버립니다. 그렇기 때문에 일상에서 단절된 경험을 하기 위한 여행이라면 반드시 혼자 떠나야 합니다.

혼자만의 여행을 결정하기란 쉬운 일이 아니지요. 여행지에서 외롭게 지내야 한다는 사실은 어색하게 여겨질 수 밖에 없습니다. 운전도 혼자 해야 하고, 밥도 혼자 먹어야 하지요. 이 모든 과정이 스트레스입니다.

'동방미인'이란 대만 차는 재배자가 찻잎에 일부러 상처를 낸 후 찻잎이 그 상처를 치료하기 위해 스스로 만들어내는 독특한 액체가 풍기는 특별한 향 때문에 명차로 인정받아 상당히 비싼 가격으로 팔립니다. 인간 역시 알맞은 강도의 스트레스를 받게 되면 비로소 정신이 번쩍 들어 새로운 생각이 머릿속에 떠오르고, 사리분별을 제대로 할 수 있게 되고, 삶에 대한 의지가 생겨납니다. 아무런 스트레스 없이 온실 같은 환경 속에만 있다 보면 전자렌지에 데운 빵처럼 맛도 향도 없는 존재가 되어버리기 쉽지요.

혼자 여행을 떠나 평소의 익숙한 환경이 아닌, 처음 접하는 낯선 공간에 혼자 머물게 되면 순간 일상감을 잃게 되어 '나' 스스로를 선입견 없는 상태에서 있는 그대로 바라보게 되는 야릇한 경험을 하게 됩니다.

평상시 '나'라는 존재는 늘 남편, 아내, 아버지, 팀장 등과 같이 주변 인물 들과의 관계성 속에서, 혹은 사회에서 맡고 있는 본인의 위치에 의해 정의됩니다. 그래서 독일의 철학자 하이데거는 '존재는 다른 대상과 관계를 맺음으로써만 증명된다고 말한 것이지요. 그래서 진짜 '나'를 발견하고 체험하기 위해선 본인과 연결되어 있는 여러 가지 사회적 관계성을 끊어야 합니다. 나와 혈연으로 얽혀 있는 가족들, 친구들, 동료들, 시간개념, 공간개념, 그리고 머릿속에 남아 있는 여러 가지 기억들, 즉 나를 관계로서 정의하는 요소들을 모두 없애야 합니다. 그렇게 되면 오로지 성향과 취향(Tendency & Preference)만 남아 있는 상태의 순수한 '나'의 정체가 그 모습을 드러내지요.

이런 일종의 '각성'된 상태에서 세상을 바라보면 세상이 이전보다 훨씬 더 명확하게 보이는 것을 경험하게 됩니다. 무엇이 더 중요하고 덜 중요한지, 누가 소중한 사람인지 아닌지, 나는 어떤 목적을 가지고 살아야 하는지, 그래서 내 인생의 우선순위가 무엇인지를 깨닫게 됩니다. 그래서 이전의 여러 가지 관계성 속에 얽매여 하루 하루를 습관적으로 살던 모습에서 벗어나, 매사에 훨씬 더 올바른 의사결정을 할 수 있는 능력이 생기게 되는 것이지요. 이것이 바로 우리가 '여행은 일상에서 벗어나는 해방감을 준다'라고 이야기할 때, 그 해방감이 뜻하는 참 의미입니다.

우리는 본능적으로 진짜 '나'의 모습과 마주하는 것을 두려워합니다. 그래서 혼자 있는 순간을 잠시도 참지 못하는 것이지요. 우리가 게임을 할 때는 현실을 잊고 게임에만 집중해야 게임을 더 즐겁게 할 수 있습니다. 하지만 몰입이 너무 심해지면 게임 속에서 벌어지는 희로애락에 대해 지나칠 정도로 많은 스트레스를 받게 됩니다. 그래서 가장 바람직하고 건강한 모습이란 '인생은 게임에 불과하다'란 마음을 가진채 의지적으로 게임에 몰입하여 순간 순간을 즐기는 태도를 가지는 것입니다. 그렇기 때문에 게임을 하는 순간만큼은 모든 것을 잊고 오로지 게임에만 몰두하다 가도, 가끔은 게임 속에서 벗어나 진짜 세계를 경험할 필요가 있는 것입니다. 이것이 바로 우리가 가끔은 혼자가 되는 순간, 진짜 '나'의 모습을 을 경험하기 위해 '고독한 여행'을 떠나야 하는 이유입니다.

혼자 떠나는 여행의 재미

앞서 고독한 여행이 가지고 있는 형이상학적 가치에 대해 말씀드렸습니다만, 이 외에도 혼자 하는 여행은 여럿이서 하는 여행에 비해 좋은 점들이 많이 있습니다.

첫째로 혼자 하는 여행은 비용이 많이 들지 않습니다. 일행과 같이 하는 여행은 교통편부터 먹을 거리, 잠자리를 결정하는데 이르기까지 신경 써야 할 점이 많지요. 동반자들의 평소 생활 수준도 고려해야 하고, 여행에 대한 그들의 기대도 충족을 시켜줘야 합니다. 싸구려 숙소에 묵고 값싼 식당을 가게 되면 자칫 나의 경제적, 사회적 수준이 폄하되지 않을까 하는 불필요한 걱정도 해야 합니다.

둘째로 여행을 위해 특별히 준비할 거리가 없습니다. 혼자 하는 여행은 인물 사진을 찍을 일이 없으니 옷도 많이 가져갈 필요가 없습니다. 세면 가방 한 개와 갈아 입을 옷 몇 벌만 있으면 되지요. 원한다면 자동차도 가져갈 필요가 없습니다. 차가 정 필요할 땐 여행지에서 잠시 렌트를 하면 되니까요. 이렇듯 혼자 하는 여행은 별다른 준비가 필요 없다 보니, 언제든 떠나고 싶을 때 떠날 수 있다는 장점이 있습니다.

 셋째로 '여행을 위한 여행'에서 해방될 수 있습니다. 대부분 여행을 가게 되면, 본인이 거기에 투자한 시간과 비용 생각에 여행에 대한 일종의 전리품을 남기고 싶은 마음이 듭니다. 그래서 자연스럽게 관광거리, 볼거리에 집착하게 되지요. 그러다 보면 여행은 휴식을 누리거나 나를 찾는 경험이 아닌, 주어진 미션을 달성하는 일종의 도장깨기 같은 성격으로 변하게 됩니다. 놀거리가 일거리로 변하는 것이지요. 물론 혼자 여행을 할 때도 유명 관광지를 방문할 수 있지만, 이런 의미에서 혼자 하는 여행의 최고의 선택지는 인적이 드문 오지입니다.

 오지에 머무는 동안 여행자는 비로소 여행이 선사해주는 놀라운 체험을 경험할 수 있게 됩니다. 그 중 하나가 바로 정적을 경험하는 것입니다. 일상 속에서 우리는 항상 일정 볼륨 이상의 소음에 시달리며 살고 있습니다. 사람들 이야기 소리, TV 소리, 특히 어디선가 끊임없이 들려오는 자동차, 오토바이 모터 소리는 우리 주변을 한시도 떠나지 않습니다. 이런 소음들에 둘러 쌓여 있다 보면 실제로 본인이 이런 소음들에 의해 괴롭힘을 당하고 있다는 사실조차 잊게 되지요. 그러다 돌연 소음이 없는 오지에 머물게 되면 고요함이 주는 갑작스럽고 신비한 경험을 하게 됩니다.

어느 정도 고요함에 익숙해질 무렵, 그 때부턴 새로운 소리가 들리기 시작하지요. 그건 바로 새소리, 바람소리, 물소리 같은 자연이 내는 소리입니다. 저는 개인적으로 자연의 소리를 듣기 위해 여행을 떠난다고 말할 수 있을 정도로 이 감동에 매료되어 있습니다. 이것은 마치 요즘 유행하는 불멍, 물멍처럼 일종의 명상적 효과를 줍니다. 불규칙적이면서도 규칙적이고, 귀가 따가울 정도로 시끄럽지만 한편으로 듣기 좋은 소리이지요. 새들이 지저귀는 소리, 파도가 치는 소리, 바람에 나뭇가지 흔들리는 소리는 일종의 자연의 형식미를 느끼게 해줍니다.

앞서 미술 작품 감상을 통해 우리가 작가의 인격을 작품을 통해 간접적으로 체험할 수 있다고 이야기한 것처럼, 우리는 자연을 감상하면서 그것을 만든 신의 인격을 간접적으로 느낄 수 있는 것이지요. 이것이 바로 칸트가 말한, 인간이 경험할 수 있는 미학적 체험 중 가장 뛰어난, 자연이 주는 '숭고미'이기도 합니다. 이런 숭고한 체험은 혼자 떠나는 고독한 여행을 통해서만 경험할 수 있는 특별함이 아닐까 생각됩니다.

넷째로 혼자 하는 여행은 '대화'로부터 일시적으로 벗어나는 해방감을 경험하게 해 줍니다. 여행 중 누군가와 말을 하게 되면 우리는 그 즉시 일상성 속으로 다시 빨려 들어가게 됩니다. 대화를 할 때는 내가 하고 싶은 이야기를 하기 보다 남이 듣고 싶어 하는 이야기를 해야 하고, 내가 말하는 것보단 남의 이야기를 들어줘야 하는 경우가 많습니다. 결국 대화는 나보다는 남이 즐거운 것을 목적으로 하는 행동이고, 남을 배려하고 때론 남에게 나 스스로를 잘 보이기 위해 행해지는 사회적 행위(Social Behavior)입니다. 불교에서도 '묵언 수행'을 통해 일정기간 동안 스스로를 일상으로부터 고립시키는 훈련을 하지요. 대화를 하지 않아야 사회성에서 벗어나 습관적으로 사고하는 버릇을 버릴 수 있고, 그래야 고유한 '나'의 모습을 발견할 수 있기 때문입니다. 이런 이유에서 만일 여행을 하는 목적이 사회성을 끊고 일상에서 잠시라도 벗어나기 위한 것이라면 여행 중 대화는 그다지 어울리지 않는 행동일 수 있습니다.

다섯째, 일정을 정하지 않은 상태로 떠나는 여행이 가능해집니다. 누군가와 동행하는 여행은 반드시 사전에 일정을 잘 짜야 합니다. 여행의 인원이 많아질수록 계획 짜는 일은 큰 부담으로 가다오지요. 사람마다 좋아하는 취향이 다르고, 입맛도 다르고, 여행에 대해 기대하는 바도 서로 다르기 때문에 모두를 만족시켜 줄 수 있는 여행의 순서, 방문지, 식당, 숙소를 결정하는 것은 보통 머리가 복잡해지는 일이 아닙니다. 하지만 혼자 떠나는 여행은 이런 부담이 없습니다. 아예 아무런 계획이 필요 없을 수도 있지요.

저는 가끔 아무런 정해진 일정이 없는 여행을 즐기기도 합니다. 우연성이 가져다주는 여행의 또 다른 기쁨 때문이지요. 해외 여행의 경우는 예측 불가능한 변수가 너무 많아 일정 없이 가는 게 불안하겠지만, 국내 여행 정도는 얼마든지 이런 방법으로 떠나는 게 가능합니다.

그래서 저는 가끔 특정한 목적지도 정하지 않고, 숙소 예약도 안 한 채로, 가고자 하는 방향만 대충 정한 상태에서 여행을 떠납니다. 차를 몰고 가다 경치가 좋은 곳이 나오면 그곳에 잠시 머무를 수도 있고, 도중에 멋진 나무가 보이면 잠시 차를 세우고 나무를 감상하기도 합니다. 괜찮아 보이는 식당이 보이면 들어가서 밥을 먹고, 해가 지면 근처 눈에 띄는 숙소에서 잠을 자면 됩니다. 몇 가지 굵직한 여행의 틀만 정해 놓고 나머지는 모두 우연에 맡기는 것이지요. 그러다 보면 제가 기대했던 것보다 훨씬 더 다양한 경험을 할 수 있게 되는 경우도 많습니다.

마치 우리가 골프를 할 때 온 몸에 힘을 빼고 스윙을 하면 내가 아는 스윙지식을 뛰어 넘어, 예측하지 못한 어떤 미지의 메커니즘이 발동해 보다 자연스러운 자세로 공을 제대로 맞출 수 있게 되지요. 인생을 사는 원리도 이와 비슷하다는 생각을 해봅니다. 우리는 스스로 최선이라고 생각하는 것들을 성취해야 보다 더 행복한 삶을 살 것 같다는 생각을 하지만, 막상 인생의 황혼기에 접어드는 시점에서 지나온 나의 인생을 뒤돌아보면 현실은 막상 그렇지 않다는 것을 알게 되지요. 그래서 왜 나는 편협한 선입관에서 벗어나 좀 더 자유롭게 인생이 펼쳐지도록 내버려 두지 못했을까 후회를 하게 되곤 합니다.

여행의 일정에 좀 더 많은 자유를 주는 것도 마찬가지 아닐까요? 우리가 생각에 힘을 빼고 의사결정 과정에 좀 더 많은 자유를 주면, 그 자리엔 더 강력한 우연의 힘이 작용하게 되어 예측하지 못했던 크고 작은 사건들이 우리의 운명에 개입하게 됩니다.

음악과 함께하는 여행

만일 대화 없는 여행이 외롭고 심심하게 느껴지신다면, 음악이란 멋진 동반자와 함께 여행을 해 보는 것을 추천드립니다. 제가 여행 전에 꼭 챙기는 것 중 하나가, 여행하는 동안 들을 음악들을 미리 골라서 스포티파이 플레이리스트에 저장해 놓는 것입니다.

음악은 여행 과정 중에 우리가 보고 듣고 느끼는 감정들을 보다 더 깊이 있게 만들어주고, 그것을 다채로운 컬러로 포장을 해줍니다. 평범한 풍경도 그 장면과 어울리는 멋진 음악과 함께 하면 이전엔 느낄 수 없었던 새로운 감동을 경험할 수 있지요.

음악들 중에는 어딘가 낯선 장소를 향해 떠나는 느낌, 예기치 못한 모험과 마주칠 것 같은 느낌, 여행지에서의 우연한 만남이 주는 두근거림을 기대하게 해주는 곡들이 많이 있습니다.

Judee Sill의 Crayon Angels, The Doobie Brothers의 Listen to the

Music, Grateful Dead의 Box of Rain, 페퍼톤스의 Ready Get Set Go, 같은 음악들은 저에게 여행의 설레는 감정을 줍니다. Louis Cole 의 Things 혹은 Below the Valley, Hall & Oates의 Had I known you Better, Al Stewart의 Year of the Cat, Janis Ian의 At Seventeen, Pat Metheny의 Homecoming 같은 음악들은 여행 중 차창에 스쳐가는 풍경 하나 하나에도 깊은 의미를 담아 주고, 하루의 여정을 마치고 호텔방에 혼자 있는 시간에 Frankie Reyes의 La Puerta, Keith Jarrett의 피아노 연주 곡들, Kenny Logins의 Cody's Song, Pat Metheny와 Charlie Haden이 연주한 The Moon Song 같은 음악들을 들으면, 내 안 어딘가에 숨겨진 미지의 장소로 생각과 감정이 깊이 잠겨 들어 휴식에 빠져드는 느낌을 줍니다.

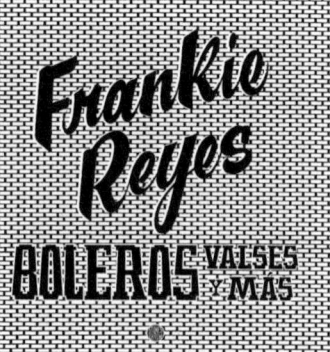

자연의 아름다움과 숭고함을 담은 음악들도 있지요. 그리그나 드보르작의 교향곡들은 신이 창조한 자연의 광활함을 느끼게 해주고, 베토벤의 전원 교향곡을 들으면 자연 속에서 움터 올라오는 생명의 신비감을 경험할

수 있게 됩니다. 홀스트의 작품이나 슈만의 합창곡을 들으면 셀 수 없을 만큼 많은 별들로 가득 찬 우주의 무한함을 체감하게 되지요.

 이국적인 장소를 여행할 때는 그 지역의 색깔이 배어 있는 음악과 함께 하면 여행의 이국적인 감동은 더 깊어집니다. 특히 외국을 여행할 때 그 나라 출신 아티스트의 음악을 들으면 지역 특유의 감성들이 눈 앞에 펼쳐 지는 장면들과 만나면서 한층 더 완성된 감흥으로 가다옵니다. 이탈리아 의 오래된 성당을 방문할 때 듣는 페르골레시의 미사곡, 독일의 목가적인 풍경의 호숫가에서 듣는 브람스 교향곡 2번, 오스트리아 빈의 금빛으로 번쩍이는 건물들을 바라보며 듣는 모차르트의 음악, 눈을 뚫고 달리는 시 베리아 열차 안에서 듣는 차이코프스키의 교향곡이 이런 좋은 예이지요.

 여행지와 어울리는 음악들을 여행 전에 미리 준비해 가는 것도 좋지만, 저의 경우엔 현지에 도착한 후, 그 도시에 있는 큰 음반 샵에 들러 그 나라 의 로컬 아티스들의 음반들을 청음 해보고 마음에 드는 노래들의 정보를 핸드폰으로 사진을 찍은 후, 나중에 숙소에 돌아와서 스포티파이에 플레 이리스트를 만들기도 합니다. 특히 인도나 스리랑카, 베트남 같은 나라를 여행할 때는 그 나라 음악 관련 정보를 한국에선 쉽게 구할 수 없기 때문 에 꼭 로컬 샵에 들러 현지 아티스트들의 정보를 수집합니다.

 제 경험상 평소에 아무리 좋아하는 음악이라고 해도, 그 음악이 주는 암 시적 느낌이 성공, 열정, 과시, 사랑 등 같이 세속적인 감정을 자극하는 종류의 곡들은 뭔가 여행지와 잘 어울리지 않는다는 느낌을 받습니다. 이런 음악들은 여행이 주는 이국적 느낌을 살려주기 보다는 오히려 일상감을 느끼게 해 내가 떠나온 장소에서 있었던 고민거리들을 되살아나게 하기 때문이지요.

목적을 가지고 떠나는 여행

우리는 평소 마음 속에 품고만 있었던 일들을 여행이란 기회를 통해 그것을 실행으로 옮길 힘을 얻기도 하고, 골치 아픈 사안들을 해결하기 위한 목적으로 여행을 떠나기도 합니다.

여행의 목적은 하루 종일 아무것도 안하고, 어떤 간섭도 없이 온전하게 쉬고 싶은 것일 수도 있고, 중요한 선택의 기로에서 의사결정을 내리기 위함일 수도 있습니다. 내가 이 삶에서 진짜로 원하는 게 무엇인지를 찾고 싶은 마음에서, 또는 상황이 너무 복잡하게 꼬이고 얽힌 상황에서 일의 우선순위와 돌파구를 찾고 싶은 간절함 때문에 여행을 떠날 수도 있지요. 인생이나 사업에 있어서 뭔가 큰 결단을 앞두고, 그 결단이 정말 내가 원하는 것인지 스스로에게 자문을 하고 싶은 상황일 수도 있고, 밀린 숙제를 하거나 읽기를 미뤄 두었던 책을 읽기 위해서, 혹은 특정 작곡가의 음악을 모두 들어보겠다는 목적으로도 여행을 떠나기도 합니다. 저는 주로 책을 쓰기 위한 목적으로 여행을 떠나지요.

책을 집에서 쓰지, 왜 꼭 여행을 가서 써야 하냐고 반문하시는 분도 계실 겁니다. 그건 마치 스타벅스에서 공부를 하고 있는 사람들을 보고, 집 놔두고 왜 공부를 굳이 거기서 하냐고 묻는 것과 같습니다. 답변은 간단하지요. 인간은 환경의 지배를 받는 동물이기 때문입니다. 인간은 애초에 그런 메커니즘으로 구동되도록 만들어졌기 때문이지요. 실제로 사람들은 같은 물이라도 일반 생수 병에 담긴 물보다는 고급스러운 물병에 담긴 물을 마실 때 물맛이 더 좋다고 느낍니다.

예전에 한 영화 촬영장에서 어떤 유명 여배우에게 생수를 줬더니, 물 맛이 왜 이러냐고 짜증을 내길래, 스텝 중 한 사람이 같은 물을 에비앙 물병에 담아 줬더니 그제서야 '역시 이 맛이지'라며 좋아했다는 업계에서 유명한 일화가 있지요. 몇 년 전 아톰 머리로 유명한 김정은 박사의 강의를 직접 들은 적이 있었는데, 집 놔 두고 맨날 밖으로만 돌던 남편을 집에 붙어 있게 만드는 제일 좋은 방법은 남편만의 방을 만들어 주는 것이란 이야기에 저는 크게 공감했습니다. 열정이 식은 부부의 애정생활에 불을 붙이는 가장 효과적인 방법이 침대시트를 호텔처럼 고급스럽고 하얀 색으로 바꾸는 것이란 주장도 상당히 설득력 있는 이야기지요. 이처럼 인간은 환경의 지배를 받는 동물입니다.

이와 관련된 유명한 양파 실험도 있지요. 같은 양파 두 그룹을 서로 다른 환경에 배치해 놓고, 각각의 양파 싹이 나는 모양을 비교 관찰했던 실험입니다. 한 방에는 시끄러운 음악과 욕설이 나오는 스피커를 설치해 놓고, 다른 방에는 잔잔한 클래식 음악이 나오는 스피커를 설치했더니, 첫 번째 방에 있는 양파는 싹이 나지 않거나, 나더라도 이상한 모양으로 나왔는데, 두 번째 방에 있던 양파는 아주 건강하고 예쁜 모양의 싹이 났다는 결과를 보여주었지요. 물 입자를 가지고도 비슷한 방식의 실험을 했는데, 들려주는 음악의 종류에 따라 각기 다른 모양의 물 입자 구조를 관찰할 수 있었습니다. 인간의 몸은 대부분이 물로 이루어져 있기 때문에 인간도 당연히 환경에 영향을 받는다는 사실은 쉽게 유추해 낼 수 있는 것이지요.

일부 심리학자들은 '공간은 행동을 유도하는 힘을 가지고 있다'고 주장합니다. 그래서 우리가 원하는 바를 실행에 옮기기 위해선 주변의 환경을 바꿔 볼 생각을 해야 합니다. 그러기 위해선 본인 스스로가 어떤 환경에 놓였을 때 일의 효율이 높아지는지를 먼저 관찰해야 합니다. 만일 그 환경이 사람들의 대화소리로 시끄러운 스타벅스 안이라면 스타벅스에 가서 일을 하면 되는 것이고, 멀리 떨어진 어느 여행지의 조용한 호텔방이라면 그곳에 가서 일을 하면 되는 것이지요. 아직 나에게 맞는 그런 최적의 장소를 찾지 못했다면 그런 환경을 찾아 이곳 저곳을 다니며 테스트를 해보는 것도 좋은 방법입니다. 되지도 않는 일을 붙잡고 시간만 낭비하는 것보단 뭐라도 방법을 찾아 나서는 것이 더 효율적인 것이니까요.

저는 글을 쓸 때 창의적인 발상은 주로 운전을 하는 중이나, 비행기를 타고 있는 동안 머릿속에 떠오르는 경우가 많습니다. 그리고 떠오른 아이디어를 토대로 스토리를 만들고 문장을 써 내려가는 일은 조용히 책상 앞에 앉아서 일을 할 때 더 효율이 나지요. 그래서 책을 쓰는 일에 있어서 여행은 저에게 여러모로 적합한 환경을 조성해 줍니다.

평소에 읽기 미뤄 놓은 책을 한번 끝까지 읽어 보겠다는 것도 여행의 좋은 목적이 될 수 있습니다. 외국 영화를 보면 늙은 사람이나 젊은 사람 할 것 없이 여행을 떠날 때면 항상 책 몇 권을 주섬주섬 배낭 안에 넣는 모습이 자주 등장하지요. 숙소에 도착해 밥을 해 먹고, 부부가 침대에 누워서 각자가 가지고 온 책을 읽다가 잠드는 모습도 자주 보게 됩니다. 이렇듯 여행과 독서는 늘 뗄 수 없는 끈끈한 관계를 가지고 있지 않나 싶습니다.

여행지에서 읽기 좋은 책은 처세서나 정보서 같은 실용적인 책들보단 평소에 잘 읽히지 않던 소설류나 인문학 책들이 더 어울리지 않나 싶습니다. 혼자 하는 여행은 아무래도 사색을 할 수 있는 기회가 많이 주어지기 때문에 이왕이면 인생의 실체를 깊이 있게 다룬 책이 여행지에서 더 의미 있는 시간을 보내는데 도움이 되겠지요. 저는 고규홍 선생이 쓴 '한국의 나무 특강'이란 책을 읽고 나서 전국의 영험한 나무들을 보러 여행을 떠나기도 했습니다.

먹는 것도 여행의 큰 부분을 차지합니다. 여행 중 세 끼를 제대로 다 챙겨 먹는다 치면, 식당으로 이동하는 시간, 식사 후 차 마시고 디저트 먹는 시간, 배불러서 산책하는 시간 등을 빼면 사실 남는 시간이 별로 없습니다. 저녁을 먹고 나면 해가 지고 깜깜해져서 밖에 나다닐 수도 없지요. 저는 술까지 약해서 저녁식사에 반주라도 하게 되면 숙소에 돌아와 바로 쓰러져 잡니다. 그래서 사람에 따라선 오로지 맛있는 음식을 찾아 떠나는 여행도 그 자체로 나름 의미있는 여행이 되지 않을까 생각해 봅니다.

간혹 여행 중 긴 시간을 운전을 해야 하는 경우도 있는데, 이 때가 바로 밀린 음악숙제를 하기에 아주 적합한 기회라고 생각됩니다. 제가 말러의 교향곡 전곡, 브루크너 교향곡 전곡, 라인의 황금, 발퀴레, 지크프리트, 신들의 황혼으로 이어지는 바그너의 링 4부작 시리즈를 모두 들었던 것도 장거리 운전을 하는 동안이었습니다. 이런 곡들은 한 번 듣기 시작하면 짧게는 두 세시간, 길게는 여섯 시간을 넘게 들어야 제대로 한 곡을 감상할 수 있기 때문에, 일상 생활 중에선 도저히 그럴 만한 여유를 만들어 낼 수 없지요. 장거리 운전을 할 때 외에는 기회를 찾기가 어렵습니다.

저는 이렇게 장시간 운전하는 동안 음악을 들은 후, 숙소에 도착해 노트를 꺼내어 음악을 들었던 순간의 기억을 더듬으며 감상평을 적습니다. 음악을 들었을 때 머릿속에 떠올랐던 이미지를 글로 묘사해 보기도 하고 그 음악이 마치 영화 속 배경음악이라고 생각하면서 음악과 어울릴 법한 영화의 시놉시스를 써 보기도 합니다. 이렇게 음악과 함께하는 여행은 여행의 경험을 보다 의미 있고 멋진 기억으로 남게 만들어 주지요.

자연의 숭고미 체험하는 여행

우리는 여행을 통해 대자연을 가까이 느껴 볼 수 있습니다. 하지만 막상 대자연을 눈앞에서 마주하게 되면, 사진 찍는 데에만 신경을 빼앗겨 그 장면이 주는 감동을 제대로 경험하지 못하는 경우가 많지요. 이것은 어찌보면 다른 사람들에게 본인의 여행을 증명하고 과시하려는 일상적인 생각에서 비롯된 것일 수 있습니다. '나는 시간적, 경제적 여유가 있는 사람이다, 나는 여행의 낭만을 즐기는 멋진 사람이다, 그래서 나는 인생을 잘 살고 있는 중이다'라는 자랑이 하고 싶은 것이지요.

 자연을 사진으로 남기려고만 하면 눈 앞에 펼쳐진 자연의 모습을 전체적으로 감상하기 보단, 자연의 부분적인 모습들만 눈에 들어오게 되지요. 자연은 그 전체를, 본인의 온 몸을 통해 체감해야 합니다. 바람소리, 새소리도 듣고, 흙 냄새, 공기 냄새, 나무냄새도 맡고, 물에 손을 담그기도 하고, 나무껍데기의 감촉도 느껴봐야 합니다. 특히 혼자 여행을 할 때는 일행들의 눈치를 볼 필요도 없기 때문에 더 자유롭고 여유있게 자연을 경험해 볼 수 있지요.

 흔히 자연이 말을 건다고들 하지요. 자연이 인간에게 말을 거는 방법은 다양합니다. 그것은 인간의 언어로 표현될 수는 없겠지만, 조용히 주의를 기울여 보면 자연이 그 순간 나에게 주려고 하는 메시지를 들을 수 있게 되지요. 자연의 목소리는 우리가 자연 안에서 받는 어떤 구체적인 느껌이라고도 말할 수 있습니다. 머리 위로 내리 쬐는 햇빛을 커다란 가지들로 막아주는 나무의 모습을 보며 자연의 아늑하고 든든함을 느낄 수 있고, 햇빛이 물위에 반사되어 반짝거리는 잔잔한 바다의 모습을 통해 너그러운 용서의 메시지를 느낄 수 있게 됩니다. 수많은 개미들이 열심히 먹이를 나르고 있는 장면을 볼 때면 나에게 주어진 책임을 더 소중하게 여겨야겠다는 마음이 들게 되지요.

이렇듯 자연은 자연이 만들어 내는 모습, 소리, 촉감, 움직임들을 통해 인간에게 말을 걸고, 이런 메시지는 인간의 감각기관을 통해 그 의미가 전달됩니다. 이것이 바로 자연의 목소리를 듣는 방법이지요. 하지만 자연은 일행이 있을 땐 절대 사람에게 말을 걸지 않습니다. 우리는 오직 혼자 있을 때만 비로소 자연이 건네는 목소리를 들을 수 있게 됩니다.

노를 젓다가
노를 놓쳐버렸다

비로서 넓은 물을 돌아다보았다
(고은 '노')

등산을 할 때도 오직 건강만을 염두에 두거나, 혹은 '기필코 어느 봉우리까지 올라가 보겠다'와 같은 특정한 목표만을 마음에 품고 산을 오르면 자연의 목소리를 듣지 못하게 됩니다. 등산이 산을 경험하기 위한 도구가 되는 것이 아니라, 등산 자체가 목적이 되어 버리는 것이지요. 그런 분들은 항상 걸을 때 고개가 땅을 보고 있는 경우가 많습니다. 자연을 느끼려면 고개를 들고, 눈 앞에 펼쳐진 자연을 봐야 하겠지요. 그러다 보면 새소리, 물소리도 들리고, 작은 동물들의 움직임도 눈에 들어옵니다. 그래서 등산을 하는 도중에 새소리가 들리면 잠시 걸음을 멈추고, 카메라를 꺼내 새 사진을 찍어 보는 것도 좋습니다. 새 사진을 찍으려면 새가 어디에 있는지를 찾아 내기 위해 적지 않은 인내심이 필요하지요. 그러면서 자연의 고요함 속에 머무는 시간도 길어져, 자연스럽게 자연의 보다 깊은 모습을 경험할 수 있게 됩니다.

저는 이상하게도 여행을 다녀오면 유적지나 풍경의 모습은 잘 기억이 나지 않아도, 여행지에서 만난 두더지, 사슴, 들고양이 같은 동물들에 대한 기억은 잘 지워지지 않습니다. 그 수많은 동물들 중에서 그 놈이 하필이면 그날 그 자리에서 저와 우연히 마주쳤다는 건, 우리들 사이에 뭔가 인연이 있지 않았나 하는 생각이 들기도 하지요.

칸트는 이처럼 자연이 건네는 목소리, 인간이 자연을 통해 경험할 수 있는 감동을 세가지로 구분했는데, 그것을 아름다움, 수학적 숭고미, 역학적 숭고미라고 말했습니다. 아름다움은, 말 그대로 우리가 꽃 그 자체를 아름답다고 여기는, 인간 고유의 감정입니다. 수학적 숭고미는, 우리가 밤 하늘의 무수한 별들을 보거나, 끝없이 펼쳐진 수평선을 볼 때 느껴지는 '무한함'과 관련이 있습니다. 우리의 이성은 이런 무한함과 마주쳤을 때 그것을 도저히 해석해 내지 못하는 불편함을 느끼게 되는데, 이런 불편함은 우리를 현실감에서 벗어나게 해서 신의 영역이 존재한다는 느낌이 들도록 만들어 준다고 합니다. 역학적 숭고미는 무시무시한 절벽 위에 있다든지, 거친 파도가 치는 바라를 볼 때 느끼는 두려움을 말합니다. 이런 두려움을 느낄 때 우리는 인간이란 존재, 문명이란 것이 자연 앞에 한없이 작게만 느껴지지요. 이것 역시 일종의 불편한 감정이며, 이런 불편함에서 벗어나기 위해서 나도 자연의 일부라는 겸손함과 일체감이 그 자리를 대신하게 됩니다. 이것이 바로 칸트가 말한 숭고미입니다. 칸트의 자연에 대한 이런 접근은 우리로 하여금 어떤 자세와 기대를 가지고 대자연을 감상해야 하는지 좋은 가이드의 역할을 해줍니다.

혼자 떠나는 여행, 숙소 정하기

한 곳에 오래 머무르는 여행을 할 때는 숙소의 환경이 쾌적해야 하겠지만, 이곳 저곳을 자주 옮겨 다니며 하는 여행을 할 때는 사실 숙소의 환경은 그리 중요하지 않지요. 그럴 땐 숙소는 단지 밤에 잠만 자는 역할만 할 뿐, 대부분의 시간을 밖에서 보내기 때문에 저는 이럴 땐 굳이 비싼 숙소보다는 싼 곳을 찾습니다. 냉난방 잘 되고, 뜨거운 물 잘 나오고, 수건과 침구만 깨끗하면 되지요.

그런데 항상 문제는 냄새입니다. 요즘엔 부티크 호텔이라 불리는, 겉 모습에만 신경 쓴 일종의 러브 호텔, 파티 호텔들이 지방 구석까지 넘쳐납니다. 이런 부티크 호텔은 시설은 화려하지만 대부분 방안에 싸구려 디퓨저를 상시 비치해 놓거나, 대실이 끝난 방에는 정체 모를 향수를 잔뜩 뿌리기 때문에 도저히 숨을 쉴 수가 없는 경우가 많습니다. 그래서 제가 혼자 여행을 할 때 가장 선호하는 숙소는 그 지역에서 나름 역사가 있는 작은 규모의 관광호텔입니다. 이런 관광호텔은 시설은 낡긴 했지만 나름 격조가 있고 호텔로서 갖춰야 할 기본적인 조건들은 성실하게 갖추고 있지요. 무엇보다 방에서 향수 냄새, 방향제 냄새가 안 납니다.

여행지 근처에 이런 관광호텔을 찾을 수 없다면 그 대안은 바로 하숙입니다. 에어비앤비(Airbnb) 사이트에서 독채가 아닌 '주인이 살고 있는 집에서 방만 사용하는 숙소'로 검색을 하시면 하숙방을 쉽게 찾을 수 있습니다. 예산이 넉넉하지 않은 상태에서 독채만을 고집하다 보면 큰 낭패를 겪을 수 있지요. 그럴 바엔 차라리 집주인이 같이 사는 번듯한 집에서 방하나만 빌려 쓰는 편이 여러모로 안전합니다. 어차피 하루 밤만 묵는다면 체크인 아웃 시간 외에는 집주인과 마주칠 일도 거의 없고, 필요할 경우 집주인에게 주변 식당이나 여행지 정보를 물어보기도 용이하지요.

반면, 한 곳에 오래 머무르는 여행을 할 때는 숙소의 위치나 룸 컨디션이 매우 중요합니다. 우리가 여행을 하면서 한 곳에 오래 머무르고 싶은 마음이 들 때는 일상에서 벗어나 조용한 휴식의 시간이 필요하거나, 자신을 성찰하고 싶은 마음이 들 때, 혹은 책을 쓰거나, 중요한 의사결정이 필요한 시기인 경우가 많지요. 만일 여행이 이런 목적을 위한 것이라면 무엇보다 숙소의 위치가 인적이 뜸한 외진 곳에 있는 게 중요합니다. 단, 외진 곳이라 할지라도 가족 단위 관광객으로 붐비는 시끌벅적한 유명 리조트는 피해야겠지요.

시설 내부에 사우나, 식당, 산책 코스 등이 있어서 기본적인 필요를 한 번에 해결할 수 있는 환경을 갖춘 숙소도 혼자 여행할 때 좋습니다. 굳이 혼자서 밥 먹으러 차를 타고 멀리 나가는 건 시간 낭비가 될 수 있으니까요. 그렇기 때문에 이런 숙소에 머물 때는 하루 밤만 묶는 것보다는 최소 2, 3일정도 연박을 하는 것이 좋습니다. 그래야 낮시간동안 하고 싶은 일도 하고, 여유롭게 휴식을 하면서 보낼 수 있기 때문이지요.

그런데 이런 조건들을 모두 갖춘 숙소들은 대부분 숙박비가 비싸지요. 게다가 며칠씩 연박을 하게 되면 숙박비에 대한 부담이 커지게 됩니다. 그래서 저는 여행 스케줄을 짤 때 일정 중 이곳 저곳을 옮겨 다닐 때 묶는 숙소는 최대한 싼 곳으로 정하고, 대신 거기서 아낀 돈을 한 곳에 오래 머물 때 묵을, 좋은 숙소에 몰아서 투자합니다. 예를 들어 여행이 5박 6일 일정이고 숙박 예산이 50만원이라면 여기 저기 다닐 때 묶는 숙소에는 하루에 3만원씩 계산해서 9만원을 할당하고, 대신 나머지 41만원을 2박을 머물 숙소에 몰아서 쓰는 것이지요.

요즘엔 비즈니스와 레저를 동시에 경험한다는 의미인 '브레저(Bleigure)'

란 말이 대중적으로도 많이 확산이 되었지요. '브레저'는 출장 중 일과가 끝난 후의 시간이나, 출장기간의 앞 뒤 일정을 할애해서 개인의 레저를 위한 시간으로 사용하는 것을 말합니다. 저는 직접 회사를 운영할 때에도 직원들과 해외로 출장을 가게 되면, 원하는 직원들에 한해서 공식적인 출장 일정 후에 개인 휴가를 붙여 써서 출장지에서 며칠 더 머물다 오라곤 했습니다. 특히 인도나 프랑스같이 힌번 오고 가는데 교통비가 많이 드는 지역으로 출장을 갈 때는 더욱 '브레저'가 의미 있지요.

저는 직장생활을 할 때도 혼자서 외국으로 출장을 갔던 경우가 많았는데, 저 역시 가능하면 최대한 '브레저'를 추구했습니다. 출장을 가게 되면 숙박비, 식비, 교통비 용도로 일정 금액의 체류비가 회사에서 지급되는데, 저는 공식 일정 중에는 최대한 그 비용을 아껴서 사용했습니다. 출장 중에는 숙소를 도심 안에 잡아야 하고, 도심에 위치한 호텔의 수준이란 것이 아주 큰 비용을 들이지 않는 이상 거기서 거기이기 때문에 최대한 싼 곳을 골라 숙소를 예약했지요. 대신 출장 일정이 끝나고 개인 연차를 사용해서 그 나라에서 며칠 더 머물며 개인적인 여행을 할 때는 출장기간동안 아낀 비용, 그리고 거기에 제 개인 비용까지 더해서 아주 호화로운 숙소에서 최고급 식사를 즐기곤 했습니다. 여러분들도 여행기간 동안 동일한 수준의 숙소에서 계속 머물기 보단, 일정을 둘로 구분해서 아주 싼 곳과 아주 비싼 곳으로 나누어 숙박을 해보시는 것도 나름 의미 있는 경험이 되지 않을까 생각해 봅니다.

Lonely Planet 과 Google Earth를 이용한 가상 여행

이번엔 저만의 독특한 여행 방식을 말씀드리려고 합니다. 사실 저는 코로나 시절 이전부터 틈틈이 이런 방법으로 여행을 즐기곤 했는데, 해외여행이 힘들어진 요즘 들어 더 의미가 있어진 여행 방식이 아닐까 싶습니다.

저는 해외 여행이나 해외 출장 스케줄이 잡히면 Lonely Planet이란 여행 가이드 북을 사서, 방문할 장소에 대한 여행정보들을 미리 공부합니다. 책방에 가면 정말 여러 종류의 여행 가이드북이 있지만, 내용면에서 이 책이 가장 도움이 되었다고 생각합니다. 가이드 북은 편집자가 추천하는 내용 부분이 상당히 중요한데, 추천되는 결과물은 누가 추천을 했느냐에 따라 그 수준이 천차만별로 달라지지요. 그런 면에서 론리 플래닛에서 추천하는 내용들의 수준은 다른 가이드 북의 것들보다 훨씬 더 높았던 것 같습니다. 물론 해당 지역의 관광명소, 유적지, 식당, 숙소에 대한 추천도 좋았지만, 무엇보다 책 앞부분에 수록되어 있는 여행자의 상황을 고려한, 맞춤 식 여행 일정을 제안해 주는 부분이 큰 도움이 되었습니다. 여행일정과 목적에 따라 최적화된 관광지나 볼거리들에 대한 정보는 물론, 어디서 시작해서 어떤 코스로 여행을 진행하면 좋을지에 대해서도 자세한 정보를 제공해 주지요.

 Lonely Planet에 있는 이런 여행 정보들과 함께 여러분들이 잘 아시는 GOOGLE에서 무료로 제공하는 GOOGLE EARTH 프로그램을 동시에 사용하면 놀라운 사이버 여행을 경험할 수 있게 됩니다. 책에서 추천하는 여행지대로 그 주소들을 GOOGLE EARTH에 입력하고 STREET VIEW 모드를 작동하면 모니터에 내가 마치 그 장소를 걷고 있는 듯한 화면이 뜹니다. 화면 속에서 이곳 저곳을 이동하다 보면 더 자세한 내용을 알고 싶은 장소와 마주치기도 하지요. 그럴 땐 GOOGLE EARTH에서 그 장소를 클릭하면 그 곳과 연관된 더 많은 정보들을 다양한 사진들과 함께 볼 수 있게 됩니다. 마치 실제 우리가 그 지역을 여행하는 듯한, 어쩌면 그보다 더 디테일한 정보들을 경험해 가며 버추얼 여행을 할 수 있는 것이지요.

 과거 해외 여행을 갔을 때 방문했던 도시들을 GOOGLE EARTH로 다시 찾아 가보면 마치 내가 지금 그 곳에 있는 듯한 느낌이 들고, 그 때의 추억들이 새록새록 되살아나는 기분이 듭니다. 그 당시 시간이 모자라 미처 가보지 못했던 곳들까지 여유 있게 둘러볼 수도 있지요. 생전 처음 가보는 장소, 어쩌면 살아 생전에 한 번도 갈 기회가 없을 것만 같은 오지를 탐험하는 것도 이곳에선 가능합니다. 물론 책의 도움없이 GOOGLE EARTH만 사용해서 이 곳 저 곳을 여행하는 것도 충분히 의미 있는 경험이지만, Lonely Planet같은 양질의 책이 제공하는 추천 여행 일정을 따라 구글 어스를 탐험해 보면 훨씬 더 체계적이고 실제감을 느낄 수 있는 여행 경험을 맛보게 될 것입니다.

여행 도중 미술관이나 박물관이 나오면 그 때는 구글 어스가 아닌 일반 구글 사이트를 통해 해당 미술관이나 박물관의 홈페이지에 들어가 보면 됩니다. 요즘 미술관 사이트들은 온라인 상에서 작품과 관련된 세부 정보나 작가 관련 정보들은 물론, 주요 작품들의 고화질 이미지도 함께 감상할 수 있는 서비스를 제공하고 있기 때문에, 실제 미술관에 가서 보는 것보다 오히려 더 많은 양의 정보를 얻을 수 있기도 하지요. 이처럼 종이 책과 인터넷에서 제공하는 여러 가지 서비스들을 잘 융합하면 집에서도 기대 이상의 멋진 여행 경험을 할 수 있습니다.

03

'몸'과 놀기

 우리가 즐겁다고 느끼는 감정의 실체는 뇌 속 신경 세포 시냅스 사이에서 즐겁다는 감정을 유발하는 신경 전달 물질이 분비되어 일으키는 화학작용에 불과한 것입니다. 이 신경 전달 물질이 바로 세로토닌, 도파민, 옥시토신, 엔도르핀과 같은 행복 호르몬들이지요.

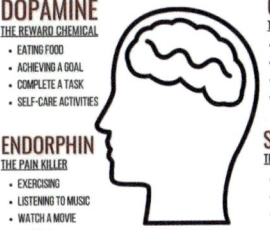

 세로토닌은 기분을 유쾌하게 만들어 주고, 도파민은 의욕과 자신감, 옥시토신은 안정감과 신뢰감을 넘치게 해주고, 엔도르핀은 일시적으로 고통을 느끼지 않게 해줍니다. 이처럼 우리를 행복하고 즐겁다고 느끼게 만들어주는 호르몬은 음식이나 햇빛처럼 외부 환경으로부터 공급받

기도 하지만, 우리가 어떤 생각을 하고 몸을 어떻게 사용하는지에 따라서 그 분비량이 달라집니다.

한의학에서는 인간의 신체 장기와 감정 사이에 상당히 밀접한 관계가 있다고 하지요. 간이 안 좋으면 짜증과 분노가 생기고, 폐가 안 좋으면 우울해지고, 신장이 안 좋으면 불안감과 두려움을, 심장이 안 좋으면 외로움을 쉽게 느낀다고 합니다. 바꿔 생각하면, 평소에 자주 화를 내면 간이 상하고, 걱정을 많이 하면 폐가 상하고, 자주 놀라면 신장이 상하고, 외롭게 혼자 오래 지내면 심장을 상하게 한다는 것이지요. 머릿속에 신 레몬을 떠올리면 입에 침이 고이는 것을 보면 알 수 있듯이, 우리의 마음 상태와 몸은 서로 밀접하게 연결되어 있습니다. 그래서 즐거운 마음의 상태를 얻고, 그 느낌을 오래 유지하기 위해선 무엇보다 몸에 관심을 기울여야 합니다.

몸에 관심을 기울이다 보면 어떤 특별한 행동을 통한 간단한 몸의 체험만으로도 행복 호르몬의 분비가 자극되어 즐겁고 쾌적한 감정에 빠지게 되는 경험을 할 수 있게 됩니다. 그래서 저는 몸을 사용해서 행복함을 느끼는 행위 역시, 일종의 '놀거리'라고 여기는 것입니다. 하루 일과 중 시간을 내서, 특히 혼자 있을 때 여러 가지 테크닉을 활용해서 내 몸을 이렇게 저렇게 가지고 놀아 보는 것이지요.

호흡이 놀거리가 될 수 있는 이유

저는 틈틈이 호흡을 하면서 놉니다.

호흡이 왜 놀거리가 될 수 있는지 설명하기에 앞서, 제가 생각하는 가장 완전에 가까운 호흡인 단전 호흡에 대해 먼저 말씀드리는 게 순서인 것 같습니다. 이 이야기는 다소 조심스러울 수밖에 없는 것이, 실제로 많은 단체에서 단전 호흡을 각자 견해에 따라 다르게 가르치고 있어서 혹시 저와 다른 의견을 가진 분들이 제가 드리는 설명에 대해 반감을 가질 수 있기 때문이지요. 그래서 이 자리에선 최대한 조심스럽게 제가 직접 경험한 내용만을 가지고, 제가 이해하는 범위 내에서만 단전 호흡에 대해 설명을 드리고자 합니다.

제가 단전 호흡을 처음 접한 지도 벌써 30여년이 지났습니다. 그 동안 제가 경험한 단전 호흡 관련 단체만 해도 열 곳은 족히 넘는 것 같습니다. 대부분 영성 단체인 경우가 많았지요. 이들이 이야기하는 단전 호흡은 '하단전에서 기가 충만해지고, 그 결과로 심장의 화기가 임맥을 타고 내려가고, 신장의 수기가 독맥을 타고 올라가는 수승화강의 조화가 나타나, 12경맥, 기경8맥에 '기'를 통하게 하여 하단전, 중단전, 상단전을 완성하고 결국은 '신인합일'을 이룬다…'는 식의 일반인들은 도무지 이해하기 어려운 호흡법입니다.

그런데 재미있는 것은 이 이야기의 옳고 그름을 떠나, 단전 호흡을 통해 이런 신인합일의 경지에 다다른 분을 저는 그 많은 단체를 경험하는 동안 단 한 사람도 직접 만나 본적이 없다는 것입니다. 그런 인물들은 모두 이야기 속에 존재했거나 이미 은퇴한 분들뿐이었습니다. 호흡을 통한 이런 몸의 변화가 이론적으로는 가능하다 쳐도, 실제로 그런 몸의 변화를 누구나 쉽게 경험할 수 없다면 그것을 위해 노력하는 게 도대체 무슨 의미가 있을까요?

어떤 시험을 준비하더라도 지난 몇 년간 최종 합격률을 알아야 시험에 도전해 볼 가치가 있는지 없는지를 판단할 수 있듯이, 단전 호흡을 수련할 때 역시 통계적으로 일반인이 그런 체험을 경험할 가능성이 몇 퍼센트가 되는지 정도는 알아야 하는 게 당연하지 않을까요? 하지만 모두가 열심히 수련하다 보면 그런 경험을 체험할 수 있다는 말만 반복할 뿐, 이런 이야기는 꺼내지 않습니다.

그래서 저는 이런 손에 잡히지도 않는 단전 호흡이 아닌, 보다 과학적이고 의학적인 방식으로 단전 호흡을 해석하고 수련하는 단체들을 찾아 이곳 저곳 경험을 하기 시작했습니다. 그리고 십여 년간 많은 시행착오 끝에 결국 단전은 없다는 나름의 결론에 이르게 되었습니다. 단전은 굳이 이야기하자면 배꼽 아래 부분에 단단히 뭉쳐 있는 신경다발 덩어리이며, 이렇게 신경이 뭉쳐 있으면 복근의 움직임을 둔하게 만들고 횡격막의 활발한 움직임을 방해해서 그 결과 편안하고 긴 호흡을 할 수 없게 되는 것이지요.

 우리가 호흡을 할 때, 편안하고 이완된 상태에서 길게 호흡을 해야 몸이 원하는 산소를 스트레스 없이 편하게 들이 마실 수 있습니다. 몸이 굳은 상태에서 짧은 호흡을 자주 하게 되면 호흡과정에서 발생하는 활성화산소의 양이 많아지고, 활성화산소는 잘 아시다시피 혈관의 염증을 유발하게 됩니다. 염증은 각종 장기가 제 기능을 발휘하지 못하게 만들고, 몸의 면역력을 떨어트려 결국 모든 병의 원인이 되지요. 그래서 단전 호흡이란 호흡을 할 때 목이나 가슴 근육만 쓰는 것이 아니라, 단전 부위의 근육까지 부드럽게 움직이면서, 횡격막을 더 많이 잡아당길 수 있게 만들고, 그 결과 폐의 여유 공간이 확보되어 한번 호흡에 더 많은 양의 산소를 들이마시게 되는 것을 이야기하는 것입니다. 결국 단전 호흡은 몸을 이완시켜 호흡을 편안하고 길게 만들기 위한 일종의 신체적 이완 훈련을 뜻하는 것이지요.

 호흡이 길어진다는 뜻은 평소 1분에 30회 이상 들숨 날숨을 하는 것이 10~20회 이하로 줄어든다는 것입니다. 갓 태어난 아이들은 무의식적으로 단전 호흡을 한다고 하지요. 그러다 나이가 들면 중력과 스트레스로 몸이 점점 굳기 시작하면서 복식호흡, 가슴호흡 그리고 마지막으론 목으로만 호흡을 하게 되고, 그것마저 끝나면 사람은 죽게 됩니다. 목숨이 끊어진다는 말이 여기서 나온 것이지요. 그래서 단전 근육을 사용해서 호흡을 하면 숨이 길어져 마치 갓 태어난 아이가 숨을 쉬는 것처럼 온 몸이 편안해지는 경험을 하게 됩니다.

몸이 편안해진다는 것은 근육이 이완된다는 것을 뜻합니다. 그래서 단전 호흡을 제대로 하면 배에서 꼬르륵 소리가 나지요. 뭉쳐있었던 장 근육이 이완돼서 장 운동이 활발해지는 것입니다. 앞서 사람의 장기는 감정과 밀접한 관계가 있다고 말씀드렸지요. 그래서 단전 호흡을 하면 장뿐 아니라 다른 장기들의 근육도 이완되고, 그 결과 장기의 기능이 활발해져서 불안, 분노, 두려움, 외로움, 우울한 마음, 짜증나는 마음이 사라지는 아주 기분 좋은 상태를 경험할 수 있게 되는 것입니다. 이것이 바로 단전 호흡의 효과이자 목적인 것입니다. 아주 긴 시간을 투자하지 않더라도 단 몇 분의 호흡만으로도 누구나 이런 종류의 경험을 하실 수 있습니다. 이런 이유로 저는 호흡을 일종의 혼자서 하는 '놀이'라고 표현한 것이지요.

많은 사람들은 아직도 단전 호흡을 어떤 대단한 영적인 체험을 위한, 혹은 '신인합일'이라는 거창한 수준의 인생의 최종 목적을 달성하기 위한 수련으로 여기고 죽을 힘을 다해 여기에 매달립니다. 당연히 기대한 만큼의 결과를 얻기는 어렵고, 안 되는 걸 억지로 되게 하려다 보니 그 과정이 고통일 수밖에 없는 것이지요.

제가 여러분께 추천 드리는 단전 호흡 방식은 다음과 같습니다. 먼저 베개를 배고 몸을 옆으로 뉘입니다. 그리고 숨을 쉴 때 가슴을 크게 부풀려 코로 숨을 깊게 들이 쉬고 천천히 내뱉습니다. 숨을 들이 쉴 때는 머릿속으로 하나, 둘, 셋을 아주 천천히 세고, 내 뱉을 때도 똑같이 머릿속으로 셋까지 천천히 셉니다. 처음부터 호흡을 너무 길게 하려고 하면 오히려 몸에 힘이 들어가기 때문에, 처음에는 3초씩 들숨 날숨을 하다가 그 과정이 익숙해지면 조금씩 그 시간을 늘리면 됩니다. 이렇게 가슴 호흡이 자유로워지면 그 다음 단계로, 들이쉴 때 가슴 대신 배를 동그랗게 내밀고, 숨을 내 뱉을 때 배를 짚어넣는 복식 호흡을 해봅니다. 복식 호흡을 한다고 배만 움직이는 게 아니라 배가 먼저 움직이고 자연스럽게 가슴이 뒤따라서 부풀어 오르게 합니다. 들숨 날숨의 시간은 마찬가지로 3초부터 시작하는데, 아마 복식 호흡을 하게 되면 신기하게도 그 시간이 자연스럽게 늘어나는 경험을 하실 수 있게 될 겁니다. 그건 복근이 이완되면서 횡격막이 큰 힘을 들이지 않더라도 더 편하게 아래까지 많이 내려가게 되어서 그런 것이지요. 그 다음 단계로는 배꼽 아래 부분의 근육을 부풀려서

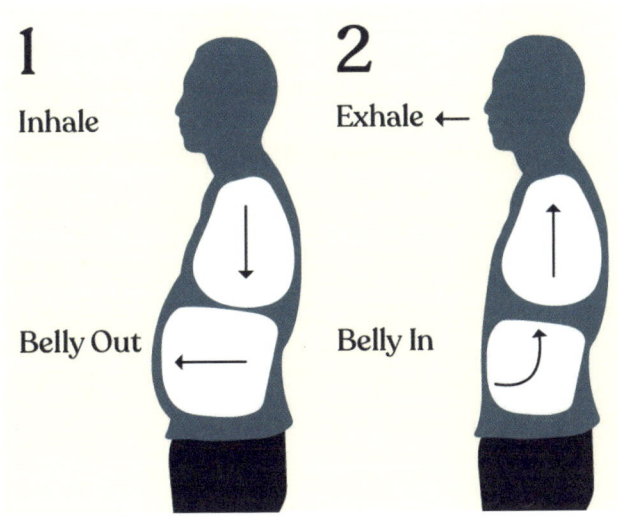

들숨을 들이쉬고, 근육을 수축시키며 날숨을 내쉬는 단전 호흡을 시도해 봅니다. 처음에는 단전 부분 근육과 복근이 같이 움직이게 되지만, 점차 이것이 익숙해지면 단전 근육만 먼저 부풀리고, 그 다음 순서로 복근, 그 다음 가슴 순으로 움직일 수 있게 됩니다. 참고로 이 때 머릿속 상상으로, 숨을 들이 쉴 때 항문을 통해 공기가 들어오는 장면을 떠올리면 단전 호흡이 더 쉽게 되는 경험을 하실 수 있을 겁니다.

저는 솔직히 '신인합일'이라는 게 말은 그럴 듯하지만 '신인합일'을 한다고 해서 그걸 도대체 어디에 쓰는 것인지도 잘 모르겠습니다. '신인합일'을 왜 해야 하냐고 물어보면, 늘 듣는 대답이 고통 없이 무병장수하기 위해서라는 것입니다. 누구에겐 고통 없는 무병장수가 인생의 목적이 될 수는 있겠지만, 인생을 버추얼 게임으로 생각하는 저는 무병장수를 위한 '신인합일'에는 별로 흥미가 없습니다. 인생이란 게임을 함에 있어서 스트레스와 고통이 있어야 그것을 극복하는 재미가 있기 때문이지요. 나이가 들면 병들고 죽음을 맞이하는 것이 무병장수보다 더 자연스러운 삶의 과정이 아닐까요? 사랑하는 내 주변 사람들은 하나 같이 나이 들어 주름살이 생기고 병들어 죽는데, 나만 혼자 팽팽하게 살아남아 길고 긴 노년을 외롭게 보내는 것이 과연 행복일까요? 그게 과연 인생의 목적이 될 수 있을 만큼 가치가 있는 것일까요? 이것은 마치 스트레스를 받기 싫어서 내가 좋아하는 팀의 스포츠 경기를 라이브로 보지 않고 나중에 결과만 알려 달라고 하는 사람의 경우와 다를 바가 없지 않나 생각해 봅니다.

한번 빠지면 헤어 나올 수 없는 재미, 명상

 최근 많은 분들이 명상에 대해 관심을 가지고 있습니다만, 명상이 도대체 무엇인지, 명상은 어떻게 하는 것인지를 속 시원하게 말해주는 곳을 찾기란 어렵습니다. 우리가 접할 수 있는 명상이란 요가센터에서 흔히 가르치는 약식 명상이나, 검증이 안 된 단체에서 가르치는 신비주의적 명상 외엔 없지요.

 요가원에서 가르치는 명상은 몇 분 정도 바닥에 누워서 몸에 힘을 빼고 있는 것 그 이상 이하도 아닙니다. 명상을 가르치는 요가원 원장들 역시 명상에 대해서 본인도 잘 모르는 경우가 많지요. 그나마 명상을 강조하는 요가원에 가보면 대부분 가부좌를 틀고 명상을 하는데, 어떤 원리로 명상을 하는지를 잘 몰라 자세만 힘들게 잡다 결국 포기하는 분들을 자주 보게 됩니다.

반면, 신비주의적 명상은 말 그대로 초자연적인 체험을 목적으로 하는 명상입니다. 실제로 명상을 통해 그런 신비로운 체험을 경험하기도 하지요. 하지만 문제는 그런 초자연적인 체험은 노력한다고 해서 누구나 무조건 얻게 되는 경험이 아니라는 점에 있습니다. 그래서 초자연적인 체험을 목적으로 명상을 하는 사람들은 대부분 나는 왜 안될까 고민만 하다가 결국 좌절해서 명상을 아예 포기하게 됩니다.

빛을 체험하고, 환상을 보고, 전생이나 미래의 모습이 보이는 등의 초자연적인 체험들은 명상의 목적이 아니라 명상 중에 경험할 수도 있고, 또 굳이 경험하지 않아도 되는 일종의 명상이 주는 보너스에 불과합니다. 사람의 타고난 성향이나 신체적 컨디션에 의해 누구는 경험할 수 있고 누구는 경험할 수 없는, 어떻게 보면 선천적으로 이미 정해진 것일 수도 있는 것이기 때문에 무조건 나는 그런 체험을 해봐야겠다고 노력하는 것 자체가 무의미한 일인 것이지요.

제가 처음 명상을 시작한지도 어언 30년이 됩니다. 그리고 운이 좋았는지 명상 중에 제가 빛 그 자체로 변하거나 우주 한 가운데 있는 신비로운 체험을 하기도 했습니다. 그 느낌은 저의 체감상 몇 분 정도의 짧은 경험이었지만 정신을 차리고 눈을 떠보니, 30분 넘는 시간이 흘렀다는 것을 알게 되었지요. 그 느낌이 너무 황홀해서 만일 이게 죽은 후의 나의 상태라면 지금 바로 죽어도 여한이 없겠다 라는 생각이 들 정도였습니다. 그리고 이런 강렬한 체험을 경험한 후 현실세계를 바라보니 불현듯 세상이 너무 부질없어 보였습니다. 뭐 굳이 여기서 이렇게까지 스트레스 받으며 바둥거릴 필요가 있을까 란 생각이 드는 것이었지요. 운전을 할 때 옆 차가 매너 없이 깜빡이도 안 켜고 급하게 끼어들어도 전혀 화가 나질 않았습니다.

하지만 체험의 약발은 그리 오래가시 않았습니다. 체험 후 며칠 동안은 세상을 초연하게 바라보며 여유 있고 행복한 마음을 가지고 살았는데, 그 시기가 지나자 점점 처음에 가졌던 마음이 옅어지더니, 한 달 정도 후엔 완전히 예전의 모습으로 돌아갔습니다. 마음은 초초해지기 시작했고, 다시 명상을 통해 그날의 경험을 되살려 보려고 부단히 노력했지만 그런 강렬한 체험은 이후 두 번 다시 경험할 수 없었습니다. 그래서 다른 종류의 명상 테크닉들을 찾아 여러 명상 센터들에 다니기도 해보고, 명상과 관련된 여러 책들을 찾아 읽기도 하고, 흔히 도사라고 불리는 명상 경험이 많은 분들을 만나 조언을 구해보기도 했지요. 하지만 역시 그런 신비한 체험은 다시 경험할 수 없었습니다. 대신 저는 이런 과정들을 통해 자연스럽게 명상의 실체에 대해 점점 접근할 수 있게 되었지요. 그것은 바로 명상의 실체가 '이완'에 있다는 것이었습니다.

이완에는 두 가지 종류가 있습니다. 하나는 온 몸의 힘을 전부 빼는 신체적인 이완이고, 또 하나는 아무 생각도 하지 않는 정신적인 이완입니다.

몸의 힘을 빼는 것도 그냥 되는 것이 아니라 노력을 필요로 합니다. 우리가 바닥에 누워서 나는 힘을 빼고 있다고 생각해도 여전히 어깨엔 힘이 들어가 있고, 손목에도 힘이 들어가 있고, 미간에도, 눈꺼풀에도, 입술에도 힘이 남아 있습니다. 그래서 몸의 구석 구석까지 신경을 써가며 그곳에 들어가 있는 힘을 마지막 하나까지 남김 없이 빼려는 노력을 해야 합니다. 여기서 더 나아가 숨을 들이쉬고 내뱉는 과정에도 힘을 빼야 합니다. 앞서 설명 드린 호흡수련을 어느 수준 이상으로 하신 분들은 본인이 숨을 쉬는지 안 쉬는지도 모르는 사이에 호흡이 저절로 들어오고 나가는 것을 경험하게 되는데, 이 정도가 되어야 힘이 완전히 빠진 채로 호흡을 하게 되는 것입니다. 초보자가 이 단계까지 오기 위해선 오랜 시간의 수련이 필요하지만, 아주 낮은 수준의 힘 빼기는 누구나 할 수 있기 때문에 어느 정도 수준까지는 어렵지 않게 이완이 주는 몸의 변화를 체험할 수 있습니다.

반면, 정신의 힘을 뺀다는 것은 아무 생각도 하지 않는 것입니다. 생각은 내가 머물고 있는 시간과 장소를 인지하는 것에서부터 시작됩니다. 거기서부터 모든 잡념이 가지를 치는 것이지요. 그래서 머릿속의 생각들을 없애기 위해 가장 효과적인 방법은 내가 지금 어디에 있는지, 지금이 언제인지를 '모른다'고 스스로에게 말하는 것입니다.

인간의 뇌는 자신이 말하고 생각하는 대로 믿으려 하는 경향이 있습니다. 그래서 머릿속에 뭔가 생각이 피어 나려고 하면 내 나이도 모른다, 내 이름도 모른다, 내 직업도 모른다, 여기가 어딘지도 모른다, 오늘이 몇 일인지, 지금이 몇 시인지도 모른다, 난 아무것도 모른다 라고 끝없이 되뇌는 것입니다. 이것이 바로 숭산 스님의 법문에 등장하는 '오직 모를 뿐' 수행입니다. 이렇게 '모른다'를 반복하다 보면 뇌는 정말 내가 누구인지, 내가 어떤 시간과 공간 위에 있는지를 잊는 듯한 착각을 하게 됩니다. 그래서 일시적으로 정말 아무것도 모르고 있는 상태가 되고, 그게 바로 아무 생각이 없는 상태, 즉 정신이 이완되어 있는 상태입니다.

이렇게 몸과 정신이 완전히 이완되어 있는 상태를 비로소 명상에 빠져 있는 상태라고 합니다. 이런 상태에서 일어나는 몸의 변화는 여러 과학자들을 통해 상당 수준 이상 연구가 진행되고 있지요. 이완 상태에선 호흡 신경이 열려 산소가 몸 속 깊이 들어오고, 구석 구석 혈액 순환이 잘 되어 장기의 기능이 활성화되고, 체온이 오르고, 몸의 면역 기능이 높아집니다. 2009년 노벨 생리의학상은 염색체 끝에 달린 텔로미어와 장수의 연관성을 밝혀낸 연구자들에게 돌아갔지요. 이후 캘리포니아 대학 연구팀은 실험을 통해 이완 명상을 한 사람들이 그렇지 않은 사람들에 비해 텔로미어의 길이가 짧아지는 것을 방지해 주는 텔로머라제 효소가 30% 증가했다는 결과를 발표하기도 했습니다.

이처럼 명상을 통해 몸이 건강해지는 장기적인 효과 말고도, 이완을 통해 즉각적으로 경험할 수 있는 것이 있습니다. 그것은 바로 몸이 이완 상태에 들어가게 되면, 자율신경계를 관할하는 부교감 신경이 활성화되어 체내의 호르몬 분비량이 급격히 늘어나게 되는 것입니다. 앞서 도파민,

세로토닌, 엔도르핀, 옥시토신과 같은 행복감을 느끼게 해주는 호르몬의 효과에 대해 설명 드렸지요. 마약을 하게 되었을 때 황홀감에 빠지는 원리도 마약을 하면 몸에서 이런 호르몬 분비량이 급격하게 늘어나기 때문입니다. 그래서 마약을 한 사람이 느끼는 초현실적인 경험과 명상을 통해 삼매를 체험하는 초현실적인 느낌이 일치하는 경우를 종종 보게 되는 것입니다.

 그런데 마약의 문제점은 신체의 호르몬 분비 메커니즘이 약에 의존하도록 변해버려 결국 약의 도움 없이는 호르몬이 자율적으로 분비되지 못하는 상태에 이르게 된다는 점에 있지요. 하지만 명상에 의한 이완상태에서 분비되는 호르몬은 언제든지 스스로 통제가 가능하다는 점에서 중독성이 없다는 장점을 가지고 있습니다. 중독이 아니기 때문에 당연히 부작용도 없지요.

 컴퓨터가 버벅거릴 때 잠시 전원 버튼을 껐다가 켜면 문제가 해결되는 것처럼 이완 상태에 빠지는 것은 마치 우리 몸과 정신이 리셋되는 것과 같은 효과를 냅니다. 그래서 명상 후엔 정신이 맑아지는 경험을 하게 되지요. 이완 상태에서 경험하게 되는 느낌은 비단 맑은 느낌, 편안함, 안락함, 따뜻한 황홀감 뿐이 아닙니다. 깊은 이완 상태에 빠지면 자신감이 생기고, 삶에 대한 의욕이 넘쳐나고, 사랑받는 느낌과 동시에, 모든 것을 사랑하고 싶은 감정이 샘솟습니다. 그래서 명상을 하고 있을 때뿐 만 아니라 명상이 끝난 후 일상으로 돌아온 뒤에도 명상의 효과는 지속됩니다.

그렇기 때문에 명상은 한번 그 맛을 보면 헤어나올 수 없는 좋은 놀거리가 될 수 있는 것이지요.

 재미있는 것은 몸이 제대로 극단적인 이완 상태에 빠지면 사람에 따라 빛을 경험하는 것과 같은 초자연적인 경험을 할 수도 있다는 점입니다. 이런 체험은 명상뿐 아니라, 교동사고같이 육신이 큰 충격을 받았을 때나, 잠이 들기 바로 직전, 정신과 몸이 일시적으로 완전한 이완상태에 빠지는 순간에도 경험할 수 있습니다. 하지만 이것은 사람에 따라 경험을 할 수도 있고 못 할 수도 있습니다. 그리고 이런 경험을 해 본들 대단한 삶의 변화가 생기는 것도 아니기 때문에 명상을 하면서 이런 경험에만 매달리는 것은 오히려 건강한 명상 습관을 해칠 수 있습니다.

 생각을 멈추고 몸을 이완하는 것이 어느 정도 익숙해지면 굳이 가부좌를 틀고 명상을 하지 않더라도 언제든지 내가 원하는 때와 장소에서 이완의 상태로 들어갈 수 있게 됩니다. 지하철 안에서도 할 수 있고, 사무실 의자에 앉아서도 할 수 있지요. 고수들은 대화를 나누는 중에도 본인이 원하면 명상 상태에 빠진다고 합니다. 저는 주로 자기 직전이나 잠에서 깨어난 직후 정신이 혼란스러운 기분이 들 때 명상을 합니다.

 중요한 것은 명상 도중 잠이 들면 안 된다는 점입니다. 그래서 등장한 명상 방법이 깜박거리지 않아도 될 정도로 눈을 가늘게 뜨고 있는 것입니다. 흔히 반개를 한다고도 하지요. 부처님 조각상이나 불화들을 보면 부처님이 눈을 반쯤 뜨고 있는 이유가 바로 이것이지요. 또한, 들숨과 날숨을 하는 동안 숫자를 세는 것도 잠을 쫓는데 도움이 되고, 잡생각이 머릿속에 떠오르는 것을 막아주는 효과를 내기도 합니다.

 사실 명상을 통해 경험할 수 있는 체험은 이완적인 접근 외에도 '파동'이나 '기'의 관점으로 설명되기도 합니다. 하지만 이 이야기는 내용이 너무 장황하고, 무엇보다 아직 과학적으로 증명할 수 없는 부분이 많기 때문에 명상에 대한 설명은 이 정도까지만 하겠습니다. 항상 이야기가 초자연적인 부분으로 넘어가면 신비한 체험을 미끼로 금전적인 이득을 취하고자 하는 소위 사이비 단체들이 등장하기 마련이니까요.

물의 파동이 주는 상쾌함, 목욕 그리고 낮술

앞서 다룬 두 주제가 다소 난해한 것들이었다면 이번엔 좀 가볍고 일상적인, 하지만 그것이 주는 재미의 효과는 결코 가볍지 않은 놀거리, 목욕에 대해서 말씀드리고자 합니다.

 어떤 사람에게는 목욕이 하루 일과 중 기다려지는 즐거운 일일 수 있지만, 어떤 사람에겐 할 수 없이 억지로 해야 하는 일이기도 하지요. 이런 차이는 사람마다 가지고 있는 각자 다른 성향에서 비롯될 수도 있지만 그보다는 어릴 적 목욕에 대한 경험의 차이에서 비롯되는 경우가 많습니다. 어릴 적 엄한 부모님 아래에서 목욕을 하루도 빼먹으면 안 되는 의무적인 일로서 경험한 사람들에겐 목욕이 귀찮은 일로 여겨지지만 반대로 부모님과 부드럽고 친밀한 분위기 속에서 행복한 목욕을 경험한 사람들은 목욕을 즐거운 일로 여기게 되지요. 그렇기 때문에 혹시 목욕을 즐거운 놀거리로 여기지 못하는 분들은 스스로 가지고 있는 목욕에 대한 선입견에서 벗어나 목욕하는 행위 자체가 주는 즐거움 자체에 대해 탐구해 볼 필요가 있습니다.

 재미있는 사실은 저녁 시간에 목욕을 하면 그것이 단순히 자기 전에 몸을 씻고 개운하게 잠자리에 들기 위한 일상생활의 일부가 되지만, 대낮에, 특히 일과 시간 중간에 목욕을 하게 되면 목욕이 놀거리가 된다는 점입니다.

 저는 낮에 사우나를 다니면 성공한다는 말을 어디선가 들은 적이 있는데 그 말이 무슨 뜻인지를 나이가 어느 정도 들고나서야 알게 되었습니다. 우리는 아침에 일어나서 비몽사몽인 채로 출근을 하고, 낮 시간에 가까울수록 정신이 들다가, 오후가 되면서 점점 지쳐가고, 저녁이 가까워질수록 몸과 정신이 만신창이가 되어 집에 돌아오면 지친 채 쓰러져 잠이 듭니다. 특히 여자분들의 경우엔 오후 시간으로 갈수록 세팅한 머리도 무너지고 화장도 번지기 시작하면서 컨디션은 점점 가라 앉지요. 그런데 낮 시간, 일과 시간의 한 중간에 사우나에 가서 목욕을 하게 되면 하루의 나머지 시간을 다시 상쾌한 기분으로 활기차게 보낼 수 있게 됩니다. 마치 하루를 새로 시작하는 듯한 기분이 들지요. 간혹 저녁 시간에 술 약속이 있는 분들은 네 다섯 시쯤 사우나에 가서 최상의 컨디션으로 몸과 마음을 리프레시 한 후, 저녁에 있을 중요한 스케줄에 대비하기도 하지요.

제가 직장 생활을 했을 땐 주로 점심시간을 이용해서 회사 근처의 사우나에 다녀오곤 했습니다. 이후 제 일을 하게 되면서 시간이 좀 여유로워진 후부턴, 낮에 하는 목욕은 하루 일과 중 매우 소중한 놀거리로 자리잡게 되었지요.

저에게 목욕이란 단순히 몸을 씻는 행위를 넘어 마치 성스러운 종교 의식처럼 그 과정 하나 하나가 중요한 의미를 가집니다.

목욕은 목욕에 필요한 도구들을 정비하는 단계에서부터 시작됩니다. 샴푸, 바디소프, 면도기, 크림, 때수건, 두피 마사지기, 그리고 목욕 후에 사용하는 얼굴과 몸에 바르는 로션, 스킨, 에센스, 크림, 그리고 두피에 뿌리는 영양제, 헤어 젬, 면봉, 코털 가위, 족집게까지, 제가 지금까지 써 본 것들 중에 저와 가장 잘 맞는 것들을 골라 늘 최상의 라인업 상태를 유지합니다. 이 도구들은 마치 에베레스트를 오르는 전문 산악인이 등반에 필요한 장비들을 배낭 안에 정리하듯이, 세면가방 안 각자의 자리에 정위치되어 있지요.

탕에 들어서면 미지근한 물로 간단히 샤워를 하고 41도로 맞춰진 열탕 속에 들어가 어깨까지 몸을 푹 담그면, 저절로 신음 소리가 새어 나옵니다. 마치 순간적으로 정신이 다른 시공간의 세계로 잠시 이동했다 제자리로 돌아오는 그런 기분이지요. 이 느낌은 그네를 탈 때 몸이 가장 높은 공중으로 솟구치는 순간, 그 찰나에 느껴지는 기분과도 흡사합니다. 몸을 물 안에 깊숙이 담궈야 하는 이유는, 몸이 물의 압력을 크게야 혈액순환과 림프액의 흐름이 원활해지고, 노폐물이 배출되어 피로가 제대로 풀리기 때문입니다.

다음으로, 탕 가장자리에 머리를 기대어 좌우로 흔들면서 목 주변이나 림프관이 모여 있는 겨드랑이나 골반 주위를 손으로 마사지하기도 하고, 뭉쳤다고 느껴지는 근육을 풀어주기도 합니다. 이렇게 20분 정도를 탕 안에서 보낸 후, 탕 밖으로 나와 목욕탕 안에 비치되어 있는 플라스틱 침대에 수건을 깔고 누워 머릿속의 생각을 비우고 단전 호흡과 함께 명상을 약 10분 정도 합니다. 그러다 몸에 한기가 느껴질 즈음 다시 뜨거운 물로 샤워를 하면서 목욕을 마무리합니다. 이 때는 처음 샤워를 할 때처럼 서서 간단하게 하는 것이 아니라, 반드시 좌식 부스에서 의자에 앉아 여유 있고 꼼꼼하게 구석구석을 비누로 씻습니다.

 목욕에 있어서 숫자를 세는 것은 상당히 중요한 기능을 담당합니다. 정해진 숫자를 세는 행위는 조급한 마음을 차분히 가라 앉혀 주기도 하고, 늘 알맞은 수준의 클리닝 퍼포먼스를 유지할 수 있게 해주지요. 젖은 머리에 샴푸를 묻혀 손가락으로 초벌 마사지를 할 때는 100번, 머리를 간단히 물로 헹구고 다시 샴푸를 묻혀 두피 마사지기를 사용해 마사지를 할 때는 200번, 물로 헹굴 때는 다시 200번을 셉니다. 온탕 안에서 마사지를 하거나 주먹을 폈다 오므렸다 하는 운동을 할 때도 숫자를 각각 50번씩 셉니다. 목욕 후 젖은 머리카락의 물기를 타월로 털어낼 때는 100번, 로션을 바르며, 얼굴의 구석 구석을 손가락으로 자극하는 경락 마사지를 할 때는 100번을 셉니다. 목욕하는 동안 숫자를 세는 것은 각 과정의 퍼포먼스 퀄리티를 유지하는 효과는 물론, 숫자를 세는 동안엔 머릿속에 잡생각이 떠오르지 않아 일종의 명상의 효과가 있기도 하지요.

 탕 안에서 다른 사람들을 관찰하는 것도 목욕이 주는 쏠쏠한 재미 중 하나입니다. 홀딱 벗은 상태의 다른 사람들을 보면서 그 사람의 라이프스타일이나 직업을 상상해 보기도 하고, 저 사람의 와이프는 저 사람의 어떤 점에서 매력을 느껴서 결혼을 했을지 생각해보기도 하지요. 가끔 사람들의 문신을 몰래 감상하는 것도 흥미로운 일입니다.

남자들이 혼자 사우나에 가는 이유 중 하나가 그 곳이 혼밥을 하기에 가장 적당한 곳이기 때문이라고 하지요. 그래서 사우나를 고를 때 사우나 안에 있는 식당의 밥 맛은 상당히 중요한 부분을 차지합니다. 낮에 가는 사우나에서 혼자 먹는 식사는 자연스럽게 낮술로 이어지게 되지요. 이것이야말로 낮 시간에 누릴 수 있는 최고의 호사, 최고의 놀거리가 아닐까 싶습니다. 저는 비록 술은 잘 못하지만 늘 반주는 합니다. 낮 시간 사우나에서 마시는 혼술은 그 맛을 떠나 일종의 해방감과 일탈감을 주지요. 길거리에서 낮술을 하게 되면 이후 술기운이 남아 운전은 물론이고 오후 일정에도 영향을 주지만, 사우나에서의 혼술은 취기가 남아 있다 싶으면 도로 물에 들어가거나 잠시 휴게실에서 눈을 붙이면서 술에서 깰 수 있기 때문에 여러모로 술을 마시는 동안 마음이 편안합니다.

 모든 물질 중에서 파동 에너지를 가장 잘 전달시키는 매개체가 바로 물이라고 하지요. 우리 몸도 70프로가 물로 구성되어 있기 때문에, 사우나를 하면서 물이 몸에 직접 닿게 되면 자연스럽게 물이 가진 파동이 우리 몸에 좋은 영향을 주게 됩니다. 양자 물리학에서 모든 물질은 입자와 파동상태가 공존하는 형태로 존재한다고 하는데, 파동과 입자는 서로에게 영향을 준다고 하지요. 그래서 몸의 파동이 좋아지면 입자 형태인 몸 안의 화학 구조에도 좋은 영향을 끼치게 됩니다.

조인 골프의 재미

저는 친구들과 어울려 골프를 치는 것도 좋아하지만, 그에 못지않게 모르는 사람들 사이에서 혼자 플레이 하는 조인 라운딩도 즐겨 갑니다. 우리나라에선 어느 골프장이든 최소 3명, 대부분은 4명의 인원이 구성돼야 필드 예약이 가능하기 때문에 라운딩을 위해선 반드시 4명의 동반자를 구해야 합니다. 그런데 한번 골프를 치려면 라운딩 하는 시간, 밥 먹는 시간, 그리고 집에서 골프장까지 오고 가고 하는 시간까지 합치면 적어도 9시간 정도가 소요되기 때문에, 이렇게 긴 시간을 같은 날에 비울 수 있는 4명의 동반자를 구하는 일은 녹녹치 않습니다. 한편 골프장 요금은 주말이 주중보다 50프로 정도가 더 비쌉니다. 그래서 주중에 시간 여유가 있는 저는, 이왕이면 주중 타임에 라운딩을 잡고 싶은데, 주중에 시간이 나는 4명의 동반자를 구하긴 더욱 어려운 일이지요. 이런 이유에서 찾게 된 것이 바로 조인 골프입니다.

요즘엔 저 같은 상황에 놓인 사람들이 많은지, 일행 없는 개인 단위의 골프 부킹을 주선해 주는 조인 서비스들이 엄청 늘어났습니다. 네이버 밴드는 물론이고, 핸드폰 앱에도 골팡, 골프몬, 볼메이트같은 조인 골프 관련 서비스를 하는 플랫폼들이 많이 생겼지요. 사이트 내에서 본인이 원하는 골프장, 원하는 날짜와 시간을 골라 예약을 걸어 놓고 나머지 3명의 조인할 플레이어를 모집할 수도 있고, 이미 누군가 예약해 놓은 부킹 내용을 보고 그 중 맘에 드는 스케줄을 골라 조인 신청을 할 수도 있습니다. 부킹 날짜가 임박했는데 팀원 구성이 안 된 경우에는 싯가보다 많이 할인된 가격으로 조인 공고가 올라오는 경우도 많아서, 혼자 조인을 하는 경우엔 미리 조인을 해 놓는 것보다 라운딩 날짜 2,3일전쯤 임박해서 조인을 하는 것이 좋습니다.

 조인 골프는 전국의 골프장들을 두루 경험할 수 있다는 장점도 있습니다. 가끔 일반인들은 부킹이 안 되는 회원제 골프장의 회원들이 날짜는 임박했는데 인원 구성이 안 되어 조인 공고를 올리는 경우가 있지요. 또 조인 골프에서 골프 실력이나 코드가 맞는 사람들을 만나, 향후 골프 친구로 발전하는 경우도 있습니다. 사회 생활을 하다 보면 아무래도 본인과 비슷한 백그라운드를 가진 사람들이나 동년배의 친구들 하고만 주로 어울리게 되지요. 하지만 조인 골프를 다니다 보면 10년, 20년 이상 연상 형님들을 만나기도 하고, 사회에선 절대 만날 일이 없을 것 같은, 나와 전혀 다른 환경 출신의 사람들을 만나 친한 관계로 발전하는 일도 있습니다. 골프라는 공통의 관심사가 있기 때문이지요. 그래서 대학 교수와 철거업체 사장님이 같이 어울릴 수도 있고, 신입 사원과 기업 임원도 같이 어울릴 수 있게 되는 게 조인 골프의 묘미가 아닌가 싶습니다.

 단 한가지 조심해야 할 점은 조인 골프는 같이 라운딩 할 멤버들의 자세한 정보를 미리 알 수 있는 방법이 없기 때문에, 간혹 운이 안 좋으면 라운딩 내내 불편함을 주는 멤버들과 조인이 될 수도 있다는 것입니다. 매번 그런 것은 아니지만 부부, 커플과 조인이 되면 지나치게 자기들 플레이에만 집중을 해서, 나머지 두 사람이 마치 커플에게 민폐를 끼치는 듯한 분위기가 연출되는 경우도 있고, 흔하진 않지만 팀으로 조인한 두 사람이 돈내기 골프를 치다 싸움이 나서 분위기가 내내 썰렁한 채로 18홀을 돌아야 하는 경우도 있습니다.

제가 조인 골프를 좋아하는 또 하나의 이유는, 라운딩 내내 일행 신경 쓸 필요 없이 본인의 플레이에만 온전히 집중할 수 있기 때문입니다. 친구들이나 아는 사람들하고 라운딩을 하면 돈내기를 하게 되기도 하고, 아무래도 상대방의 플레이에 신경을 많이 쓰게 됩니다. 하지만 각자 조인을 한 경우에는 상대방의 플레이에 '나이스 샷' 정도 칭찬만 해 주면 되지요. 저는 처음엔 이런 분위기가 어색했지만 시간이 지날수록 혼자 하는 골프에 점점 더 재미를 느끼게 됐습니다. 아무리 조인 골프라도 같이 라운딩을 돌다 보면 알게 모르게 살짝 서로간 경쟁의식이 생기긴 하지만, 그 스트레스는 즐겁게 운동하기에 딱 좋은 정도입니다.

고독하게 나의 플레이에만 집중해서 운동을 하다 보면 친구들과 왔을 땐 웃고 떠드느라 신경도 쓰이지 않았던 골프장 내 아름다운 자연의 모습들이 눈에 들어오기 시작합니다. 발에 밟히는 잔디의 촉감, 바람에 흔들리는 억새풀, 호수에 삼삼오오 모여 있는 새무리, 나무, 돌, 구름… 이런 아름다운 자연과 하나가 된 채 잔디에 놓여 있는 흰 공 앞에서 그린 위에 꽂힌 깃발을 바라보고 있는 나의 모습이 느껴지지요. 그리고 휘두른 회심의 샷이 깃발 바로 옆에 붙어도, 사방은 조용합니다. 친구들과 왔을 때처럼 호들갑스러운 환호성도 없습니다. 오로지 내 안에서 '잘 쳤다!'라는 스스로를 향한 칭찬만이 들릴 뿐이지요.

그래서 저는 가끔 4,5일 정도의 일정으로 혼자서 제주도로 골프 여행을 가기도 합니다. 친구들과 같이 하는 골프 여행도 즐겁지만, 그에 못지않게 혼자 가는 골프 여행이 주는 매력도 쏠쏠합니다. 특히 제주도는 골프 조인 앱이 활성화되어 있어서 라운딩 하루 전날에도 조인 예약을 쉽게 할 수 있지요. 그래서 저는 편도 비행기표와 렌터카만 미리 예약을 해 두고 무작정 제주도로 향합니다. 숙소를 미리 예약하지 않는 이유는 다음날 어느 골프장으로 가게 될지를 모르기 때문이지요. 그래서 조인이 성사되는 골프장을 따라 제주도 이 곳 저 곳을 표류하듯이 다닙니다.

아침 이른 시간에 골프를 치면 12시 정도엔 충분히 샤워까지 마치고 골프장을 나서게 되지요. 그럼 주변 맛집을 찾아 혼자 식사를 하고, 그 다음날 조인된 골프장 근처로 차를 몰고 갑니다. 그 근처 풍경이 좋아 보이는 숙소가 보이면 예약을 하고 체크인까지 하고 나면 얼추 두 세시 정도가 되는데, 그 때부터 다음날 새벽까진 할 일이 없습니다. 이 때가 사실 제주 여행의 피크이지요. 만날 사람도 없고, 미리 정해 놓은 일정도 없는 이 시간, 그리고 적막이 흐르는 방 안에 있는 나, 이런 순간은 일상에 있을 땐 정말이지 경험하기 어려운 것이 아닐까요? 이 때 만일 TV나 핸드폰만 켜지 않는다면 여러분은 상당히 퀄리티 있는 생각과 의미 있는 고민들을 할 수 있게 될 겁니다. 사업을 하는 분들은 이런 순간에 주로 사업 아이디어가 떠오르겠지요. 이 때는 평소엔 손에 잘 잡히지 않던 두꺼운 책을 꺼내 볼 수도 있고, 수첩을 꺼내 떠오르는 생각들을 글로 옮겨 보기에도 좋습니다. 다소 지루함을 느끼더라도 걱정이 없습니다. 왜냐하면 내일 아침엔 또다시 설레는 골프 라운딩 약속이 잡혀 있기 때문이지요.

04

일상 안에서 놀기

　심리학자들의 연구에 의하면 현대인들의 하루 행동 중 80퍼센트 이상이 습관에서 비롯된 것이라고 합니다. 우리가 어떤 목적 의식을 가지고 의지적으로 행동하는 것은 20퍼센트가 채 안된다는 뜻이지요. 이것은 우리의 뇌가 본능적으로 생각하기를 귀찮아하기 때문이라고 합니다. 그래서 우리가 이 부분에 대해서 문제 의식을 가지고 매사를 보다 의지적으로 행동하려고 노력하지 않는 한, 인간은 대부분 습관적인 인생을 살게 되는 것이지요.

　습관적인 행동과 규칙적인 행동은 다릅니다. 규칙적인 행동은 일상 안에서 내가 하는 행동들에 대한 루틴을 스스로 정하고, 그것을 지키려고 노력하는 의지적인 태도입니다. 반면 습관적인 행동은 내가 그걸 왜 해야 하는지도 모른 채, 남들이 하니까 하고, 어제 했으니까 오늘도 하는 것처럼 의지가 결여된 행동을 뜻하지요.

그러므로 우리는 매일같이 반복되는 습관적인 행동 하나 하나에도 의미를 부여하고 그 안에서 즐거움을 찾도록 노력해야 합니다. 일상의 평범한 루틴도 그 안에서 재미를 느끼게 되면 삶의 퀄리티는 이전 보다 한층 높아지기 때문이지요.

매니지먼트의 재미, 정비와 청소

유난히 청소에 진심인 사람들이 있습니다. 이런 사람들을 보면 청소를 의무감으로 하는 것이 아니라, 혹시 그 과정을 즐기는 것이 아닌가 라는 생각이 듭니다. 이런 분들은 집안이 딱히 더럽지 않는데도 정해진 날짜, 정해진 시간이 되면 어김없이 청소를 시작하지요. 인간은 반복적으로 정해진 시간에 어떤 일들을 하는 규칙적인 생활 패턴을 유지할 때 심리적 안정감을 느낀다고 하는데, 이 분들에겐 청소 역시 삶을 안정적으로 지탱해주는 루틴이 아닌가 생각해 봅니다.

흔히 우리가 말하는 집안 청소에는 세가지 의미가 있습니다. 첫째는 얼룩과 먼지를 닦고 흐트러진 부분을 바로잡는 의미의 청소(Cleaning)이고, 둘째는 물건들을 원래 제자리에 갖다 놓는 의미의 청소(Management), 셋째는 어떻게 하면 집안을 보다 더 효율적으로 정비할 수 있을까 구상을 하고 아이디어를 내는 의미의 청소(Planning)입니다. 청소에 진심인 사람들은 이 모든 과정을 일거리로 여기기보단 마치 놀거리를 대하듯, 청소에 흥미와 열정을 가지는 모습을 볼 수 있습니다. 본인들은 부인하겠지만 내심 청소하는 행위를 즐기고 있는 것이지요.

먼지를 닦고 흐트러진 부분을 바로잡는 'CLEANING' 의미의 청소는 예로부터 도를 닦는 수련 행위로서 다뤄졌습니다. 중국 소림사에서도 입문자들의 수련 과정 중 첫 번째 고스기 청소였고, 중세시대 수도원에서도 '청소는 기도다'라는 캐치 프레이즈가 있을 정도로 청소하는 행위를 신앙생활의 중요한 부분으로 여겼지요. 제 친구 중 한 명도 머리가 복잡할 때는 주차장에 가서 자동차를 닦으며 마음을 가라앉힌다고 하는데, 경험해 보신 분들은 아시겠지만 시간과 정성을 들여 뭔가를 반짝거리게 닦는 행위는 마음을 정화시키는 효과가 있습니다. 집안 청소를 할 때도 청소 전과 다르게 깨끗하고 쾌적하게 변한 실내의 모습을 바라보고 있자면 뿌듯한 만족감으로 마음이 충만해지지요.

물건들이 원래 자기 자리에 있지 않고 올바른 순서에 맞게 정리되어 있지 않으면 그 안에 살고 있는 사람의 마음 상태 역시 뒤죽박죽이 되어 버립니다. 이런 의미에서 사물을 자기 자리에 갖다 놓는 'MANAGEMENT'의 청소는 들뜨고 혼란스러운 마음을 차분히 안정시켜 주는 효과가 있지요.

스웨터를 보관할 때도 라운드넥, 브이넥, 터틀넥을 구분해서 정리하고, 양말은 컬러별로 구분해 놓고, 찬장 안의 그릇들도 쓰임새에 따라서 정리하고, 서재의 책들도 도서관에서 책을 분류하듯이 소설, 에세이, 시집, 인

문학 등의 장르에 따라 구분하고, 화장품, 문방용품, 공구, 음반, 하다 못해 창고 안에 있는 평소 잘 안 쓰는 물품들까지 각각의 기준을 정해 정리를 합니다. 그래서 정리가 일정 수준 이상의 경지에 이르게 되면 직접 그곳에 가 보지 않아도 머릿속에 집안 곳곳에 뭐가 어디에 있는지 훤히 파악할 수 있게 되지요. 이렇게 내 주변의 모든 것들이 자기 자리에 있다고 생각되는 순간, 본인의 삶이 완벽하게 통제되고 있다는 자부심과 안정감을 느끼게 되고, 비로소 편안한 마음을 가질 수 있게 됩니다.

 마지막으로 'PLANNING'의 의미로서의 청소는 기존의 익숙하고 관습적인 정리정돈의 방식에서 벗어나, 한층 더 높은 편의성과 효율성을 추구하는 것입니다. 청소와 정비를 기획하는 과정이라고도 할 수 있지요. 기획을 잘 하기 위해선 일상 곳곳을 주의 깊게 살피는 관찰력, 그리고 습관적인 사고를 뛰어 넘는 창조적인 상상력을 필요로 합니다. 편의성을 높이기 위해 쓰레기통의 위치를 옮기고, 정수기의 각도를 바꾸고, 베란다 유리창 바깥 면을 청소할 수 있는 도구를 구비하고, 신발장 상단엔 모션센서로 작동되는 LED등을 달고, 샤워기 헤드를 보다 높은 수압의 물이 나오는 제품으로 교체하고, 의자 다리 밑에는 소음방지 패드를 붙이지요.

 이렇게 집안살림을 보다 효율적이고 편리하게 만들기 위한 작업은 그것을 기획하는 과정에서도 흥미진진함을 느끼게 되고, 그것이 완성되어 집안이 본인이 의도한대로 착착 돌아가는 모습을 보면서 커다란 만족감과 성취감을 얻게 됩니다. 으레 얻게 되는 주변의 칭찬 역시 큰 동기부여가 되지요.

그렇기에 청소는 생각하기에 따라 하기 싫은 일거리가 되기도 하고, 즐거운 놀거리가 되기도 하는 것입니다. 청소를 남이 대신해 줄 수 있는 상황이 아니라면 당연히 그 안에서 즐거움과 재미를 찾는 것이 보다 바람직한 태도가 아닐까 생각해 봅니다.

쇼핑의 역할

저는 20여년간 오프라인 매장을 운영해 오다 보니 현장에서 고객들과 대화를 나눌 시간이 많았습니다. 그러면서 자연스럽게 고객들의 쇼핑 심리에 대해 많이 배울 수 있게 되었지요. 그 중 하나가 '시간 여유가 많은 외로운 사람'이 그렇지 않은 사람보다 쇼핑을 더 많이, 자주 한다는 사실이었습니다.

이것저것 고르다 보면 시간이 금방 가기 때문에 쇼핑은 시간 보내는 용도로도 좋지요. 그리고 내가 구매하는 물건들이 내 생활에 가져오게 될 변화들, 남들의 부러운 시선을 받을 것을 상상하면, 외로움으로 비어 있는 마음 한 구석이 채워지는 기분을 느낄 수 있게 됩니다. 오프라인 매장에 가면 쇼핑을 하는 동안 매장 점원들과 이런 저런 대화를 나누며 친분을 쌓게 되는 경우도 있는데 외로운 고객들에겐 이런 관계성마저 나름 큰 위로가 되기도 하지요. 이와 같은 이유들로 인해 쇼핑은 외로운 사람들에게 있어서 일상의 중요한 힐링 이벤트로서 자리매김하게 된 것 같습니다.

 하지만 쇼핑을 이처럼 남는 시간을 보내기 위한 용도나, 공허한 마음을 채우기 위한 도구로서만 생각한다면 자칫 그것에 시간과 돈만 낭비하다 결국 남는 것은 허탈감밖에 없게 됩니다. 그래서 쇼핑이 보다 건강하고 의미있는 놀거리가 되기 위해선 쇼핑을 하는 목적을 보다 명확하게 할 필요가 있습니다.

 제가 생각하는 쇼핑의 목적에는 두 가지가 있습니다. 첫 번째는 내가 생활하는 데 필요한 것들을 구매하는 것이고, 두 번째는 나의 생활을 변화, 발전시키기 위해 필요한 것들을 구매하는 것입니다. 쇼핑이 이런 목적들을 위해 행해졌을 때 돈 낭비도 피할 수 있고, 쇼핑이 주는 재미도 느낄 수 있게 됩니다.

 생활에 필요한 것들을 구매하는 과정에서 얻을 수 있는 재미란, 가성비 좋은 쇼핑을 할 때 얻게 되는 즐거움입니다. 하지만 가성비를 통해 얻는 쇼핑의 재미는 그리 오래 가지 못합니다. 비싸더라도 내가 필요한 만큼 조금씩 사서 아껴 사용할 때 그 제품이 주는 즐거움을 제대로 느낄 수 있지요. 아무리 좋은 물건이라도 할인을 한다고 해서 그것을 왕창 사다가 쌓아 놓고 쓰다 보면, 그 제품이 주는 즐거움에 대해 곧 무감각해지기 마련입니다. 하겐다즈 아이스크림도 작은 사이즈를 비싸게 사다 먹을 때가 맛있지, 코스트코에서 팔고 있는 초대형사이즈 제품을 몇 번 사고 나선 그 맛이 예전 같지 않게 되지요. 결국 본인 인생의 즐거움 중 하나를 날리게 된 것입니다.

그래서 보다 의미있는 쇼핑이란 우리로 하여금 꿈을 꾸게 해주고, 그 꿈을 실현시켜 주는 것이어야 합니다. 인간이 꾸는 꿈을 두 가지로 나뉘보면, 하나는 지금의 위치보다 더 위로 올라가고 싶은 종적인 개념의 꿈이고, 또 하나는 지금과 다르게 살아보고 싶어 하는 횡적인 개념의 꿈입니다.

종적 개념의 꿈을 이루기 위한 쇼핑의 대상이 되는 것들로는 별장, 자동차, 고급 시계 같은 사치품들을 떠올릴 수 있지요. 하지만 우리가 이런 사치품을 구매할 때 꾸는 꿈은 그 내용이 막연합니다. 남과 비교를 통해 만들어진 꿈이기 때문에 그 안에는 나 다운 면도 없습니다. 또한 사치품의 특성상 그 끝이 존재하지 않기 때문에 돈이 어디서 계속 솟아 나지 않는 한 어느 시점에 가선 자신의 경제적 한계에 부딪혀 좌절감을 맛볼 수밖에 없지요. 이런 꿈은 우리에게 단기적으로 삶에 동기부여가 되는 역할은 할 수 있지만 결코 지속적인 만족감을 주진 못하지요. 그래서 쇼핑이 진정으로 우리에게 의미를 가지기 위해선 그것이 종적 개념이 아니라 횡적 개념이라야 합니다. 쇼핑을 통해 지금까지 본인이 살아온 것과는 다른 종류의 삶을 꿈꾸는 것이지요.

이런 꿈은 남들처럼 평범한 모습, 늘 살던 대로 습관적으로 사는 모습에서 벗어나 인생을 한번 나 답게 살아보고 싶다는 바램이기도 합니다. 그런데 문제는 우리가 인생에서 본인이 진정으로 원하는 것에 대해 제대로 고민해 볼 기회가 없었기 때문에 뭐가 정말 나 다운 것인지를 잘 모를 때가 많다는 것이지요. 그래서 우리는 주변에서 롤모델을 찾게 되고, 그 사람의 라이프스타일을 따라 살고 싶은 마음을 가지게 됩니다. 그러다 보면 그 사람의 생각하는 방식이나 말하는 방식 같은 소프트웨어적인 면도 우리에게 영향을 주지만, 그에 앞서 그 사람의 헤어스타일, 옷 입는 스타일 같은 하드웨어적인 면에 눈이 먼저 가기 마련입니다. 그래서 그런 헤어스타일을 따라 하고 그런 옷을 따라 입으면서 평범했던 삶에 변화를 꿈꾸지요. 즉 옷을 쇼핑하는 행위도 그 과정에서 내가 어떤 의도를 가지고 있느냐에 따라 단순히 생활을 유지하기 위한 생필품을 사는 '일거리'가 되기도 하고, 한편 내가 꿈꾸는 라이프스타일을 추구하기 위한 의미 있는 '놀거리'가 되기도 하는 것입니다.

인간은 다분히 환경의 지배를 받는 동물이기 때문에 내가 동경하는 사람의 헤어스타일을 따라 하고 옷을 따라 입으면 실제로 그 사람처럼 생각하고 행동하는 효과가 생깁니다. 옷이 사람을 바꾼다는 말도 있지요. 제가 20대 후반 즈음 생전 처음으로 런던에 여행을 가게 되었는데, 실제 눈으로 보는 런던은 책에서 보던 고리타분한 모습과는 달리, 펑크란 단어로 표현돼야 할 것만 같은 자유분방한 스피릿이 넘치는 곳이었습니다. 그리고 제 자신의 모습을 보니, 그 장소와는 전혀 어울리지 못하는 평범한 옷차림을 하고 있다는 것을 발견했습니다. 일종의 수치심을 느끼게 되었지요. 저는 그 길로 바로 눈에 띄는 옷 가게에 들어가 머리부터 발끝까지 완전히 펑크 스타일로 변신을 했습니다. 그제서야 비로소 자신감이 생기고, 저 스스로가 도시에 녹아 들어 있다는 느낌이 들었지요.

 자신감으로 충만한 상태에서 친구들을 만나 그들과 어울리고, 코벤가든에 있는 수많은 갤러리들, CD가게들을 현지인들처럼 헤집고 다니면서 런던의 현지 문화를 마음껏 누리게 되었고, 이런 경험은 제가 이후 여러 일을 할 때도 큰 자양분이 되었다고 저는 확신하고 있습니다. 그래서 저는 해외로 여행이나 출장을 갈 땐 한국에서 옷을 많이 챙겨가기 보단, 목적지에 도착해서 그 분위기를 먼저 경험을 하고, 그것과 어울릴 만한 옷을 현지에서 구매하곤 합니다. 막상 현지에 가서 그 곳 사람들의 옷 입는 스타일을 보면 제가 가져갔던 옷들은 부끄러워서 도저히 입지 못하게 되는 경우가 많기 때문이지요.

 이 세상에는 수많은 종류의 라이프스타일이 있습니다. 할리데이비슨을 타며 마초 같은 인생을 사는 스타일, 우디 엘렌처럼 지적이고 냉소적인 스타일, 랩 가수 애미넴처럼 반항적인 스타일, 영화 아메리칸 싸이코에 등장하는 크리스쳔 베일처럼 냉혈한 도시남 스타일, 미국 오레곤의 아웃도어 스타일, 의류 브랜드 쿠치넬라 로로피아나가 추구하는 부자 아저씨 스타일, 일본 하라주쿠 거리에서 흔히 볼 수 있는 아메카지 스타일, 청담동 며느리 스타일 등 셀 수 없이 많은 라이프스타일들이 있지요.

이런 라이프스타일들은 각각 그것과 어울리는 패션으로 표현되며, 우리가 그런 스타일의 옷을 입음으로 인해 각자가 추구하는 라이프스타일에 동참하게 되는 것이지요. 이런 의미에서 옷을 쇼핑하는 행위는 본인이 추구하고 싶은 라이프스타일을 완성하기 위해 필요한 퍼즐 조각들을 맞춰가는 과정, 즉 내가 꾸는 꿈을 현실로 실현해 가는 과정입니다.

저는 온라인 상으로 룩 북(LOOK BOOK)을 만들어 옷을 쇼핑할 때마다 활용합니다. 평소에 SNS를 보다가 제가 추구하는 스타일이라고 생각되는 모습의 사진을 발견하면, 그 이미지를 캡쳐해서 사진 폴더에 저장해 놓습니다. 영화를 보다가도 그런 장면을 발견하면 핸드폰을 꺼내 화면을 사진으로 찍어 놓습니다. 제가 꿈꾸는 라이프스타일과 유사한 스타일을 추구한다고 생각되는 브랜드를 발견하면, 그 브랜드의 룩 북을 찾아, 필요하다고 생각되는 이미지들을 캡쳐해 놓기도 합니다. 이렇게 사진 폴더에 내가 원하는 옷들을 잘 정리해서 저장해 놓으면 현재 제 옷장 상황과 비교해서, 어떤 아이템들이 넘치고 어떤 아이템들이 부족한지를 한 눈에 파악할 수 있게 되지요. 그리고 부족한 아이템들을 채우기 위해 쇼핑을 합니다. 이렇게 구체적인 목적 의식을 가지고 하는 쇼핑은 불필요한 낭비를 막아주지요. 필요한 아이템이 구체화되면 굳이 새것이 아니더라도 당근이나 번개장터 같은 세컨 핸드 사이트에서 구할 수 있는 중고 상품으로도 충분한 만족감을 얻을 수 있습니다.

문제는 요즘엔 하나의 라이프스타일만을 일관성 있게 추구하며 사는 모습이 대중적으로 다소 매력이 떨어져 보인다는 점입니다. 요즘 사람들은 의외성을 지닌 사람에게서 보다 큰 매력을 느끼기 때문이지요. 부캐(Second Character)란 단어가 최근 유행하는 것도 이런 이유 때문인 것 같기도 합니다. 그러다 보니 하나의 라이프스타일을 갖추기도 힘든데 그 외의 다양한 라이프스타일까지 추구하기 위해 이것저것 필요한 아이템들을 구매하려면 돈이 한도 끝도 없이 들어갈 수밖에 없지요. 그래서 우선은 본캐(Main Character)에만 집중하고, 부캐를 위한 쇼핑은 그것에 필요한 아주 상징적인 몇 가지 아이템들만 중고사이트에서 구매하는 것이 어떨까 싶습니다.

집에서 혼밥 즐기기

'혼밥'은 흔히 혼자 식당에 가서 밥을 먹는 것을 의미하지요. 하지만 집에서 혼자 밥을 먹는 행위 역시 일종의 혼밥입니다. 그런데 대부분의 경우 집에서 혼자 밥을 먹을 때는, 한끼를 대충 때운다는 것 이상의 가치를 찾게 되진 않는 것 같습니다.

집에서 혼자 밥을 먹을 때는 주로 배달음식을 주문하거나, 요리를 하더라도 냉장고에 남아 있는 음식들 위주로 재고 처분하듯 대충 먹기 쉽습니다. 어쩌다 한 번이야 괜찮겠지만 집에서 자주 혼합을 해야 하는 분들은 이런 식으로 끼니를 때우다 보면 삶의 퀄리티가 현저히 떨어질 수밖에 없지요. 하지만 혼자 먹기 위해 음식을 요리한다는 건 쉬운 일이 아닙니다. 장을 보고, 요리를 하는 게 귀찮은 것은 둘째 치고, 먹을 입이 하나다 보니 남는 재료가 많이 생겨, 며칠간 계속 같은 음식만 먹여야 하는 경우도 생기지요. 무엇보다 본인이 전문 요리사가 아닌 이상, 밖에서 먹는 것보다 맛도 없습니다. 몇 번 해 먹다 보면 메뉴 아이디어도 점차 고갈되고 결국 이 세상에 라면만한 게 없다는 결론에 이르기도 하지요.

저도 나이가 들고 혼자 집에서 보내는 시간이 많아지면서 텅 빈 집에서 혼자 끼니를 해결해야 하는 상황에 자주 놓이게 되었지요. 그러면서 터득하게 된, '집혼밥'을 나름 재미있게 즐기는 여러 가지 노하우들을 여러분과 함께 나누어 보려고 합니다.

일단 요리는 몇 번의 시도 끝에 결국 포기했습니다. 그 배경에는 최근 서비스되는 식당의 숫자가 급속도로 늘어나고 있는 쿠팡이츠 앱의 영향이 가장 큽니다. 과거 배달 앱 사용하기를 꺼렸던 주된 이유가 음식 맛이 없거나 배달되는 식당의 숫자가 적은 탓도 있었지만, 배달기사가 한 번에 여러 집을 들러 오기 때문에 중간에 음식이 식거나 면이 퉁퉁 불은 상태로 오는 경우가 많아서였습니다. 일단 이 점에서 한 번에 한 집만 배달하는 쿠팡이츠는 과거 앱이 가졌던 가장 큰 단점을 해결해 주었지요. 그래서 저는 최근 들어 혼자 집에서 식사를 해야 할 때는 대부분 쿠팡이츠를 사용하고, 그 중에서도 나름 잘 알려진 '맛집'들을 찾아서 주문을 합니다.

여기서 중요한 것은 혼자 먹는다고 요리를 한 개만 시키는 것이 아니라, 두세 명이 먹을 때처럼 여러 가지 요리를 구성지고 푸짐하게 주문을 한다는 점입니다. 애피타이저, 샐러드, 메인 요리에, 때론 디저트까지 주문을 합니다. 음식이 남으면 냉장고에 보관했다가 다음 번 혼자 먹을 때 데워서 먹으면 되기 때문이지요. 여러 번 주문하고 남은 음식들을 모아서 재조합하면 또 하나의 새로운 싱차림이 되기도 합니다.

 혼자서 배달 음식을 시켜 먹을 때 그 경험의 퀄리티를 좌우하는 또 하나의 중요한 요소가 바로 테이블 세팅입니다. 저는 예전부터 그릇 모으는 것이 취미였기 때문에, 멋진 그릇들을 음식 종류에 맞게 다양하게 갖추게 되었습니다. 수저, 포크, 나이프 같은 커트러리는 물론, 컵, 컵 받침, 테이블 매트, 냅킨도 국적별, 장르별로 종류별로 다양하게 구비되어 있지요. 저는 배달음식을 먹을 때도 이것들을 총동원해서 사용합니다. 배달음식일지라도 이런 멋진 테이블웨어 위에 세팅해 놓으면, 상당히 그럴듯한 식당에서 밥을 먹는 것 같은 기분을 느끼게 해주기 때문이지요.

 여기서 중요한 것이 바로 반주의 역할입니다. 반주를 함께 하면 평범한 음식도 요리가 되게 마련이지요. 그래서 저는 자장면 한 그릇을 시켜 먹더라도 꼭 집에 있는 비싼 백주를 꺼내서 백주 전용 잔에 따라 마시고, 프랜차이즈 피자를 시켜 먹더라도 마리아주가 맞는 괜찮은 와인을 따서 와인 품종에 맞는 잔에 따라 마십니다. 생선회나 스시, 혹은 덮밥 같은 일식을 시키면 최고급 일본산 정종과 함께 하고, 평범한 순두부 찌게도 명품

소주와 곁들입니다. 파전을 시켜 먹을 때도 고급 막걸리와 함께 하면 마치 고급스러운 한식당에서 호사스러운 식사를 하는 기분이 들지요. 밖에서 식사를 할 때는 고급 술은 가격이 비싸 잘 안 시키게 되지만, 집에서는 얼마든지 최고급 술을 마음껏 반주로 즐길 수 있지요.

그러다 보니 냉장고 안은 요리에 필요한 음식보단 점점 배달 음식을 먹을 때 필요한 소스나 간단한 반찬, 음료수, 디저트, 치즈, 술들로 가득차게 되었습니다. 결과적으로 상해서 버리는 음식의 양도 줄고, 남은 식자재를 해치우기 위해 먹기 싫은 음식을 억지로 먹어야 하는 일도 없어지게 되었지요.

혼자 배달 음식을 시켜 먹는 경험을 최고조로 상승시키는 마지막 카드는 바로 음악입니다. 이 역시 반주와 원리는 동일합니다. 음식과 같이 하면 기가 막힌 마리아쥬를 만들어 내는 술이 따로 있듯이 음식의 맛과 궁합이 딱 떨어지는 음악이 따로 있지요. 음악을 찾는 방법은 그 음식을 서빙 하는 가장 고급스러운 식당의 로비에서 은은하게 퍼져 나올 것 같은 음악을 상상해서, 그것과 가장 유사한 분위기의 음악을 고르는 것입니다.

저는 중국음식을 배달시켜 먹을 때도 유튜브에서 1950년대 상하이 전통 음악을 찾아서 블루투스 스피커로 틀어 놓습니다. 일식을 시켜 먹을 땐 일본 전통 악기 연주 음악을 틀고, 파스타를 먹을 땐 이탈리아 음악을, 스페인 요리를 먹을 땐 포르투갈 전통 음악인 파두(fado)를 틀어 놓습니다.

한식을 먹을 땐 궁중제례곡을 배경 음악으로 깔면 평범한 밥상이라도 마치 일 인분에 10만원짜리 고급 한정식 집에서 식사를 하는 듯한 기분이 들지요. 고급스러운 이탈리아나 프랑스 음식에는 마치 테이블 앞에서 우리를 위해 특별히 고용된 실내악단이 연주를 하는 듯한 기분을 주는, 현악 4중주 같이 가벼운 클래식 소품이 어울립니다. 이럴 땐 옷차림도 추리닝보단 나름 격식 있는 실내복으로 갖춰 입으면 식사 시간이 보다 격조가 있어지지요.

비록 집에서 혼자 배달 음식을 시켜 먹는 상황이라도, 멋진 접시에 플레이팅 된 유명 맛집 식당에서 주문한 요리와 그에 어울리는 최고급 술, 그리고 마치 최고급 식당에 온 듯한 기분을 주는 음악까지 곁들인다면 이것이야말로 훌륭한 놀거리가 아닐까요?

혼자서 할 수 있는 가장 호사스럽고도 고상한 놀거리, 차

차를 마시는 일은 혼자서 즐길 수 있는 모든 재미 요소들을 두루 갖춘 훌륭한 놀거리입니다. 차를 마시는 경험을 흔히 와인을 마시는 것과 비교하기도 하지만, 저는 아무래도 혼자서 즐기는 데에는 와인보단 차가 더 어울리는 것 같습니다.

차도 와인처럼 원재료의 품종, 생산지역의 환경, 제조방법, 보관상태

에 따라 그 맛이 천차만별로 달라집니다. 차 역시 종류에 따라 마리아주가 좋은 음식들이 따로 있지요. 그렇기 때문에 차가 주는 즐거움을 제대로 경험하기 위해서는 일정 수준 이상의 공부와 시음 경험이 필요합니다. 차에 비해 와인은 시음을 위해 비용이 많이 들고, 그 과정에서 술에 취할 수 있다 보니 술이 약한 사람은 한 번에 여러 종류의 와인을 시음하기가 어렵다는 단점이 있습니다. 하지만 차는 이런 모든 조건에서 자유롭지요. 또한 차는 아무 때나 마시고 싶을 때 혼자서 먹을 만큼의 양을 조금씩 우려서 마시면 되지만, 와인은 한 번 마시려고 마음을 먹으면 한 병을 다 따야 하기 때문에 여럿이 모여야 마실 수 있다는 단점이 있습니다.

우리는 자주 커피와 차 둘 중에 뭘 마셔야 할지 고민하게 됩니다. 하지만 대부분 커피를 일순위로 선택하게 되지요. 차는 커피가 몸에 잘 맞지 않을 때나, 커피를 너무 많이 마셔서 지겨울 경우 그 대안으로 선택되는 경우가 많지만, 사실 커피는 커피에 맞는 용도가 있고, 차는 차 나름대로의 용도가 있습니다.

구대륙에서 커피는 식사와 함께 마시는 음료가 아니라, 식사를 마치고 디저트까지 끝낸 후 입에 남아있는 단맛을 없애 주는 마무리 음료의 역할을 하지요. 그래서 미국식 아메리카노처럼 큰 잔이 아닌, 한 번에 홀짝 마시기에 좋은 작은 잔에 서빙됩니다. 반면 차는 전통적으로 와인과 더불어 식사와 함께 즐기는 음료로 여겨졌지요. 그래서 프랑스에서 좋은 식당에 가면 티 소믈리에가 따로 있어서, 손님이 주문하는 음식에 곁들이기 좋은 차를 추천해 줍니다. 이처럼 차는 커피와 더불어 둘 중 하나를 골라서 선택한다기보다 식사 중에는 차를 마시고 식사가 끝난 후에는 커피를 마시는 것으로 그 용도를 구분해서 생각하는 것이 좋습니다. 또한 커피는 아무리 좋은 품질의 것이라도 케익이나 과자와 함께 마실 때 맛이 더 풍부해지지만, 고급 차는 곁들이는 음식 없이 차만 따로 마셨을 때 그 고유의 맛을 더 음미할 수 있기도 합니다. 이런 이유로 차는 혼자서 즐기는 놀거리 차원에서 와인이나 커피를 압도한다고도 말할 수 있습니다.

한편, 차는 장비의 영향을 많이 받는 음료입니다. 차의 종류에 따라 찻잎을 우리는 최적의 온도가 각기 다르기 때문에, 원하는 온도로 물을 끓일 수 있고 계속 그 온도를 유지시켜주는 기능이 있는 전기 포트가 꼭 필요합니다. 차를 우릴 때 들어가는 찻잎의 양도 차 맛에 크게 영향을 주는 요소이므로 찻잎의 무게를 재는 미니 저울도 필요합니다. 찻잎이 뜨거운 물과 만나면 잎사귀의 표면 부분부터 차 맛이 우러나오기 시작하는데, 티포트의 모양에 따라 물에 잠기는 찻잎의 양이 달라집니다. 그렇기 때문에 어떤 종류의 찻잎을 우리느냐에 따라 거기에 적합한 티포트들이 각각 필요하지요.

 녹차나 백차 홍차의 경우엔 비교적 낮은 온도의 물로 찻잎을 우려야 제맛이 나지만, 보이차나 청차(우롱차)의 경우엔 100도 가까운 뜨거운 물로 우려야 깊은 차 맛을 느낄 수 있습니다. 이럴 때는 유리나 도자기보다 열전도성이 낮고, 보온성 높은 '자사'로 제작된 자사호가 필요하지요. 이 밖에도 차 찌꺼기를 거르는 거름망, 우려낸 찻물을 보관하는 수구, 차 판, 차 수건 등 차를 마시는데 필요한 여러 가지 장비들을 갖춰야 하고, 이들의 재질, 모양 및 성능의 차이에 따라 차 맛은 크게 달라집니다. 그래서 관련 정보들을 찾아, 좋은 차 장비들을 하나씩 수집해 나가는 것도 나름 차를

즐기는 큰 재밋거리 중의 하나이지요.

 모든 종류의 차는 '카멜리아 시넨시스'라 불리는 한 가지 종류의 차나무에서 딴 잎으로 만들어집니다. 다만 찻잎을 가공하는 과정에 따라, 우리가 흔히 아는 녹차부터 백차, 황차, 청차(우롱차), 흑차(보이차)까지 다양한 차가 탄생하게 됩니다. 차가 만들어지는 과정은 다소 복잡하긴 하지만 결과적으로 찻잎의 산화도에 따라 가장 발효도가 낮은 순으로 녹차, 백차, 청차(우롱차), 홍차, 흑차(보이차)가 만들어진다고 보면 됩니다. 홍차는 찻잎이 거의 100퍼센트 가깝게 산화가 된 상태이고, 흑차는 발효가 된 차에 효모균을 넣어서 청국장처럼 후발효 과정을 거친 차입니다. 그래서 녹차는 갓 딴 찻잎이 내는 싱그러운 맛이 나고, 홍차는 고소한 맛, 그리고 그 사이에 있는 백차와 청차는 싱그러움과 고소함이 섞인 맛이 나고, 마지막으로 흑차는 말 그대로 썩은 흙 맛이 납니다. 서양 사람들은 흑차의 맛을 비 온 후 공원에 있는 젖은 낙엽 맛 같다고 표현하는데, 그 맛에 한번 빠져들면 헤어나오지 못한다 하지요.

 차 맛은 대부분 차나무에 달린 찻잎의 크기가 작을수록 고급스러워집니다. 그래서 높은 지역으로 올라갈수록 자연 환경이 험해서 잎사귀의 사이즈가 작아지고 가격도 비싸게 거래되지요. 그 중에서도 봄에 갓 피어난 새순을 채취한 것을 First Flush, 그 다음으로 채취한 것을 Second Flush, 여름 우기에 재취한 것을 Monsoon Flush, 그리고 마지막으로 채취한 것을 Autumnal Flush 라고 부르는데, 물론 먼저 채취한 것일수록

잎의 사이즈가 작고 가격이 더 비쌉니다.

 차 맛의 차이가 결정되는 또 하나 중요한 요인은 차의 제조 과정에 어떤 사이즈의 찻잎이 사용되는가입니다. 가장 등급이 높은 차는 손톱만 한 사이즈의 아주 작고 어린 찻잎을 자르지 않고 그대로 가공해서 만듭니다. 이것이 차 등급 중에 가장 상위 등급이고 가장 맛이 좋은 WHOLE LEAVES(잎차) 입니다. 그런데 이런 작은 찻잎은 앞서 설명 드린대로 고산지대에서 주로 자라기 때문에 수확량도 많지 않고 값도 비싸지요. 그래서 대부분의 차는 저산 지대에서 채취한 찻잎을 사용하게 되는데, 이 경우 잎사귀의 사이즈가 너무 커서, 그것을 가위로 잘게 자른 형태로 가공을 하

게 됩니다. 이런 차의 등급을 BROKEN이라고 부르고, 이것이 중급 차 레벨로 유통됩니다.

그럼 우리가 일상에서 자주 접하는 티백은 어떤 등급일까요? 그것은 BROKEN 등급의 차를 만드는 과정에서 나오는 찻잎 부스러기로 만들어지는 경우가 대부분입니다. 이런 차 등급을 FANNING 혹은 DUST, 더 흔한 말로는 쓰레받기로 쓸어 담았다고 해서 쓰레받기 차라고도 부르지요. 이 등급의 차는 찻잎 고유의 향이 하나도 남아있지 않고 쓴 맛만 나기 때문에, 많은 경우 화학 향료를 추가로 뿌려서 가공을 합니다. 그래서 DUST 차 부스러기에 베라가못 꽃 향을 뿌린 것이 얼그레이차이고 이외에도 재스민, 장미 향, 레몬 향, 허브 향 등을 뿌려서 생산하는데, 이런 차들을 통틀어서 가향차, 혹은 사탕차라고 부릅니다. 그래서 차는 크게 찻잎 고유의 향이 살아 있는 잎차와 인공 화학 향료를 뿌려 만든 가향차로 구분하고, 당연히 잎차의 가격이 훨씬 비싸고 맛도 비교할 수 없을 정도로 뛰어나지요. 그래서 차를 제대로 즐기기 위해선 반드시 고산지대에서 채집한 작은 찻잎으로 만든 잎차를 구해서 마시는 것이 좋습니다.

차를 제대로 즐기는 법

차는 종류에 따라 맛과 향이 천차만별이기 때문에 가능한 한 여러 가지 종류의 차를 다양하게 경험해 보는 것이 좋습니다. 그리고 날씨에 따라, 하루의 시간대에 따라, 내 몸의 컨디션에 따라 어울리는 차가 각각 다르기 때문에, 인터넷이나 관련 도서들을 찾아보면서 다른 분들의 시음 사례를 공부하고, 여러 종류의 차들을 직접 테스트해보며 마셔 보는 것이 좋습니다.

저는 아침엔 주로 버터를 바른 빵과 계란을 먹습니다. 이 때는 홍차만큼 음식과 잘 어울리는 차가 없습니다. 훈연향이 살짝 나는 중국산 랍상소총 홍차도 좋고, 인도의 고산지대에 위치한 다즐링에서 봄에 채취한, 샴페인 향이 살짝 나는 홍차도 훌륭하지요. 회사에 출근하면 아무래도 커피를 많이 마시게 되는데, 3시 정도가 되면 커피 마시기도 지겹고 살짝 허기도 지는, 그러면서도 입안이 텁텁해서 뭔가를 마시고 싶은 애매한 시간이 옵니다. 이 때는 청차를 마시는 게 좋습니다. 특히 쌉싸름하고 창포향이 은은히 배어 있는 무이암차류의 청차나, 풀 향이 코를 찌르는 철관음계의 청차도 좋습니다. 청차는 차 맛에 무게감이 있어 살짝 포만감도 주고 맛과 향이 강해서, 마시는 그 자체로도 재미가 있지요. 저녁 식사 후엔 두 가지 옵션이 있습니다. 만약 과식을 해서 배가 더부룩한 상태라면 흑차가 좋습니다. 흑차(보이차)는 마시는 즉시 몸이 따뜻해지고 소화를 촉진시키는 효과가 있어서, 몸이 노곤해지고 배가 편안해지는 느낌을 줍니다. 과식을 하지 않았다면 은은한 풀 향이 나면서도 포만감을 주는 중국 녹차(서호용정)가 좋습니다. 용정차를 마시면 머리가 맑아지고 입맛이 깔끔하게 정리되는 효과가 있지요.

이렇듯 차마다 맛이 서로 다르고, 몸이 느끼는 효과가 각양각색이기 때문에 그 재미에 차를 이것저것 모으게 됩니다. 그러다 보니 저희 집엔 차의 종류만 100가지가 족히 넘게 되었습니다. 마치 와인을 처음 마실 땐

12병짜리 와인 셀러가 크게만 느껴지다가, 몇 년 후엔 60병짜리 와인 셀러도 공간이 부족하다고 느껴지는 것처럼, 차도 한번 맛을 들이기 시작하면 그 컬렉션의 양이 점점 늘어나게 마련이지요.

차 맛에 한번 빠지게 되면 하루라도 차를 거르지 못하게 됩니다. 그래서 저는 여행을 갈 때도 평소에 즐겨 마시는 찻잎을 한 두 종류 지퍼백에 넣어 챙겨 갑니다. 한번 잎차의 맛을 알게 되면 그 다음부턴 시중에서 파는 티백 차를 도저히 마실 수 없게 되기 때문이지요.

그렇다면 처음 차에 입문하는 사람들은 어디서 어떤 차를 구입하는 게 좋을까요? 우선 차도 와인과 마찬가지로 일종의 교과서 역할을 하는 책이 필요합니다. 그래서 책방에 가서 차의 종류(녹차, 백차, 청차, 홍차, 흑차)별로 꼭 마셔봐야 하는, 소위 명차들에 대한 정보가 포함된 책을 하나 구한 후, 차의 종류별로 가장 대표적인 차들을 하나씩 구해서 마시는 방법을 추천 드립니다. 한가지 팁을 더 드리자면, 차는 무조건 소량씩 구매하는 것이 좋습니다. 소량씩 구매해야 실패했을 경우 피해도 적고, 무엇보다 같은 비용으로 더 많은 종류의 차를 경험할 수 있게 됩니다. 국내에는 아직까지 공신력 있는 차 수입상이 특별히 없기 때문에, 같은 종류의 차라고 해도 어디서 파는 차가 제대로 된 차인지를 일반인들의 수준으론 분별하기가 어렵지요. 그래서 이곳 저곳에서 소량씩 차를 구매한 후, 맛을 서로 비교해가면서 판단하는 것이 좋습니다.

차를 즐기는 또 다른 묘미는 바로 차를 우리는 과정 속에 있습니다. 왜냐하면 똑같은 차라도 그것을 우리는 과정과 방법에 따라 그 맛이 달라지기 때문입니다. 차 맛에 영향을 주는 변수는 정말 많습니다. 차를 우리는 물의 성분, 물의 온도, 찻잎의 양, 우리는 물의 양, 찻잎에 물을 붓는 테크닉과 속도, 찻잎이 물에 잠겨 있는 시간, 티팟의 온도, 티팟의 모양, 티팟의 재질, 찻잔의 종류와 모양 등 정말 많은 변수들에 따라서 차 맛이 달라지기 때문이지요. 어렵고 복잡하지만, 원리를 알게 되면 이런 복잡함이 오히려 재미가 될 수 있습니다.

매번 우릴 때마다 조금씩 다른 방법과 테크닉을 사용해서 차 맛이 어떻게 달라지는지를 감상하는 것도 재미이고, 최고의 차 맛을 내기 위해 내가 할 수 있는 한 최선을 다해 보는 것도 재미입니다. 사실 이것은 재미라기보다 마치 도를 닦는 듯한, 수련의 경험과도 같지요. 그래서 물을 끓이는 순간부터 차를 우린 후 맛을 음미하는 단계까지 매 순간이 마치 명상에 빠져 있는 듯한 느낌을 주기도 합니다.

한 잔의 차를 우리기 위해서 기다림은 필수입니다. 물이 원하는 온도까지 끓기 위해 기다리는 순간, 티팟에 찻잎을 넣고 물을 붓고 차가 우러나기를 기다리는 순간, 차를 한 모금 마시고 입 안에 차 향이 그득히 퍼지기까지 기다리는 모든 순간이 인내를 필요로 합니다. 이 기다림의 순간을 어떤 마음으로 보내느냐가 다도의 퀄리티를 좌우하지요. 이때야말로 앞서 설명 드린 명상의 테크닉이 필요한 순간입니다. 이처럼 명상하는 마음을 가지고 차를 마신다면 다도가 주는 휴식과 감동은 하루를 지탱해주는 큰 에너지가 될 것입니다.

재미로 하는 공부

몇 해 전, 저는 아주 특별한 꿈을 꾸었습니다. 꿈 속에서 비행기를 타고 어디론가 향하고 있었는데, 기체에 문제가 생겨 외딴 사막에 추락하게 되었습니다. 정신을 차려보니 사람들 여러 명이 저를 둘러 싸고 있었습니다. 정확한 시대는 잘 모르겠지만, 아마도 타임 슬립을 해서 문명이 그리 발달하지 않았던 아주 오래 전 시대로 돌아갔나 봅니다. 재미있던 점은 사람들의 외모는 서양 사람 같았는데, 다들 한국말을 잘 한다는 것이었지요. 그들이 한국말로 저에게 너는 누구고 어디서 왔느냐고 묻자, 저는 미래의 한국이란 나라에서 책도 쓰고 강의도 하다 온 사람이라고 했습니다. 그러자 그들이 갑자기 반색을 하면서, 그렇게 미래에서 남을 가르쳤던 똑똑한 사람이라면 자신들에게도 소중한 미래의 지식을 나눠 줄 수 있지 않겠냐고 하는 것이었지요. 제가 흔쾌히 응하면서 궁금한 점이 있으면 무엇이든 물어보라고 하자 저를 궁전 같은 곳으로 데려가서 의자에 앉히더니, 꽤 신분이 높아 보이는 사람이 다가와 이런 저런 질문들을 하기 시작했습니다.

그들이 어떤 질문을 했을지는 여러분들도 대충 예상이 되시지요? 그건 과거 사람들이라면 누구나 궁금할 법한, 우리가 사는 이 세상에 대한 아주 기초적인 질문들이었습니다. 낮에는 왜 해가 뜨고 밤에는 왜 달이 뜨는지, 별자리는 왜 계절에 따라 변하는지, 밀물과 썰물은 왜 생기는지, 삼각형 빗면의 길이는 어떻게 계산하는지, 물의 부피는 어떻게 잴 수 있는지, 어두운 곳을 환하게 만드는 방법은 무엇인지 등과 같이 살아가는 데 있어 꼭 필요한 질문들이었지요.

사실 이런 내용들은 중고등학교 때 이미 다 배웠던 내용들인데, 막상 그 자리에서 설명을 하려고 하니 제 머릿속에는 아무런 생각도 떠오르지 않았습니다. 도대체 나는 태어나서 지금까지 뭘 배웠는지, 내가 제대로 알고 있는 게 무엇인지 생각해 보니 스스로 부끄러움을 느끼지 않을 수 없었고, 잠에서 깬 이후에도 꿈 내용이 하루 종일 머리에서 떠나질 않았습니다. 분명 학교를 다니면서 미적분, 행렬, 지구과학, 지리, 역사, 수많은 수학공식, 물리공식들을 배웠는데, 그것들에 대한 기억이 하나도 안 나는 건 둘째치고, 그걸 왜 배워야 하는지도 몰랐다고 생각하니 소중한 배움의 기회를 허비했다는 생각이 들었습니다.

여행 중 흔히 보는 나무 이름, 꽃 이름도 제대로 모르고, 호숫가의 새가 철새인지 텃새인지도 모르고, 내가 먹는 회가 무슨 물고기인지도 모르고 먹고, 계절에 따라 해가 어디서 뜨고 어디로 지는지도 모르고 있었지요. 나라는 인간의 수준이 말만 그럴싸하게 할 줄 알고, 옷이나 제대로 입을 줄 알았지, 문명인으로서 갖춰야 할 기본적인 지식은 정말 한심한 수준이 아닌가 하는 반성을 하게 되었습니다. 그래서 늦었더라도 지금부터 공부다운 공부를 해 봐야겠다는 결심을 하게 되었지요.

 이렇게 자발적으로 우러난 지적 호기심을 가지고 공부를 대하다 보니, 예전 학교에서 배웠던 교과 과목들이 왠지 정겹고 친숙하게 다가오기 시작했습니다. 당시에는 암기하기에만 급급했던 내용들을 보다 폭넓은 관점에서 접근할 수 있게 되었지요. 이런 태도로 공부란 것을 몇 십 년 만에 다시 시도해 보면서 공부가 재미있을 수 있다는 놀라운 사실을 깨닫게 되었습니다.

 요즘은 유튜브에서도 공부에 대한 흥미로운 컨텐츠들을 많이 접할 수 있습니다. 학생들을 위해 만든 수험 컨텐츠만 봐도 업계 최고의 일타 강사들이 등장해서 이전에 우리가 경험했던 고리타분한 방식이 아닌, 훨씬 이해하기 쉬운 방법으로 교과 과목들을 강의하지요. 학생뿐 아니라 일반인을 대상으로 하는 공부 관련 컨텐츠들도 많이 있습니다. 수학이나 물리학을 철학적인 관점으로 설명하기도 하고, 젊은 친구들이 뉴턴 물리학이나 아인슈타인의 상대성이론같이 어려운 내용을 일상적인 언어로 쉽게 설명해주는 컨텐츠들도 많이 찾아볼 수 있습니다. 경제나 역사같이 암기 위주로 배웠던 과목에 대해서도 서로 다른 관점을 가진 교수들이 각자의 시각으로 다양한 해석을 전달하기도 합니다. 가끔은 음모론에 가까운 컨텐츠들을 통해 한 번도 들어보지 못했던 새로운 사실들을 알게 되어 늘 당연하게 받아들이고 있는 사실들에 대해 새로운 관점을 가지게 되기도 하지요.

이처럼 세상에는 재미있게 공부할 거리들이 너무 많습니다. 물리학, 수학, 지구과학, 지리학, 역사학같이 고전적인 학문들… 이외에도 외국어, 부동산투자, 주식같이 실용적인 내용들도 얼마든지 유튜브나 온라인 강의를 통해 쉽게 배울 수 있지요. 그래서 저는 예전에는 시도할 생각조차 못했던 여러 가지 꿈들을 가지게 되었습니다. 가령 슈만의 가곡을 독일어로 연말 가족 모임에서 불러본다든지, 행렬로 3차 방정식을 풀어본다든지, 약초 공부를 해서 내 몸에 딱 맞는 디톡스 음료를 만들어 보는 것처럼 예전에는 생각지도 못했던 것들을 시도해 볼 수 있게 되었지요. 이렇듯 본인이 정말 이루고 싶은 꿈을 실현하기 위한 공부는 얼마든지 훌륭한 놀거리가 될 수 있다고 생각합니다.

05

일상 밖에서 놀기

　우리는 가끔 누구의 간섭도 받지 않고 혼자 있고 싶은 기분이 들 때가 있습니다. 이럴 때는 집밖으로 나가고 싶지만 어디로 가야 할지도 모르겠고, 밖에서 혼자 있는 경험이 낯설기 때문에 막상 집을 나서기가 망설여지곤 하지요.

　밖에 혼자 있는 사람은 대부분 누구를 만나기 위해 약속 장소로 이동하는 중이든지, 집으로 향하고 있는 사람들뿐이지요. 그래서 우리는 가끔 집 밖의 장소에서 일행이 없는 상태로 혼자 남게 되면 상당한 어색함과 사회적 수치심을 느끼게 됩니다. 결과적으로 혼자 있는 시간의 대부분은 집 안에서 보내게 되지요.

　물론 집 안에서도 혼자 즐길 만한 놀거리들은 많이 있습니다. 하지만 앞서 보았듯이, 집 안에서 무엇인가를 혼자서 제대로 즐기려면 일정 수준

이상의 노력과 훈련이 필요하지요. 공부할 것도, 준비할 것도 많습니다. 하지만 눈을 집 밖으로 돌려보면 특별한 준비 없이 그저 그곳에 방문하는 것만으로도 충분히 재미있는 시간을 보낼 수 있는 장소들이 의외로 많다는 것을 발견할 수 있습니다.

책의 파동이 주는 즐거움, 서점

우리 몸의 70퍼센트 이상은 물로 구성되어 있기 때문에 인간은 주변 파동의 영향을 민감하게 받습니다. 그래서 긍정적이고 온화한 성격을 가진 사람 주변에 가면 좋은 영향을 받고, 매사가 부정적이고 공격적인 사람 주변에 가면 나쁜 영향을 받는 것이지요.

제 경험상 서점이 주는 파동은 늘 긍정적이었습니다. 그곳에는 배움에 대한 호기심, 일에 대한 열정, 창작을 위한 상상력, 그리고 차분하지만 진지한 분위기가 넘칩니다. 이런 파동은 서점 가득 꽂혀져 있는 책들이나 내부 인테리어에서 비롯되는 것일 수도 있지만, 그보단 서점 안에서 책을 고르고 있는 사람들로부터 비롯된 것이라고 생각됩니다. 그래서 마음이 불안정하거나, 조바심이 나고 우울한 감정이 느껴질 때, 서점에 가면 기분이 편안해지지요. 그래서 서점에 갈 때는 내가 사고자 하는 책만 급하게 사서 돌아올 게 아니라, 전시되어 있는 이런 저런 종류의 책들을 보면서, 마치 공원을 산책하는 기분으로 그 안에서의 느낌을 천천히 음미해보려는 마음을 갖는 것이 중요합니다.

 대형 오프라인 서점의 장점은 본인이 사전에 의도하지 않았던 책, 혹은 관심이 아예 없었던 분야의 책을 우연히 만나는 행운을 누릴 수 있다는 점입니다. 이런 책들은 온라인 서점을 이용하면 좀처럼 만나기 어렵지요. 온라인 서점을 이용하게 되면, 늘 나의 관심분야 범위 안에 존재하는 주제의 책들만 반복적으로 접하게 되고, 결과적으로 관심의 폭이 편협해지게 됩니다. 그래서 저는 서점에 가면 제가 찾는 주제와 관련된 책을 고르는 일은 일정의 맨 뒤로 미뤄 놓고, 일단은 서점의 동선을 따라 모든 카테고리를 차근차근 돌면서, 눈에 띄는 책, 혹은 나에게 말을 걸어오는 책들을 찾으려고 합니다. 그러다 보면 애초에 내가 찾던 주제와 무관하다고 생각되었던 종류의 책들이, 어떤 식으로든 애초의 관심분야와 연관이 되어 있다는 사실을 발견하게 되고, 그런 책들을 통해 예상치 못했던 인사이트를 얻게 되기도 하지요.

 몸에 좋은 음식에 관한 책을 사러 서점에 갈 경우에도, 건강관련 코너만 고집하지 말고, 어쩔 수 없이 동선 상에서 마주치게 되는 다른 코너의 책들에게도 관심을 가져 볼 필요가 있습니다. 때론 건강과 관련된 취미에 대한 내용을 다룬 서적이나, 여행 서적, 건강한 생활에 도움이 될 만한 기사들이 수록된 라이프스타일 잡지들, 요리 레시피 북, 에세이들도 결국 건강한 삶을 추구하고자 하는 나의 필요에 어떤 식으로든 도움이 되는 정보를 제공하기 때문이지요. 물론 이렇게 책을 고르다 보면 책 무더기를 안고 집에 돌아올 수도 있지만, 애초에 기대했던 것 이상으로 건강에 관한 인사이트를 얻게 되는 장점이 있지요. 제가 책방에 처음 갈 때 가졌던 마음이 몸에 좋은 음식을 알고 싶다는 WANTS였다면, 책방에서 만나게 된 책들은 건강이라는 저의 근본적인 NEEDS를 충족시켜주는 책들인 것입니다.

고요한 적막함을 즐기러 가는 곳, 대형 미술관

미술관을 방문하는 것 역시 혼자서 즐길 수 있는 훌륭한 놀거리입니다. 미술관 중에서도 저는 작은 갤러리보단 시립 미술관이나 국립 미술관, 또는 기업에서 운영하는 대형 미술관을 방문하는 것을 더 선호합니다. 큰 미술관에서는 혼자 다니는 모습은 일행과 잠시 떨어져 있는 것처럼 보일 수 있지만, 혼자서 개인 화랑을 돌아다니는 모습은 아무래도 주변 사람들 보기에 좀 이상한 사람처럼 보일 수 있지요. 이런 선입견 때문인지 몰라도, 저는 혼자인 경우엔 이왕이면 큰 미술관을 가게 됩니다.

제가 미술관을 가는 가장 큰 이유는 오직 그 곳에서만 느낄 수 있는 적막한 '고요함' 때문이지요. 혼자서 대형 미술관 안을 걷다 보면 그 곳에서만 들을 수 있는 특유의 소음을 경험할 수 있습니다. 이런 소음을 '백색소음'이라고도 합니다. 천장고가 낮거나 평수가 작은 공간에서는 이런 종류의 백색소음을 들을 수 없습니다. 분명 아무 소리도 들리지 않는 것 같은데, 주의를 기울이면 마치 배경음악처럼 어디선가 들려오는 아주 낮게 깔린, 미세한 소리를 감지할 수 있습니다. 그것은 공기가 내는 소리 같기도 하고, 벽에 걸린 그림들이 내는 소리 같기도 합니다. 그 사이에 간간히 섞여서 들려오는 사람들의 소근소근 속삭이는 소리, 옷 깃 스치는 소리, 조심스러운 발자국 소리, 그리고 아마도 환풍기에서 들리는 미세한 기계음… 하지만 절대로 고요하다는 느낌을 침해할 정도의 볼륨은 아닙니다. 이런 고요하지 않으면서도 고요한 것 같은, 낯선 느낌이 주는 침묵을 깨는 것은 그림 앞에 서 있는 내가 내는 숨소리와 발자국 소리뿐이지요. 우리가 도심 안에 살면서 이런 신비한 경험을 할 수 있는 곳은 대형 미술관이 유일한 장소가 아닐까 싶습니다.

학자들은 가장 이상적인 명상의 상태란 두뇌 활동은 활발한 가운데, 신체 리듬은 안정적이고 고요한 상태라고 하지요. 우리가 미술관에서 그림을 바라볼 때, 신체 리듬은 편안한 상태로 유지되면서, 머리로는 그 그림이 내게 주는 감동을 해석해 내려고 치열하게 애쓰는 그 순간이 저는 가장 이상적인 명상의 상태에 근접해 있는 때가 아닐까 생각합니다.

그래서 미술관에 간다는 진정한 의미는 내가 그곳에서 어떤 그림들을 보고, 그림에 대한 어떤 구체적인 정보와 감동을 얻었는지에 있는 것이 아니라, 그곳에서 내가 어떤 경험을 하고 왔는지, 얼마나 잘 쉬고 돌아왔는지에 있다고 생각합니다. 미술관을 마치 밀린 숙제를 해치우듯이, 나의 부족한 교양을 보충해 보려는 마음만으로 가는 사람들은 절대로 이런 고상한 체험을 할 수 없겠지요. 그래서 미술관은 우리에게 편안한 산책 코스와도 같은 역할을 합니다.

혼자 하는 산책

자고로 가장 이상적인 산책이란 아무도 없는 장소에서 혼자 하는 산책이겠지요. 물론 산책의 목적이 소화를 시키기 위해서나, 건강을 지키기 위해서인 분들은 사람이 북적이는 장소를 걷는 것도 아무런 문제가 없겠지만, 복잡한 생각을 정리하거나, 자연을 더 가까이 체감하고 싶은 마음으로 산책을 하는 분들에겐 사람들로 북적거리는 산책로는 가급적이면 피하고 싶기 마련입니다.

신기하게 생각하는 것 중 하나가 저도 사람이면서 세상에서 제일 거슬리는 게 사람이라는 점입니다. 엘리베이터에서도 그렇고, 특히 호젓한 산책 길에서 예기치 못하게 마주치는 사람에게 느끼는 불편함은 어디서 비롯된 것인지 모르겠습니다. 생각해 보면 이런 경험은 우리가 해외여행 중 작은 외딴 도시에 방문했을 때, 어디선가 들려오는 한국어 소리가 주는 알 수 없는 불편함과도 연관이 있는 것 같습니다. 일상을 벗어나고 싶어 이곳까지 애써 멀리 떠나 왔는데, 정작 여기서 일상이 상기되어 환상이 깨지는 것에 대한 불쾌함이라고나 할까요?

이처럼 인간은 때때로 일상과 단절감을 주는 장소에서 혼자만의 시간을 보내고 싶은 마음을 가지고 있습니다. 그래서인지 저는 인적 없는 곳에서 아무도 마주칠 걱정 없이 혼자 고독하게 즐기는 산책을 좋아합니다. 시골로 여행을 갈 때도 가장 먼저 하는 일이 인적이 없으면서도 안전해 보이고, 그러면서도 자연을 느낄 수 있는 최적의 산책 코스를 탐사하는 일입니다. 눈앞에 지나다니는 사람들이 없으면 그제야 비로소 자연의 모습도 눈에 들어오고, 떠오르는 잡생각 없이 오로지 산책에만 집중할 수 있게 되기 때문이지요.

도심에 위치한 집 근처에서 이런 산책 코스를 찾기란 거의 불가능하다고 봐야겠지요. 그렇다면 도심에서의 산책은 포기해야 하는 일일까요? 불편함을 감수하고 사람들이 북적이는 산책코스에서 마스크를 쓴 채로, 좀비처럼 걸으며 산책을 해야만 할까요? 제가 찾은 솔루션은 의외로 간단했습니다. 바로 사람들이 없는 시간을 골라서 산책을 하는 것입니다.

 대부분의 사람들은 주로 저녁 식사 시간이 끝나면 소화를 목적으로 산책을 나옵니다. 이 산책 타임이 끝나는 시간이 대략 오후 9시30분 정도이지요. 이 때부터 산책로는 급속도로 한산해집니다. 이보다 더 안전한 시간은 밤 11시 이후입니다. 뜨거운 물로 샤워를 하고, 몸의 체온을 어느 정도 올린 후, 잠자리에 들기 직전 30분 정도 걷는 밤 산책은 경험한 분들만 아는 그 고유의 맛이 있지요. 공기도 그 때가 가장 신선하게 느껴지고, 무엇보다 산책 후에는 잠이 잘 옵니다. 새벽에 일찍 일어나 5시경에 하는 산책도 좋습니다. 하지만 그 시간에 일어나기 위해선 전날 늦어도 9시, 10시에는 잠자리에 들어야 하기 때문에 라이프사이클을 통째로 바꿔야만 한다는 단점이 있지요. 아무튼 인적이 없는 공간에서 혼자서 하는 산책이 주는 경험은 모든 분들이 꼭 느껴봐야 할 체험이 아닐까 싶습니다.

공연을 더 재미있게 감상하는 방법

음악 공연(Musical Performance)에는 대중음악, 클래식, 오페라, 발레, 뮤지컬 공연 등을 주로 생각해 볼 수 있는데, 오페라나 발레 공연의 경우엔, 혼자 관객석에 앉아 있는 모습이 무슨 사연 있는 사람인 양 남 보기에 민망해 보일 수 있고, 무엇보다 티켓비용이 저렴하지 않기 때문에 그 비용을 내고 혼자서 즐기기엔 다소 아쉬운 점이 있습니다. 뮤지컬이나 대중음악 공연 역시 혼자 관람하기에 어색하지요. 공연하는 아티스트가 젊은 사람이기라도 하면, 주책스러운 팬처럼 보일 수도 있습니다. 이런 면에서 볼 때 혼자서, 호젓이 바람 쐬듯 가볍게 외출하는 기분으로 즐길 수 있는 최적의 선택은 클래식 연주 공연인 것 같습니다.

클래식 공연은 오케스트라가 연주하는 교향곡 공연, 작은 규모의 소 편성으로 연주하는 실내악 공연, 솔로 연주자의 독주 공연 모두 혼자 관람하기에 훌륭합니다. 오케스트라 공연은 해외 유명 오케스트라의 방한 공연도 좋지만, 티켓 가격이 너무 비싸서 혼자 좋은 자리에 앉아서 보기엔 다소 부담이 되고, 그 보다는 국내 시립 교향악단들의 정기공연 정도가 혼자 보기에 적당합니다. 일년에 한번, 열흘에 걸쳐 전국의 시립 교향악단들이 매일 돌아가며 연주를 하는 교향악축제가 열리는데, 그 때 관람을 하면 꽤 저렴한 가격에 좋은 자리에서 공연을 관람할 수 있습니다. 실내악이나 독주 공연은 거의 매일같이 공연이 열리고, 국제적으로 아주 유명한 연주가의 공연이 아닌 이상 티켓 가격도 저렴하기 때문에 마음 내키면 언제든지 당일 바로 예약을 해서 관람을 할 수도 있습니다.

저는 음악 공연을 예약한 후엔 꼭 공연에서 연주될 음악들을 미리 CD나 유튜브로 찾아 몇 번을 반복해서 들어봅니다. 아무래도 멜로디에 친숙해져 있어야 실제 공연장에서 졸지 않고 더 편안하게 연주에 몰입할 수 있기 때문이지요. 단, CD나 유튜브로 연주 음악을 미리 듣는 데에는 부작용이 하나 있는데, 그것을 음원을 통해 접할 수 있는 연주 실황이 대부분 세계적으로 유명한 오케스트라나 연주자들의 공연이란 점입니다. 연주 퀄리티가 상당히 높다는 것이지요. 그래서 세계적 수준의 연주에 귀가 이미 익숙해진 상태에서 실제 공연에 가서 연주를 들을 경우 만일 그 퀄리티가 내가 들었던 연주에 못 미칠 경우, 편안한 마음으로 공연에 몰입하기가 힘들어집니다. 중간 중간에 연주자들이 실수하는 부분도 귀에 더 잘 들어오고, 전체적인 음색이나 템포, 그리고 악기간의 앙상블 역시 기대에 못 미칩니다. 그러다 보면 공연을 제대로 즐기지 못하고 마치 내가 평론가라도 된냥 연주실력을 비판만 하다가 집에 돌아오는 경우도 종종 생기지요.

하지만 조금만 깊게 생각해보면 직접 현장에서 공연을 관람하는 목적은 완벽한 연주를 감상하려는 데에 있는 게 아니라, 연주자의 퍼포먼스를 감상하는데 있다는 것을 알 수 있습니다. 완벽한 연주를 듣는 게 목적이라면 탑 클래스 아티스트가 녹음한 연주를 최고의 앰프와 스피커를 통해 듣는 것 이상이 없겠지요. 하지만 연주자의 퍼포먼스를 감상하는 게 목적이란 뜻은 완벽한 연주 그 자체가 중요한 것이 아니라, 연주자가 어떤 태도로,

어떤 해석을 통해 그 음악을 개성있게 표현하는지를 감상하는 것입니다.

 이것은 마치 미술관에서 그림 작품을 감상할 때 가져야 하는 태도와 같습니다. 우리는 작품을 보며 이 작가가 실물을 얼마나 똑같이 그림으로 그렸는가, 실수없이 붓으로 물감을 잘 발랐는가를 평가하는 게 아니지요. 이 작가는 어떠한 개성 있는 태도로 사물의 모습을 그림으로 해석했는가? 그래서 이 아티스트는 어떤 종류의 사람인가? 와 같은 질문을 던지는 것이 올바른 감상 태도입니다. 클래식 연주도 마찬가지이지요. 그렇기 때문에 연주자가 중간에 실수를 하거나, 연주 실력이 모자라게 느껴지는 부분은 감상에 있어서 큰 문제가 되지 않습니다. 그보단 아무런 개성이나 자신만의 해석없이 녹음기 틀어 놓은 듯한 밋밋한 연주가 오히려 감상을 무의미하게 만드는 것이지요. 어찌 보면 우리는 완벽한 모습보단 다소 모자란 모습 속에서 더 깊은 감상의 가치를 발견하게 되는 것 같습니다.

 사람의 얼굴 생김새도 마찬가지 아닐까요? 너무 완벽하게 생긴 미남 미녀의 얼굴은 금세 질리지만, 어딘가 모자란 면이 있고 아쉬움이 있는 외모는 보면 볼수록 더 정이 가고 끌끌한 마음이 들게 마련이지요. 그래서 아름다움 역시 완벽함 속에 있기보단 모자람 속에 존재한다는 생각을 해봅니다. 인간은 항상 모자란 면을 발견하면, 어떻게 해서든 그것을 완벽에 가깝게 변화시키려는 노력을 하지요. 연주하다가 실수를 하면 그것을 만회하기 위해 이후 이어지는 연주에 더 노력을 하게 되고, 사람 역시 인성이든 외모든 간에 부족한 면이 있으면 다른 부분을 발전시켜 그 부족한 면을 만회하려고 노력하기 마련입니다. 이렇듯 연주자의 노력하는 모습을 감상 중에 캐치해서 관찰하고 거기에 공감하는 것이 한 단계 수준 높은 감상의 태도가 아닐까 싶습니다.

글렌굴드의 피아노 독주 CD를 듣다 보면 중간 중간 들리는 연주자의 숨소리와 의자 끄는 소리가 상당히 거슬리게 들릴 수도 있습니다. 하지만 사람들이 글렌굴드에 환호하는 이유는 바로 이런 그의 연주 습관을 통해 그가 음악을 대하는 태도를 생생하게 경험할 수 있기 때문이지요.

그래서 좋은 공연이란 얼마나 연주를 완벽에 가깝게 했느냐로 평가되기 보다는, 지휘자 혹은 연주자의 음악을 해석하는 태도가 관객들에게 얼마나 잘 커뮤니케이션 되었느냐로 평가되어야 한다고 생각합니다. 그것은 연주의 템포, 악기들이 내는 소리의 크기와 음색, 숨소리, 몸동작, 손동작, 심지어 의상이나 메이크업까지 모든 요소들을 통해 관중들에게 전달됩니다. 여러분도 이런 관점을 가지고 공연을 관람하시면 이전과는 사뭇 다른, 한층 성숙된 공연 경험을 하실 수 있을 겁니다.

밀착 다큐멘터리, 이단 종교 체험

심신이 미약하신 분들에겐 해당되지 않겠지만, 본인의 인생관이나 종교관이 뚜렷한 분들에겐 이단 종교 단체들의 집회에 참가해보는 체험은 상당히 강렬하고 색다른 경험이 될 수 있습니다. 여기서 말씀드리는 이단종

교란 이단 논란이 있는 수준의 이단 종교가 아니라 누가 보더라도 웃음만 나오는, 상식적으로 말이 안 되는 주장을 하는 황당한 종교집단을 이야기하는 것입니다.

무신론자는 물론 이미 믿고 있는 종교가 있는 분들에게도 본인과 다른 교리를 믿는 종교 단체에 방문해서 낯선 경험을 해 보는 것은 스스로의 신앙생활에도 도움이 되는 건강한 활동이라 생각됩니다. 타 종교 단체에 방문한다는 것이 꼭 그 종교에 귀의하겠다는 의미를 가지는 것은 아니지요. 다른 종교를 보다 더 자세히 알고 이해함으로써 내가 믿는 종교에 대한 믿음이 더 입체적이고 확실해질 수도 있으며 본인의 포교활동에 있어서 더 좋은 전략을 짜기 위해 필요한 정보들을 얻을 수 있는 기회가 되기도 합니다.

기성 종교의 경우엔, 최근 들어 교리나 예식행위들이 현대화되고 간소화되어 집회를 참석해 봐도 막상 기대했던 것처럼 특이하거나 흥미로운 부분을 찾아보기가 어렵습니다. 대부분 상식적이고 예측 가능한 수준을 벗어나지 않지요. 하지만 이단 종교는 다릅니다. 이곳에서 가르치는 세계관, 신관은 매우 색다르고 흥미롭습니다. 예언, 투사, 빙의, 병 치유, 기적이 난무하고, 독창성이 넘치는 노래와 춤, 그래픽, 시학이 넘쳐납니다. 한마디로 개성 가득한 종합 예술의 정수를 현장에서 라이브로 경험할 수 있게 되는 것이지요.

저는 이런 집회에 가면 주로 사람들을 관찰합니다. 그 중 가장 흥미로운 캐릭터는 바로 교주와 그의 핵심 측근들입니다. 평범했던 한 인간이 어떤 과정을 거쳐 교주가 되었지, 그리고 그가 자신을 어떻게 신격화하고, 그것을 유지하기 위해 어떤 전략을 쓰고, 어떻게 교인들을 관리하는지를 관찰하는 과정은 한 편의 영화보다 훨씬 더 스릴있고 흥미진진합니다. 그곳에 있는 신도들 역시 저에게 많은 생각을 들게 해 줍니다. 그들과 대화를 나누다 보면 어떻게 멀쩡한 인간이 이런 우스꽝스러운 교리에 빠지게 되고, 또 그럴 수밖에 없었던 사연 많은 인생 스토리를 접하면서 진한 인류애적 감정에 빠지기도 하지요.

워낙 여러 종류의 이단 종교들을 오랜 시간에 걸쳐 두루 경험하다 보니, 이젠 이런 단체들이 가지고 있는 공통적인 패턴들이 무엇인지 파악이 되고, 마케팅적 차원에서 각 단체별로 가지고 있는 장단점들까지도 눈에 들어오게 되었습니다. 유튜브나 책에서 볼 땐 뭔가 대단한 내용이 있는 것 같고 영험한 교주가 존재하는 것 같아도, 막상 그 단체를 방문해 교인들과 몇 마디 나눠보면 그 실체가 별것 아니었다는 경험을 자주 하게 되지요. 그래서 제가 처음에 이런 집회에 참석할 때는 마치 비밀리에 잠입한 기자처럼 눈에 불을 켜고 그 단체의 실체를 파악하려는 긴장된 태도를 가졌지만, 지금은 편하고 느긋한 마음으로 한 편의 종합 예술을 관람하듯 여유롭게 집회에 몰입해서 상황을 즐기는 수준까지 이르게 되었습니다.

신비롭게 보이는 어떤 것에 대해서 의문점이 남아 있는 상태로, 거기에 대해 더 깊게 파보거나 질문하지 않고 그대로 마음 속에 덮어 두는 것은 자신에게 비겁한 자세라고 생각합니다. 이런 자세로는 사는 내내 무엇 하나 확실한 게 없는 막연한 인생을 살게 됩니다. 그것이 어떤 인물이든, 종교단체이든, 시민단체이든 간에, 뭔가 궁금하고 호기심을 자극하는 대상이 있다면 내가 할 수 있는 한 최선을 다해 그 실체를 파악해 보는 게 옳다고 생각합니다. 그래야 인생을 보다 제대로 볼 수 있고 무엇을 하든 제대로 된 의사결정을 내릴 수 있게 되지요. 이런 배경에서 이단 종교 체험은 사람에 따라서 즐거운 놀거리가 되는 것은 물론 스스로를 한 단계 성숙시켜 주는 좋은 경험이 될 수 있다고 생각합니다.

06

신이 되어 보는 즐거움, 창작

현존하는 놀거리들 중에서 그 재미가 가장 강렬한 것을 한 가지만 꼽으라면 그것은 아마도 무언가를 스스로 창작하는 활동이 아닐까 싶습니다. 전세계적인 베스트셀러 작가가 된 '닉 도널드 월시'가 쓴 책, '신과 나눈 이야기'에도 인간이 사는 목적은 내 안에 심겨 놓은 신의 성격(신성)을 체험하기 위함이라는 내용이 나오는데, 이 신성이 바로 우리가 뭔가를 창조하려는 마음, 즉 창작활동을 통해 드러나는 것이지요. 그래서 뭔가를 창조한다는 행동은 신의 영역과 가장 근접한 것이 아닐까 생각해봅니다.

이 이야기는 우리가 인간으로 태어난 이상, 단 한 사람의 예외도 없이, 누구나 창조, 창작을 할 수 있는 능력을 가지고 있다는 말로도 해석될 수 있습니다. 실제로 우리는 일상에서 늘 창작활동을 하고 있습니다. 말을 하는 것도 일종의 창작 활동입니다. 머릿속에 떠오르는 무형의 감정들과 생각들을 언어라는 퍼즐 조각을 이용해 다른 사람들과 소통이 가능한 문장으로 표현해 내는 과정 속에서도 창작력이 사용되기 때문입니다. 다만 우리의 뇌는 에너지 소모를 줄이고 싶어하기 때문에 새로운 것을 창작하기 보다는 가급적 기존의 습관대로만 행동하려는 습성이 있지요. 그래서 일상 생활에서 벌어지는 인간의 행동은 습관적인 것과 창조적인 것이 믹스되어서 외부로 표출됩니다. 다만 사람의 성향에 따라 창의력을 더 많이 발휘하고자 하는 성격의 사람과, 그렇지 않은 사람이 있을 뿐이지요.

 이것은 개인의 글씨체를 봐도 알 수 있습니다. 이 세상에서 글씨체가 똑같은 사람은 한 명도 없지요. 같은 문자를 사용하더라도 사람마다 글씨의 모양은 전부 다릅니다. 하나의 단어를 쓰더라도 그 안에는 습관적인 부분과 본인이 창작한 부분이 한데 섞여 있게 마련이지요. 이렇게 우리는 인간인 이상, 알게 모르게 일상생활 어딘가에선 끊임없이 창조활동을 하고 있는 것입니다.

 문제는 본인 스스로 창의력이 부족하다는 생각을 가지고 있는 분들이 의외로 많다는 점입니다. 뭔가를 새롭게 만들어 내는 창작활동이 재미있다는 것은 알겠는데, 스스로 창의력을 가지고 있지 않다고 단정하다 보니, 그런 장르에 도전하는 것 자체에 대해 상당한 부담감을 가지고 있는 것이지요. 이런 생각이 드는 가장 큰 원인은 우리가 '창의력'을 '상상력'과 같은 개념으로 생각하는 데에 있습니다.

 창의력과 상상력은 다른 개념입니다. 엄밀히 이야기하면, 상상력은 창의력을 발휘하기 위해 필요한 여러가지 세부 능력들 중 하나에 불과합니다. 뭔가를 창조하고 창작하는 데에는 여러 가지 능력들이 필요하지요. 주변의 다른 창작물들의 정보를 수집하는 관찰력, 여러 다른 정보들을 한데 섞어서 의미를 만들어 내는 조합능력, 한 개념을 다른 개념에 적용하는 응용능력, 본인이 원하는 수준에 이를 때까지 묵묵히 참고 일을 진행시키는 인내력과 지구력, 그리고 뭔가를 새롭게 창조해 내보겠다는 의지와 자신감도 한 몫 합니다. 기존에 없던 것을 새롭게 만들어 내는 능력, 즉 상상력도 물론 필요하지요. 하지만 실제로 창조나 창작의 영역에서 상상력이 차지하는 비중은 생각보다 그리 크지 않습니다. 오히려 상상력은 상대적으로 무엇을 창조할 때보다 다른 사람의 창조물을 감상할 때 더 필요한 능력이지요. 그렇기 때문에 상상력이 부족하거나 결여되어 있다고 생각하는 분들도 얼마든지 의미 있는 창작 활동을 할 수 있습니다.

저는 모든 인간이 가지고 태어난 능력치의 합은 동일하다고 생각합니다. 유전자가 사람마다 다르다는 뜻은 능력치를 합산한 종합 점수가 사람마다 다르다는 게 아니라, 능력치가 조합된 비율이 서로 다르다는 의미이지요. 마치 삼국지 게임을 할 때 캐릭터의 한 부분에 능력치를 과다하게 배정하면 다른 부분에 배정할 능력치가 그만큼 줄어드는 것처럼, 인간도 어느 한 부분의 능력이 다른 사람에 비해 부족하다고 생각되면 그 부족한 부분만큼 어딘가 다른 능력에서 남보다 뛰어난 부분이 반드시 있기 마련입니다.

창작의 영역은 인간이라면 누구에게나 공평하게 주어진 놀거리입니다. 그로 인해 얻게 되는 만족감, 성취감 그리고 그 과정에서 경험할 수 있는 '재미'는 기대 이상으로 강렬한 것이지요. 그래서 저는 인간이 누릴 수 있는 가장 재미있는 놀거리는 바로 창조활동, 창작활동이라 감히 말씀드리고 싶습니다.

그림 잘 그리는 방법

그림을 그리는 게 좋은 취미라는 것을 알면서도 막상 그것을 실행에 옮기기를 망설이게 되는 가장 큰 이유는 바로 작품성 없는 그림을 그리는 것에 대한 두려움 때문입니다. 작품성을 걱정한다는 것은 그림을 남에게 보여주고 좋은 평가를 받기 위한 목적으로 그림을 그릴 때 생기는 마음일 수도 있습니다. 그렇기 때문에 그림 그리기에 도전하기 앞서 우리는 어떤 목적을 가지고 그림을 그려야 하는지에 대해 먼저 생각해 볼 필요가 있습니다.

이 목적을 찾는 가장 좋은 방법은 그림을 완성한 후에 바로 찢어 버릴 마음으로 그림을 그려 보는 것입니다. 항상 가성비라는 투자대비 손실 개념에 길들여져 있는 우리들은, 그림을 그릴 때도 본인이 투자한 시간과 비용을 넘어서는 결과물을 손에 쥐어야 비로소 만족하는 경향이 있습니다. 그림 그리는 데에 시간을 며칠이나 투자하고, 비싼 캔버스를 사용하고, 물감을 많이 썼음에도 불구하고 그럴듯한 작품이 완성되지 못하면 뭔가를 크게 낭비를 했다는 사실에서 죄책감을 느낍니다. 하지만 본인이 그림을 그리는 이유가 그림을 팔아서 돈을 벌거나 남에게 칭찬을 받기 위한 것에 있는 것이 아니라, 나의 즐거움을 위한 취미 활동, 놀거리로써 그림을 그리는 것이라면 사실 결과물 자체는 그렇게 중요하지 않습니다. 그보단 그림을 그리는 과정에서 내가 얼마나 큰 즐거움과 행복을 느꼈는지가 더 의미가 있는 것이지요. 만일 그 과정이 정말 즐거웠다면 완성품은 덤에 불과할 수도 있습니다.

 이런 면에서 우리는 그림을 그릴 때만큼은 본인에게 조금 더 솔직해져야 합니다. 그림을 솔직하게 그린다는 뜻은 남의 것을 베끼려 하거나 내 안에 굳어 있는 기존의 습관대로 그림을 그리려고 하는 마음을 최대한 버려야 한다는 뜻입니다. 나무를 그릴 때도 우리들 마음 속에는 늘 나무가 그림으로 표현되는 모습이 습관처럼 자리잡고 있습니다. 물결을 표현할 때도, 꽃을 표현할 때도, 하늘의 구름을 표현할 때도, 사람의 얼굴을 그릴 때도, 늘 그것을 그림으로 표현하는데 있어 동일한 형태의 패턴이 이미 머릿속에 각인되어 있지요. 그래서 그림을 솔직하게 그린다는 뜻은, 내가 가지고 있는 습관적인 패턴에서 벗어나, 내가 지금 보고 있는 사물을 내가 느끼는 모양 그대로 솔직히 표현한다는 것을 의미합니다. 아이러니 한 것은 이렇게 자신에게 솔직한 그림이 시장에서도 작품성 높은 그림으로 평가를 받는다는 것이지요.

그러므로 그림의 작품성이란 그 결과물이 사회에 만연한 기존의 습관적인 표현과 비교해서 개인적 창작의 영역이 차지하는 비중이 높은 만큼에 비례해서 결정되는 것입니다. 얼마나 자기 안에 내제된 습관적인 성향을 자제하고, 그만큼의 창조성을 대신 채워 넣는지에 따라 결정되는 것이지요. 그리고 이 창조성이 발휘된 부분이 그림을 보는 사람들로 하여금 각자의 '심상력'을 발휘하도록 만들어, 그 의미를 해석해 내는 '감상'이란 경험이 가능하도록 만들어 주는 것입니다.

그래서 내가 그린 그림의 작품성은 그것이 유명 화가들의 그림과 얼마나 유사한지의 여부에 따라 결정되는 것이 아니라, 다른 사람은 물론 스스로에게도 얼마나 '감상거리'를 제공하고 있는지에 따라 결정되는 것이며, 이 사실을 알고 나면 누구라도 자신감이 생겨 그림을 그려 볼 만한 마음을 가질 수 있게 되는 것입니다.

꽃 한 송이를 그리더라도 눈에 보이는 꽃의 모양을 100퍼센트 재현해서 캔버스에 옮겨 놓는다면 그것은 사진과 다를 바 없지요. 누군가 물감을 사용해서 실제 꽃을 똑같이 그려냈다면, 그 사람은 작품성보다는 기술적 부분이 뛰어나다는 차원에서 인정을 받는 것입니다. 이 사람은 아티스트가 아니라 테크니션이지요. 이것은 그림을 잘 그렸다고 인정받는 게 아니라 일을 잘했다고 인정받는 꼴인 것입니다. 반면 있는 그대로의 꽃을 그리는 게 아니라, 꽃이 내게 주는 감정, 내가 더 보고 싶은 꽃의 부분, 유달리 더 눈에 띄는 컬러나 모양, 빛, 혹은 꽃 주변의 배경을 실제보다 더 강조해서 표현했다면, 그 사실 자체로서 이 그림은 충분한 작품성을 가지게 되는 것입니다.

 어떤 그림은 보고 있으면, 그림 속 풍경의 습도, 온도, 주변에서 나는 냄새까지 느껴지기도 하지요. 또 어떤 그림은 오브제의 형태보단 눈에 보이는 컬러에만 온통 집중이 되어 있는 경우도 있습니다.

이런 관점으로 그린 그림은 좋은 작품과 나쁜 작품의 차이가 존재하지 않습니다. 물론 본인이 의도하고자 하는 내용을 붓과 물감을 사용해서 캔버스에 제대로 표현하기 위해서는 일정 수준 이상의 테크닉이 필요하지요. 하지만 이런 테크닉의 문제는 잘 그리고 못 그리고의 문제이지, 좋은 그림과 나쁜 그림을 결정하는 요소는 아닙니다. 못 그렸지만 본인에게 솔직한 작품이, 잘 그렸지만 평범한 작품보다 훨씬 더 가치가 있는 것이지요. 물론 그림 그리는 연습을 오래해서, 솔직하면서도 잘 그린 작품을 완성하는 게 가장 이상적인 것이겠지만, 초보자 입장에선 얼마든지 못 그려도 본인에게 솔직한, 스스로에게 작품성 있는 그림에 도전해 볼 수 있는 것입니다.

그렇기 때문에 그림 그리는 재미란 그림 그리는 기술을 향상시키기 위해 데생 연습을 하고, 붓 칠 연습을 하고 그래서 사물을 사진처럼 판박이로 찍어 내는 연습을 하는 과정에서 얻어지는 것이 아닙니다. 그것도 물론 재미가 없는 것은 아닙니다만 재미의 종류가 다르지요. 그런 종류의 재미는 공부의 재미, 수련의 재미에 더 가깝습니다. 우리가 지금 이야기하는 재미는 신의 영역인, 창작의 재미이지요.

만약 좀 더 욕심을 내서, 그림 그리는 활동이 본인의 만족이나 재미를 얻는 수단에서 더 나아가 대중들로부터도 좋은 평가를 받기 위해선 여러 가지 다른 노력들이 필요합니다. 우선 다른 사람은 어떤 상상력을 사용해서 그림을 그리는지를 관찰해야 합니다. 일종의 모방의 과정이지요. 그리고 이런 모방된 데이터들이 쌓이면 이제 이것들을 어떻게 조합하고 응용할지 고민해야 합니다. 그리고 이 과정에서 본인의 상상력이 개입되면 비로소 수준 높은 창조물이 완성되지요. 이것이 대부분의 이름있는 아티스트들이 공통적으로 거치는 창작의 과정입니다.

 그렇기 때문에 수준 높은 창작을 하기 위해 가장 먼저 해야 할 일은 다른 작가들의 작품들을 많이 보는 것입니다. 그리고 나서 내가 그리고자 하는 대상에 그런 작품들로부터 얻은 경험을 어떻게 적용시킬지 고민해야 하는 것이지요. 저는 이 과정에서 작은 스케치북을 사용해 여러가지 다양한 시도들을 해봅니다. 그리고자 하는 대상을 관찰하면서 마치 내가 다른 아티스트에 빙의를 한 상태로, 이 사람이라면 저 대상을 어떻게 표현했을까? 라는 상상을 하면서 스케치를 해 보는 것이지요. 이런 과정을 반복하면서 점점 본인만의 화풍이 모습을 드러내게 됩니다.

 이런 과정이 어렵고 불필요하다고 여겨지시는 분들은, 처음부터 흰 종이 위에 자신만의 방식으로 대상을 마음껏 표현해 보는 것도 좋습니다. 단 그 과정에 앞서 고민의 시간이 필요합니다. '데이빗 호크니'의 '나는 지금 무엇을 보고 있는가?'란 제목의 책이 있지요. 저는 이 책의 제목이 그림을 그릴 때 우리가 반드시 가져야 하는 생각을 잘 말해주고 있다고 봅니다. 같은 사물을 보더라도 내가 지금 무엇을 보고 있는지를 스스로에게 끊임없이 질문해 봐야 합니다. 이 질문에 대한 대답이 바로 여러분이 그림으로 표현해야 할 내용이고, 사람들은 그림으로 표현된 내용을 볼 때 비로소 구경이 아닌 감상을 하게 되는 것이지요. 여러분이 그림을 기술적으로 잘 그리고 못 그리고를 떠나, 사람들로 하여금 제대로 된 감상을 할 수 있게 만들어 주는 그림을 그릴 수 있을 때, 그 그림은 가치있는 그림이 됩니다. 선물로써의 가치가 생기게 되고, 심지어 돈을 받고 팔 수도 있게 되지요.

저는 한 때 인스타그램에서 사람들이 DM으로 사진을 제게 보내주면, 그 사진을 아이패드 그림으로 그려서 한 점에 만 원씩 받고 판매를 한 적도 있습니다. 사진을 그림으로 옮기는 과정에서 자연스럽게 저만의 해석, 즉 화풍이 들어가게 되고 사람들은 그 부분을 사진보다 더 값어치 있게 여기는 것이지요. 이 일은 그림을 통해 다른 사람들을 행복하게 만들어 준다는 사실만으로도 큰 보람을 주었지만, 돈을 받고 그림을 판다는 사실 자체가 주는 짜릿한 재미가 있었습니다. 돈을 한 푼이라도 받은 이상 제대로 그려야 한다는 사실이 주는 일종의 의무감도 좋았고, 얼마라도 내 그림이 다른 사람들로 하여금 돈을 지불할 만큼의 가치가 있다고 평가된다는 사실이 주는 자신감, 만족감도 느낄 수 있었지요.

언어가 감상을 창조하는 즐거움, 글쓰기

20세기 가장 영향력 있는 철학자로 꼽힌 비트겐슈타인은 '인간은 말할 수 없는 것에 대해선 침묵해야 한다'라는 멋진 말을 남겼습니다. 이 말은 인간의 감성과 이성은 언어의 지배를 받는다는 뜻으로도 해석될 수 있지요.

부부간에 말싸움을 하는 이유도 본인이 느낀 상대방의 잘못을 언어로 표현해 그 잘못을 객관적으로 개념화시키려는 의도에서 비롯된 것입니다. 아무리 큰 잘못이라도 느낌만으론 객관적인 유죄 판결을 내릴 수 없기 때문이지요. 인간은 어떤 사건이 주는 느낌이 언어로 표현되는 순간, 원래의 느낌에서 벗어나, 언어로 표현되는 한정된 느낌만을 경험하게 되기 마련입니다. 정치인들 사이에서 흔히 사용되는 프레임 전술도 언어가 우리에게 미치는 영향을 이용한 것이지요. 같은 사건이라 하더라도 그것을 어떤 언어로 포장 하느냐에 따라 대중들이 느끼는 내용이 달라지기 때문입니다.

영어에는 존칭어가 없기 때문에 영어권 사람들이 존칭어가 있는 언어를 모국어로 사용하는 사람들보다 연상인 사람들에게 격없이 대하는 성향이 있다고 해석하는 학자들도 많습니다. 영화 '콘택트'(Arrival)에도 시간과 공간 개념이 존재하지 않는 외계인의 언어를 배운 여자 주인공이 이후 본인의 삶 속에서도 시공간을 초월하는 경험을 하는 장면이 나오는데, 이 역시 언어가 인간의 감성과 사고체계에 영향을 준다는 사실을 보여주고 있지요.

이처럼 인간이 언어의 영향을 받는다는 건 우리가 살면서 외부로부터 어떤 정보를 습득했을 때, 그것을 우리 안에 내제되어 있는 언어라는 필터를 통해서 감성적 경험과 이성적 분석을 하게 된다는 뜻입니다. 즉 우리가 가지고 있는 언어 체계의 종류와 수준에 따라 우리가 경험하는 내용의 종류와 깊이가 달라진다는 것이지요.

이런 의미에서 우리는 글을 쓰는 행위를 통해 두 가지 종류의 효과를 얻게 됩니다.

첫째, 글을 쓰는 훈련을 통해 스스로 가지고 있는 감성 체계의 수준을 높이는 효과를 가져올 수 있게 됩니다. 글을 쓰면서 언어 사용능력이 개발되면, 같은 내용의 정보를 경험하더라도 전보다 더 깊은 수준의 감성적 체험을 할 수 있게 되고, 이성적인 분석을 통해 더 많은 정보를 유추해 낼 수 있게 되는 것이지요. 같은 사과를 먹더라도 언어 체계가 발달되지 않은 사람에겐 그 경험이 단순히 '달고 맛있다'라는 내용의 감정으로만 느껴지지만, 글 쓰는 훈련을 통해 언어 체계가 발달된 사람에겐 사과를 먹는 경험이 '가을의 풍요로움이 응축되어 있는 맛' 이라든지, '한국인의 정서가 연상되는 맛'과 같이 훨씬 입체적이고 깊이 있는 내용의 감정으로 느껴질 수 있게 되는 것입니다.

둘째, 글을 쓰는 행위를 통해 머릿속에 정리되지 않은 채로 둥둥 떠다니는 감정이나 생각들을 다른 이들과 객관적인 소통이 가능한 언어라는 형태로 바꿀 수 있게 됩니다. 이런 의미에서의 글쓰기란 본인이 경험한 정보와 감정을 기록으로 남기는 작업이지요. 글은 쓰는 사람 입장에선 집필 과정에서 본인의 생각과 감정이 논리 정연하게 정리되는 효과가 있고, 시간이 흐른 후에도 과거의 추억을 더 생생하게 회상할 수 있게 됩니다. 또한 읽는 사람 입장에선 다른 사람의 감정에 정서적으로 공감할 수도 있고, 본인에게 필요한 중요한 정보들을 얻게 될 수도 있지요. 그렇기 때문에 우리는 일상 속에서 느끼는 여러가지 감정들을 그대로 흘려보내기보단, 그때 그때 떠오르는 느낌이나 생각들을 노트를 꺼내 글로 옮겨 보는 습관을 가져보는 것이 좋습니다.

 본인의 감정이나 생각을 글로 옮기는 과정 속에선 글쓰는 이의 창의력이 발휘됩니다. 창의력은 본인이 가진 생각을 어떤 스토리와 구조로, 또 어떤 순서로 배열할지를 기획하는 과정에도 발휘되고, 한 줄의 문장을 완성하는 과정 속에서도 발휘됩니다. 또 문장 속에서 어떤 단어를 선택할지 고민하는 과정 속에도 발휘되지요. 그림의 경우 단순하게 붓칠을 잘하는 것이 그림을 잘 그리는 게 아닌 것처럼, 글쓰기는 문장을 그럴싸하게 쓸 수 있는 능력이 없더라도 창의력만 있다면 누구라도 충분히 좋은 글을 쓸 수가 있는 것입니다. 문장력이 다소 서툴더라도 내용과 구성면에서 독창적인 글이 더 훌륭한 글로 평가되는 것이니까요.

 저에게 즐거움을 주는 글쓰기란 책을 내는 것을 전제로 하거나 남에게 보여주는 것을 목적으로 하는 것이 아닌, 글 쓰는 과정 그 자체에서 재미를 얻기 위해 글을 쓰는 것을 의미합니다. 이것 역시 제가 그림을 그리는 이유와 비슷한데, 저는 어떤 것이든 간에 저에게 감동을 주는 장면을 보면 그 장면을 사진으로 찍은 후, 집에 와서 사진을 꺼내 보면서 그 때 그 장면을 경험했던 순간 느꼈던 감정을 되살려서 그림으로 그립니다. 못 그려도 상관없지요. 다만 제가 느꼈던 감정이 그림 안에 솔직히 표현되어 있다면 그 이유만으로도 그 그림은 가치를 가지게 됩니다. 이렇게 그린 그림은 시간이 지난 후에도 그 때의 감정과 기억을 사진으로 볼 때보다 오히려 더 신명하게 되살려 주지요. 글쓰기도 마찬가지입니다. 여행지에서 풍경을 보며 느낀 감정을 짧게라도 글로 적어 놓으면, 사진으로 그 풍경을 볼 때와는 비교가 안 될 정도로 그 장소의 실제감과 감흥을 재현해 줍니다.

 글을 쓰는 것은 이처럼 추억을 글로 남긴다는 기록적인 측면 외에도 나의 감정을 글로 옮기는 과정 자체가 즐겁다는 데에 더 큰 가치가 있습니다. 제가 외출할 때 항상 작은 사이즈의 포켓수첩을 주머니에 넣고 다니는 것도 바로 이런 이유에서입니다.

 여행 중 멋진 풍경과 마주치게 되었을 때 수첩을 꺼내 그 풍경이 내게 주는 감동을 짧게라도 몇 줄 글로 남긴다면, 글을 쓰는 과정 자체가 멋진 감상의 방법이 될 수 있습니다. 아무것도 하지 않고 멍하니 풍경을 감상하는 것보단, 보고 느끼는 감정을 글로 옮기며 풍경을 감상하는 것이 그 감상의 경험을 더 풍부하게 만들어 주기 때문이지요. 정 급할 때는 핸드폰에 내장된 녹음 앱을 사용해서 떠오르는 생각이나 감정들을 육성으로 녹음해 놓는 것도 좋습니다. 그러다 글을 쓸 만한 장소에 가게 되면 녹음된 내용을 들으며 그것을 좀 더 완성도 있는 문장으로 옮기면 되지요.

이 책 역시 어느 날 책상 앞에 앉아서 '이제부터 한 번 글을 써보자'라는 마음에서 쓴 것이 아니라, 대부분의 내용이 일상 생활 중 떠올랐던 생각들을 그 때 그 때 작은 노트에 적어 놓았던 것들을 나중에 모아서 정리한 것이지요. 그래서 글쓰기는 습관입니다. 글은 써보면 써볼수록 더 익숙해지고 더 쉬워집니다. 효과도 즉각적이고 강렬하지요. 글을 자주 쓰면 다른 사람들의 글을 읽을 때도 더 편안함을 느끼게 됩니다. 글을 자주 쓰고 책을 많이 읽으면 문장력이 좋아지면서 말도 이전보다 더 조리있게 할 수 있게 되고 창의적인 표현도 늘게 되지요.

요리가 즐거움이 되는 방법

저는 불행히도 손 맛을 타고 나지 않았습니다. 혹자는 믿거나 말거나, 손 맛을 파동의 관점으로 설명하기도 하는데, 확실히 손 맛에는 과학적으로 설명 못하는 무엇인가가 있음은 분명합니다. 어쨌든 제가 한 요리의 맛은 늘 뭔가 2프로 부족합니다. 게다가 저는 불행히도 입 맛까지 유달라서 맛의 기대치가 높습니다. 그러다 보니 제가 한 요리가 더 맛없게 느껴질 수밖에 없지요. 하지만 저는 자주 요리를 하고 그 과정을 즐깁니다. 물론 제가 한 요리를 맛있다 칭찬하고 끝까지 먹어주는 와이프가 있다는 점도 제가 요리를 즐겨하는 데에 한 몫 한 것 같기도 하지만, 저는 요리하는 것 자체에서 큰 재미를 경험합니다.

 물론 끼니를 때우기 위해 하는, 혹은 가족들 간의 정해진 생활습관을 지키는 차원에서 하는 요리는 의무적인 일에 더 가깝습니다. 그 때는 요리가 아닌 밥을 한다고 말하지요. 그래서 요리가 일거리가 아니라 놀거리가 되려면 우선 그 의무감에서 벗어나야 합니다. 매일같이 반복해야 하는 식사 준비 과정 속에서 요리의 즐거움을 찾으라는 것은 억지스러운 주장일 수 밖에 없지요. 그렇기 때문에 즐거운 요리는 내가 하고 싶을 때 해야 제대로 된 놀거리가 될 수 있습니다. 밥은 밥이고 요리는 요리이니까요.

 이런 의미에서 요리는 미술작품, 그 중에서도 설치미술을 만드는 과정과 유사한 장르라고도 할 수 있습니다. 재료를 씻고, 가공하고, 순서에 맞게 배치하고, 기다리고, 보기 좋게 플레이팅 하는 과정은 예술가가 설치미술을 제작하는 과정과 다를 게 없습니다. 저는 제가 만든 요리에 항상 이름을 붙이는데 이 점 역시 미술 작품의 경우와 다르지 않습니다. 그래서 제 요리에는 항상 주제가 있습니다. 여기서 주제란 작가의 창작 의도이겠지요. 이 주제는 요리의 맛으로도 표현될 수 있고, 요리의 모양으로도 표현될 수 있습니다. 아무래도 요리가 맛이 있으려면 신선한 제철 재료를 사용해야 하는데, 저는 요리 주제를 미리 정하기 보다는 먼저 마트에 가서 구할 수 있는 제철 식재료들의 상황을 보고 나서 요리의 주제를 정하곤 합니다.

아무리 창의적인 요리를 시도하더라도 전문가가 아닌 이상 기존에 존재하는 레시피의 틀을 크게 벗어나긴 어렵지요. 그래서 저는 인터넷에서 찾은 레시피대로 기본적인 재료의 손질과 일차 가공을 하고 필요한 소스를 만듭니다. 대신 저의 창의력은 재료를 칼로 써는 방법에서 발휘되지요.

같은 재료라도 그것이 썰려 있는 모양과 크기에 따라서 맛은 완전히 달라집니다. 음식이 수북이 쌓여 있을 때와 여기 저기 흩어져 있을 때는 전혀 다른 맛이 나지요. 수박도 믹서에 잘게 갈아서 먹을 때와, 삼각형으로 잘라서 먹을 때와, 안심 스테이크처럼 덩어리로 먹을 때가 각각 맛이 다릅니다. 주재료를 불에 굽거나 데우는 과정, 순서에서도 창의력이 발휘됩니다. 라면의 경우도 먼저 냄비에 스프를 기름으로 볶아 고추기름을 내고 그 위에 물을 부어 끓이는 방법도 있고, 물의 양을 처음부터 아주 많이 넣은 후 스프를 넣어 오랜 시간 졸인 후 면을 넣는 방법도 있지요. 이런 방식으로 라면을 끓이면 전체 국물 양은 넉넉하면서도 국물의 맛은 진하게 유지됩니다.

요리의 프레젠테이션, 즉 접시 위에 놓인 음식들의 자태와 어떤 접시에 플레이팅할지를 기획하는 것 역시 창의력을 필요로 합니다. 같은 콜라도 캔 채로 마실 때와 유리컵에 마실 때와 맛이 서로 다르지요. 유리컵 중에서도 홀쭉하고 긴 유리컵에 마시는 콜라와 뚱뚱한 유리컵에 마시는 콜라는 그 맛이 서로 완전히 다릅니다. 얼음을 하나 띄운 콜라와 얼음을 두 개 띄운 콜라도 맛이 다르지요. 이렇듯 창의적인 프레젠테이션과 플레이팅을 통해서도 작가가 표현하고자 하는 주제가 맛과 비쥬얼로 잘 표현될 수 있도록 고려해야 합니다. 그리고 나서 완성된 요리에 그럴싸한 제목을 하나 지어주면 일단 요리는 마무리가 됩니다.

 저는 한식을 요리할 때면 생선구이 같은 메인 디쉬 한 개만 직접 요리를 하고 나머지 반찬들은 냉장고에 있는 것들을 재활용해서 사용하는데, 그 때 일본 가이세키 요리에서 쓰이는 작은 접시들에 여러 반찬들을 조금씩 덜어서 테이블 세팅을 하면, 퓨전 느낌이 물씬 풍기는 멋진 한정식 요리가 됩니다. 이때 음악도 살짝 전위적인 현대음악이나 COOL 재즈 같은 장르의 음악을 틀면 분위기는 한층 더 고급스러워지지요.

 외국의 리조트에 가보면 데일리 프로그램 중에 꼭 포함되어 있는 것이 '쿠킹클래스'입니다. 현지 전통 요리를 전문 요리사의 도움을 받아 직접 만들어 먹어 보는 체험 프로그램이지요. 그 프로그램 중에서 가장 저의 기억에 남고 재미있었던 것은 실제 요리를 할 때보다 요리사와 함께 차를 타고 현지 로컬 푸드 마켓에 가서 식재료들을 직접 보면서 무슨 요리를 할지를 고민하던 순간이었습니다. 모든 창작 작업들의 경우에도 마찬가지겠지만, 실제 창작을 하는 순간보다 무엇을 창작할지를 상상하고 기획할 때가 더 큰 즐거움을 느끼는 순간이지요. 그래서인지 저도 막상 요리를 할 때보다 시장에서 식재료들을 둘러보며 오늘은 무슨 요리를 한번 만들어 볼까 하고 궁리할 때가 더 즐거운 것 같습니다.

여러분들도 가끔은 뭘 요리할지를 마음 속에 정하지 않은 채, 특이하고 이국적인 식재료를 파는 마트에 구경 삼아 들러 보시기 바랍니다. 그러다 보면 평소에 한 번도 해보지 않았던 요리에 창의적으로 도전해 보고 싶은 용기가 생기지 않을까요?

07

덕업일치

 가슴에 손을 얹고 내 평생 가장 즐거웠던 때가 언제였는지를 회상해 보면제 머릿속에 떠오르는 장면들이 몇 가지 있습니다. 그 중 하나가 돈다발을 셀 때였습니다.

 오래 전 코엑스몰에 오픈했던 한 매장이 대박이 나서 매일 밤 영업이 끝난 후 매장 뒤에 있는 작은 사무실에서 그 날 번 돈을 셌는데, 당시에는 돈 세는 기계는 은행에나 가야 있었고 매출의 80퍼센트가 현금이던 시절이라 수천만 원이 넘는 현금 다발을 일일이 손으로 하나 하나 세어야 했습니다. 정확한 합계 금액이 나와야 그 금액을 봉투에 적어 야간 금고에 입금시킬 수 있는데, 액수가 워낙 큰지라 셀 때마다 합계가 다르게 나와서 몇 십분 동안 반복해서 돈만 셌던 기억이 납니다. 바로 그 순간이 제 인생에서 가장 즐거웠던 순간이었다고 고백하지 않을 수 없네요. 아무리 명상이고 소확행이고 다 좋지만 인간은 돈을, 그것도 아주 많은 돈을 벌 때가 사실 제일 재미있지 않나 싶습니다.

 이런 면에서 보면 비트겐슈타인처럼 평생 돈 걱정 없는 사람이 본인이 깨달은 바가 있어 인생에서 소확행을 실천하는 게 가장 행복한 삶이 아닐까 싶기도 합니다. 하지만 그런 경우는 좀처럼 찾아보기가 쉽지 않지요. 명상이나 소확행을 추구하는 사람들은 왜 그런지 돈이 별로 없습니다. 반면 큰 부자들은 불안과 권태 사이에서 방황하는 경우가 많지요. 어찌되었든 이 세계에 사는 우리들은 아무리 높은 정신적 경지에 이르더라도 결국 돈에서 자유롭기 힘들다는 사실은 부인하기 어렵습니다.

 돈은 우리를 편하게 해줍니다. 돈이 많으면 명상이나 소확행도 멋진 자연친화적 옷을 입고 더 좋은 환경에서 더 몸에 좋은 음식을 먹으며 할 수 있습니다. 늘 돈이 없는 게 문제이지, 돈이 많다고 문제가 생기는 경우는 생각보다 그리 많지 않습니다. 영화나 뉴스에서 그런 흔치 않는 케이스를 확대해서 강조할 뿐이지요. 제 주변을 아무리 둘러봐도 돈이 많아 행복하고 재미있게 사는 사람들이 그렇지 않은 사람들보다 훨씬 많습니다. 고민거리는 누구에게나 공평하게 있는 것이지, 부자들이라고 해서 가난한 사람들보다 고민거리가 더 많은 것은 아닙니다. 그것은 전적으로 당사자들의 마음가짐에 달렸을 뿐이지 돈은 죄가 없습니다.

 그래서 우리는 가능한한 많은 돈을 벌기 위해 노력해야 합니다. 행복하기 위해선 돈을 많이 벌겠다는 의지 자체를 접어야 한다고 주장하는 사람들은 어쩌면 스스로에게 비겁한 사람들입니다. 그것은 본인의 운 없음과 게으름을 정당화시키려는 변명에 불과한 것일 수도 있습니다.

다만 돈을 추구하는 과정에서 삶의 퀄리티가 망가져서는 안 되지요. 돈을 버는 목적이 인생을 재미있게 살기 위해서인데, 돈 버는 과정이 고통스럽다면 그건 앞뒤가 맞지 않는 일이니까요. 그래서 우리는 보다 성숙한 자세로 스스로를 성찰하면서, 최선을 다해 돈을 벌기 위해 노력해야 합니다. 돈과 카르마는 인생이란 게임을 재미있게 즐기기 위해 반드시 필요하고 중요한 규칙입니다. 게임을 제대로 즐기기 위해선 정해진 규칙을 잘 따라가며 그 안에서 소소한 재미들을 추구해야 합니다. 규칙을 무시하면 게임은 재미있을 수도 없고 제대로 운영되기도 어렵습니다.

온라인 쇼핑몰 창업에서 얻는 즐거움

누구나 돈 벌 수 있는 요령이란 존재하지 않습니다. 부는 상대적인 개념이기 때문에 누군가 돈을 벌면 누군가는 그만큼 돈을 벌지 못합니다. 그렇기 때문에 누구나 돈을 벌 수 있다는 말은 그 자체가 앞 뒤가 안 맞는 말이지요. 대신 돈을 벌기 위해 꼭 갖춰야 하는 조건들이나 돈을 벌 확률을 높여주는 방법들은 있습니다.

돈은 상대적인 원리에 의해 벌리는 것이기 때문에 내가 어떤 분야에 있어서 남들보다 역량이 뛰어나면, 그 뛰어난 역량만큼의 돈을 벌게 되어 있습니다. 이것이 자본주의가 작동하는 법칙입니다. 물론 그 과정에서 여러 변수들이 개입하긴 하지만, 기본적인 원칙은 여기에서 크게 벗어나지 않습니다. 그래서 우리가 돈을 벌기 위해 가장 먼저 갖춰야 하는 필수적인 조건이 바로 셀러의 역량입니다.

 그렇다면 우리 앞엔 두 가지의 선택지가 있습니다. 첫째는 내가 돈을 벌 분야를 먼저 정하고, 거기에 필요한 역량을 노력을 통해 키우는 것이고, 둘째는 내가 이미 남보다 우월한 역량을 가지고 있는 분야에서 돈을 버는 것이지요. 두 가지 중 어느 쪽이 결과적으로 얼마나 돈을 더 많이 벌지는 알 수 없습니다. 다만, 첫 번째의 경우를 우리는 돈을 고생해서 번다고 말하고, 두 번째의 경우를 돈을 즐기면서 번다고 하지요.

 일하는 과정 속에서 내가 가지고 있는 남보다 뛰어난 역량이 발휘되어, 그 대가로 돈을 버는 가장 이상적인 모습이 바로 덕업일치이지요. 만일 여러분이 이미 이런 구조로 돈을 벌고 계신다면, 그것은 정말 행운입니다. 만일 그렇지 않은 경우라면 기존의 생업은 그대로 유지한 상태에서 세컨 잡(Second Job)의 개념으로, 덕업일치 측면에서 추가적인 수익을 만들어 보는 것을 시도해 보는게 어떨까 싶습니다. 만일 일이 잘 풀려 즐겁게 일하면서 돈도 많이 버는 일이 가능해진다면 기존의 직장이나 사업은 언제라도 그만 둘 수 있는 것이니까요.

세컨 잡 개념으로 추가적인 돈을 벌 수 있는 방법은 많겠지만, 제가 가장 추천드리고 싶은 방법은 아주 작게라도 온라인상에서 본인이 남보다 뛰어난 역량을 마음껏 발휘할 수 있는 자기만의 사업을 해 보라는 것입니다. 그 중에서도 저는 물건을 사고 파는 이커머스 분야를 권하고 싶습니다. 세컨 잡인 이상, 아무래도 시간으로부터 자유로워야 한다는 점이 우선 중요하고, 초기 투자 비용이 많지 않아야 하며, 고정적으로 지출이 발생하는 고정비율이 낮아야 하고, 무엇보다 유통만큼 자기 역량을 효과적으로 발휘할 수 있는 분야가 없기 때문이지요.

유통의 기본은 소비자가 원하는 것을 채워주는 것이 아닌 소비자가 원할 것을 미리 알아서 제안을 하는 것인데, 소비자가 원할 것을 미리 알기 위해서는 반드시 그 분야에서 일반인들보다 역량이나 인사이트가 뛰어나야 합니다. 이 이야기는 제가 이전에 쓴 '온라인 창업 마스터'와 '해외소싱 마스터'에서 이미 자세하게 설명을 드렸기 때문에 여기서는 더 이상의 언급은 하지 않겠습니다만, 한 분야에서 일정 수준의 역량을 가지고 있는 사람이라면 기본적으로 장사에서 성공할 가능성은 어느 정도 보장되었다고 말씀드릴 수 있습니다.

다만 장사라는 것을 제대로 하기 위해선 시장조사, 상품을 구매하는 소싱처 조사, 마케팅 같은 분야에 대한 정보와 노하우가 필요합니다. 하지만 요즘 이런 정보들은 조금만 발품을 팔면 유튜브에서도 쉽게 배울 수 있고, 저렴한 유료 강의들도 많기 때문에 마음만 먹으면 얼마든지 단기간에 습득할 수 있는 부분이지요. 단 너무 단기간 안에 큰 성과를 얻겠다는 조급한 마음만 버린다면 저는 온라인 커머스 창업은 누구라도 도전해 볼 만한 가치가 있는 분야라고 생각합니다.

 남보다 뛰어난 역량을 갖춘다는 의미는 어떤 분야에 있어서 특별한 전문지식이나 전문 학위를 소지해야 한다는 뜻이 아닙니다. 물론 그런 경우라면 더욱 좋겠지만, 그렇지 않은 경우라도 어떤 분야에 있어서 쇼핑경험만큼은 남보다 훨씬 더 오랜 기간, 깊은 경험치를 가지고 있다든지, 혹은 덕후 기질이 있다든지, 남들이 별로 관심 없어 하는 희소성 있는 분야에 남다른 취미를 가지고 있다면, 유통업에서 성공하기 위한 충분한 조건을 갖추고 있다고 봅니다. 만일 이것마저 없다면, 본인 주변에서 그런 역량을 가진 사람을 찾아 도움을 받으면 됩니다.

 어차피 역량의 우위는 대한민국 평균치를 기준으로 따지는 것이 아니라, 온라인 커머스 상에서 해당 카테고리에서 장사를 하고 있는 다른 셀러들과 비교했을 때, 본인이 얼마나 그들보다 역량이 우월한지가 중요한 것이기 때문에 역량에 대해서는 그렇게 큰 부담을 가지지 않으셔도 됩니다. 대부분의 온라인 셀러들은 본인의 역량과 무관한 장사를 하고 있기 때문에 여러분이 아주 조금의 우월성만 가지고 있다면 아무리 초보라도 충분히 그들과 경쟁해서 이길 수 있습니다. 부족한 부분은 얼마든지 추후에 공부를 통해서 메꿀 수 있습니다.

일과 함께 하는 여행, 무역박람회 방문

　온라인 커머스 사업을 시작하게 되면 어쩔 수 없이 방문하게 되는 곳이 하나 있는데, 바로 해외 생산지에서 개최되는 무역 박람회입니다. 사업 초기 단계에는 장사할 물건을 구매할 때 국내외 도매상을 이용하면 되지만, 사업 규모가 어느 정도 커지면 남들이 팔지 않는 물건을 좀 더 싼 가격에 구매해야 할 필요를 느끼게 됩니다. 그 때 반드시 방문해야 하는 곳이 바로 해외에서 열리는 무역 박람회입니다. 경우에 따라선 사업 규모가 크지 않거나 사업을 기획하는 초기 단계에서도 해당 업계 선수들의 소싱 환경을 미리 알아보자는 견학의 차원으로 무역박람회를 방문하는 분들도 있지요. 아무튼 무역박람회는 장사에 발을 디딘 이상 언젠간 꼭 가봐야 하는 곳임엔 분명합니다.

저는 지난 20여년간 커리어의 대부분을 유통업에 종사했기 때문에, 매년 세계 곳곳에서 열리는 여러 종류의 무역박람회를 다녔지요. 무역박람회는 당연히 일을 목적으로 간 것이지만, 그 경험이 너무 즐거워서 다녀온 이후에도 항상 그곳에 다시 가는 날만을 손꼽아 기다리곤 했습니다.

무역박람회 방문은, 단지 휴식이나 관광을 목적으로 가는 해외여행과는 또 다른 종류의 재미가 있지요.

첫째로, 일 때문에 출장을 간다는 사실은 여행에 투자되는 시간과 비용에 대한 부담감을 덜어줍니다. 파리에서 에르메스백 하나만 사오면 비행기 값을 뽑는다는 이야기가 있듯이, 무역박람회를 가는 것 역시 돈을 벌기 위한 목적으로 가는 출장이기 때문에 거기에 소요되는 모든 비용은 미래의 잠재 수익을 위해 쓰는 일종의 투자인 셈이지요. 그래서인지 출장에 쓰는 돈이 별로 아깝지가 않습니다. 세상에서 제일 맛있는 밥이 공짜밥이란 말도 있지요. 여행을 갈 때 늘 마음 속 한구석에 찜찜함을 느끼는 것이 돈 쓰는 것에 대한 부담감인데, 이런 면에서 무역박람회를 가는 것은 그런 감정으로부터 벗어나 출장 내내 '열심히 쓰고 열심히 벌어보자'와 같은 긍정적인 마음을 가지게 됩니다.

둘째로, 저 역시 제가 남보다 비교적 역량이 뛰어나다고 생각하는 부분, 즉 제가 좋아하는 카테고리 내에서 장사를 해왔기 때문에, 제가 사고 파는 물건들은 대부분 제가 평소에 좋아하는 것들이었지요. 그러다 보니 그런 물건들이 온 천지에 널려 있는 무역박람회에 가는 것은 저에겐 마치 놀이공원에 가는 것과 같은 일일 수밖에 없었습니다.

 무역박람회는 전 세계의 공장, 도매상들이 저같은 소매상을 대상으로 상품을 판매하는 곳이다 보니, 한국에선 구경하기도 어려운 고급제품들부터, 한 번도 기보지 못한 나라에서 생산된 이국적인 디자인 제품까지, 세계 각지에서 생산된 온갖 카테고리의 물건들을 한 눈에 볼 수 있습니다. 이런 물건들은 구경하는 것만으로도 충분히 재미있지만, 비즈니스 적인 측면에서도 볼거리, 배울거리가 넘칩니다. 상품 아이디어는 물론 브랜딩 아이디어, 패키징 방법, 상품 구색까지 본인 비즈니스에 응용하면 좋을 만한 배울 거리들이 널려 있지요. 그래서 이런 박람회에 한 번 다녀오면 해당 카테고리에 대한 안목이 높아지고, 정보도 늘어 본인 스스로가 그 업계에서 몇 단계 껑충 성장하게 되는 것을 경험하게 됩니다.

 셋째로, 무역박람회는 볼거리만 많은 곳이 아니라 실제로 그 물건들을 국내 판매가의 3분의 1, 많게는 4분의 1가격에 싸게 판매하는 곳이기 때문에, 물건들을 싼 가격에 구매한 후 한국에서 큰 마진을 남기고 파는 즐거운 상상을 할 수 있게 됩니다. 생전 처음 코스트코에 가서 싼 가격으로 파는 상품들을 보면 야릇한 흥분감에 빠지게 되지요. 무역박람회에서 느끼는 흥분감은 그것에 비할 바가 아닙니다. 코스트코의 상품은 살 때 느끼는 즐거움이지만, 이 곳의 상품들은 내가 사다가 팔 상품들이기 때문에 돈을 많이 벌 수 있다는 기대감까지 주기 때문이지요. 그래서 가끔 그 곳에서 파는 상품들 중에서 한국에서 지금 잘 팔리고 있는 동일 상품의 가격과 비교해 볼 때 말도 안 되게 싸게 파는 상품들을 발견하게 되면 마치 금방이라도 부자가 된 것 같은 흥분감에 빠지기도 합니다.

 넷째로, 무역박람회에 가면 현지 공장 직원들과 상담을 하게 되고, 또 이야기가 잘 풀리면 그들과 좋은 친분 관계를 맺게 되기도 합니다. 박람회가 끝나고 상담했던 공장에 같이 방문해서 더 많은 물건들을 보는 경우도 종종 있지요. 그러면서 직원들이나 사장들과 좋은 친구 관계로 발전하는 경우도 자주 있습니다. 같이 식사도 하고, 근처로 짧은 관광을 가기도 하고, 골프 치는 친구가 있으면 같이 라운딩도 합니다. 저는 이렇게 해외 각지에서 일적으로 만나 친한 친구가 된 사람들이 많이 있습니다. 이것 또한 인생에 있어서 큰 즐거움이지요.

 나이를 한 두 살 먹다 보면 아무리 마음이 통하는 친구 사이라도 특별한 용건이 없으면 자주 만나기가 어려워지지요. 그래서 일적으로든 뭔가 만날 명분이 있어야 그나마 만나게 되는 것 같습니다. 이렇게 해외에 일적으로 알게 된 친구들이 많으면 그 나라에 놀러 갈 때도 여러 모로 도움이 되고, 또 그들이 한국에 오게 되면 제가 식사 대접도 하면서 서로에게 유익한 친분 관계를 누릴 수 있게 됩니다.

08

그 외 고독한 놀거리 리스트

 이제부터는 카테고리와 무관하게 제가 평소에 혼자 있을 때 즐기는 놀거리들을 두서없이 소개해 보겠습니다. 이 놀거리들을 따로 모아서 마지막으로 소개해 드리는 이유는, 첫째로 그 내용이 놀거리라는 카테고리로 정확히 분류하기 애매한 것들이거나, 둘째로 제가 그 분야에 대해 평균 수준 이상의 전문가가 아니기 때문입니다. 하지만 이 놀거리들은 제가 실제로 생활 속에서 자주 즐기고 있고, 또 그 즐거움을 여러분들께 소개해 드릴만한 가치가 충분히 있는 것들임에는 분명하기에 비록 대단한 인사이트를 전달하기엔 부족하지만 이 기회를 통해 그것들에 대해 간략하게라도 설명을 드려 보고자 합니다.

점을 즐기면서 볼 수 있는 이유

점을 보는 것이 과연 놀거리가 될 수 있을까요? 만일 여러분이 큰 의사결정을 내릴 때 지침을 주는 수단으로, 혹은 앞으로 일어날 일들을 미리 알고 싶은 마음으로 점을 본다면 점은 놀거리가 아닙니다. 하지만 저처럼 나름 점의 역할과 그 한계에 대해 확실한 정의를 가지고 있는 경우라면 점은 얼마든지 유쾌한 놀거리가 될 수 있다고 생각합니다.

현대 물리학에 조금이라도 관심을 가지고 있는 분들은 시간이란 3차원으로 제한된 관찰자의 입장에서만 존재한다는 사실을 이미 알고 계시리라 봅니다.

사람이 죽으면 영은 우리가 지금 살고 있는 3차원 세계에서 벗어나 그 상위 차원으로 가지요. 그 곳엔 시간 개념이 없기 때문에 스스로를 3차원으로 제한하지 않는 한, 과거 현재 미래의 모든 모습을 동시에 체감하게 됩니다. 즉 사건의 모든 가능성을 동시에 경험하게 되는 것입니다. 이 모습을 3차원 개념에서 억지로 이해하려 든다면 다중우주, 즉 멀티유니버스란 개념으로 밖엔 설명되지 않겠지요. 그래서 어떤 영적인 존재가 인간의 미래를 앞서 내다본다는 뜻은, 지금 점을 보고 있는 사람이 아무런 의지적 변화 없이 평소에 사는 것처럼 계속 습관적으로 산다는 것을 가정했을 때 펼쳐질 미래의 결과를 점을 보는 순산을 기준으로만 한정 지어서 이야기해주는 것입니다. 만일 점을 보는 사람이 평소의 패턴과는 다른 의사결정을 내린다면 점쟁이의 눈에는 이전과는 다른 미래가 보이게 되는 것이지요. 즉 미래가 정해져 있다는 말의 의미는 미래가 현재 나의 의사결정에 연동되어 정해져 있다는 뜻입니다.

대부분의 사람들은 늘 하던 대로의 생각을 하고, 하던 대로의 행동을 하면서 의지적이기보단 습관적인 삶을 살기 때문에 점쟁이가 내다본 것과 같은 내용의 미래를 맞이하게 되는 경우가 많지요. 그래서 나름 진리를 깨우쳤다고 하는 도사들은 인간의 운명은 사주, 유전, 환경, 의지가 정확히 25퍼센트씩 작용해서 결정된다고 공통적으로 얘기합니다. 사주와 유전은 이미 결정된 것이고, 환경은 정해진 것이긴 하지만 내가 의지를 발동하면 바꿀 수 있는 변수입니다. 그러니 내가 별다른 의지적 결정 없이 그냥 살던 대로 살면, 50에서 75퍼센트의 확률로 이미 결정된 삶을 살게 되는 것이고, 그런 사람이 용한 점쟁이를 찾아가서 점을 보면 점괘가 맞을 수밖에 없는 것이지요. 반대로 내가 의지를 발휘해서 습관을 거스르는 의사결정들을 내리고 환경도 내가 의지적으로 바꾸며 살다 보면 내 운명이 내가 원하는 대로 바뀔 확률은 최대 50퍼센트 까지는 되는 것입니다.

그래서 저는 점을 제 인생을 중간 점검한다는 차원에서 재미 삼아 봅니다. 지금까지 살던 대로 살 경우 나의 미래는 어떤 모습일지를 미리 엿보는 것이지요. 점괘가 좋게 나오면 지금껏 살던 대로 살면 되는 것이고, 만일 점괘가 나쁘게 나오면 사는 방식을 조금 바꿔보면 되는 것이지요. 그래서 저는 점괘가 좋게 나오든, 나쁘게 나오든 아무런 상관이 없습니다. 저에게 점은 재미와 호기심의 수준을 넘지 않습니다. 어차피 인생이란 게임을 하고 있는 입장에서 볼 때, 좋고 나쁜 것은 특별한 의미를 가지는 것이 아니니까요. 오히려 지루한 게임을 하고 있는 것보단 스트레스 받는 다이나믹한 시나리오의 인생이 게임하는 사람 입장에선 더 즐거운 과정이 아닐까 싶습니다.

나의 인생을 한 편의 영화로 만들어 보는 즐거움, 시놉시스

저는 늘 소설을 써보고 싶은 마음을 가지고 있지만 소설을 쓰는 데는 너무 오랜 시간이 걸리고, 매번 시도할 때마다 늘 저의 부족한 문장력의 한계에 부딪히기 때문에 그 대안으로 찾은 것이 바로 영화의 시놉시스를 쓰는 것입니다. 영화의 시나리오를 쓰면 더 좋겠지만 그것 역시 특별한 훈련이 필요한 일이기에 그 대안으로 시놉시스 쓰는 것을 선택한 것이지요. 시놉시스는 말 그대로 영화의 큰 줄거리만 잡고 거기에 필요한 주요 사건들만 간단하게 적는 것이기 때문에 글 재주가 없는 사람도 좋은 아이디어만 있다면 얼마든지 도전해 볼만한 장르입니다.

 우리들은 살면서 재미있거나 감동적인 순간을 경험하면 그 기억을 오랫동안 간직하고 싶어합니다. 또한 그런 경험들을 나중에 누가 영화로 만들면 재미있겠다는 생각도 하지요. 이런 특별한 경험을 스쳐 지나가는 감정으로 끝내지 않고 최소한의 영화적 형식을 갖춘 글로 남기고자 하는 것이 시놉시스를 쓰는 목적입니다.

 시놉시스는 영화의 시나리오를 본격적으로 쓰기 전, 습작 형태로 대충의 줄거리만 써 보는 것이기 때문에 시놉시스를 쓰는 일 자체만으로도 마치 그 스토리가 영화화되는 것 같은 기분이 듭니다. 나중에 시간 여유가 생기면 써 놓은 시놉시스를 바탕으로 단편소설, 혹은 장편 소설에도 도전해 볼 수도 있겠지요.

 시놉시스를 쓸 때 더불어 재미있게 즐길 수 있는 일은, 그것이 영화화되었을 때를 머릿속으로 상상하며 각 장면마다 어울리는 배경음악을 골라서 배치해 보는 작업입니다. 이렇게 어떤 특정한 목적 의식을 가진 상태에서 음악을 찾아 듣게 되면 음악 감상의 경험을 더 다이나믹하게 즐기게 되는 효과가 있지요. 장면별로 매칭되는 배경음악을 골라 플레이리스트에 저장해 놓은 후, 나중에 플레이리스트에 있는 음악들을 순서대로 들어 보면 마치 내가 쓴 시놉시스가 영화로 만들어져 상영되는 극장에 앉아서 그 영화를 보는 듯한 즐거움을 줍니다.

 이런 방법을 응용하면, 직장에 다니시는 분들이나 자기 사업을 하고 계신 분들은, 본인이 몸 담고 있는 회사에서 다루고 있는 브랜드의 TV 광고를 만든다고 상상을 하고, 거기에 어울릴 만한 음악을 골라 듣다 보면 그 과정이 상당히 재미있다는 것을 발견할 수 있을 것입니다. 본인의 비즈니스와 궁합이 맞는 배경음악을 틀어 놓고 일을 하게 되면 그 일과 관련된 업무적 창의력이 솟구치는 경험을 하게 되기도 하지요.

당근마켓 즐기기

 저에겐 네이버 중고나라, 당근마켓, 번개장터 같은 곳에서 중고 상품을 고르고 구매하는 것도 혼자 있는 시간에 할 수 있는 즐거운 놀거리입니다.

 쇼핑은 생활에 꼭 필요한 것만 사야 의미가 있고 나머지는 낭비라고 생각하는 경우가 많습니다. 요즘엔 사는 것보다는 버리는 것에 더 큰 미덕을 두기도 하지요. 하지만 저는 생각이 조금 다릅니다. 저에게 있어서 낭비란 필요 없는 물건을 사는 것이고, 비운다는 의미는 넘치는 것을 버리는 것이지 필요한 것을 버리는 것이 아닙니다.

인간의 필요는 WANTS 와 NEEDS 두 가지 개념으로 구분해서 이해해야 합니다. WANTS는 내게 무엇이 필요한지를 내가 이미 알고 있는 것이고, NEEDS는 실제로 내게 필요한 것인데 그것을 내가 미처 모르고 있는 것을 말합니다. 그렇다면 인간에게 있어서 근본적인 NEEDS란 무엇일까요? 생명을 건강한 상태로 오래 연장하는 것인가요? 가족의 화목인가요? 주변에게 창피하지 않을 정도의 체면치레를 하며 살기 위한 것인가요? 외로움에서 벗어나기 위함인가요? 불안에서 해방되기 위함인가요? 이런 식으로 계속 생각이 발전하다 보면 결국 인간의 필요란 결국 본인의 삶을 더 재미있게 만들기 위한 모든 것이라는 결론에 이를 수밖에 없습니다.

그런데 문제는 우리는 스스로 내가 뭘 해야 재미있는지에 대해 잘 모른다는 점이지요. 그건 살면서 이것저것을 직접 경험해봐야 비로소 알게 됩니다. 그래서 누군가 우리에게 당신은 뭐가 필요하냐? 라고 물었을 때, 머릿속에 떠오르는 대답은 그 당시 내가 아는 수준으로 제한된 뻔한 것일 수 밖에 없게 되는 것입니다. 그것이 바로 WANTS이지요. 반면, NEEDS는 우리의 의식 수면 아래에 있기 때문에, 누군가 일깨워 주기 전까진 그것의 실체를 알지 못하지요.

그렇기 때문에 쇼핑이란 내게 필요한 WANTS를 채워주는 것은 물론, 내게 필요하지만 내가 미처 알지 못하는, 나의 잠재된 NEEDS를 발견하기 위해 새로운 상품을 구매하고, 새로운 경험을 하기 위한 도구로서의 역할을 하는 것입니다. 즉 내가 더 재미있게 살기 위해서, 더 새로운 경험을 하기 위해서 쇼핑이 필요한 것이지요. 이런 차원에서 의미 있는 쇼핑이란 브랜드나 광고에 휘둘리는 것이 아닌 본인이 주도적으로 새로운 경험을 통해 재미를 얻겠다는, 보다 의지적인 것이 되어야 하는 것입니다.

그래서 저는 중고사이트를 좋아합니다. 새로운 경험을 얻고자 하는 차원에서 하는 쇼핑이기 때문에 굳이 신상을 살 필요는 없기 때문이지요. 얼마 전에도 당근 마켓에서 승마부츠를 5만원 주고 구매했고, 인도산 다즐링 잎차를 3만원에 구매했고, 밖에서 작업할 때 외부 소음을 없애 주는 뱅엔울프슨 노이즈 캔슬링 이어폰도 10만원을 주고 샀습니다.

그래서 저는 시간이 있을 때마다 평소에 관심 있는 카테고리나 브랜드를 골라서 브라우징을 하기 보단 랜덤으로 뜨는 화면을 주로 봅니다. 그래야 제가 예측하지 못했던 인생의 새로운 재밋거리를 제공해 주는 상품을 만날 수 있기 때문이지요.

당근 마켓을 이용하는데 있어서 한가지 중요한 팁을 드리자면, 외출 중에 혹시 청담동이나 논현동 근처를 지날 일이 있으시면 그 때 바로 당근 마켓 앱에 접속해서 동네 인증을 받는 것입니다. 청담동이나 논현동으로 지역을 설정해 놓고 상품을 검색하면, 다른 동네에 비해 그 결과치가 상당히 만족스럽기 때문이지요. 당근마켓은 동네 인증을 두 장소에서 할 수 있기 때문에 한 곳은 여러분 사시는 동네로 설정하시고 나머지 한 곳은 강남에 있는 지역으로 설정하시는 것을 추천드립니다.

그 외의 놀거리들

 책방에 가면 우리나라 도처에 있는 고목들에 대한 내용을 담고 있는 책들이 여럿 있습니다. 이런 책을 하나 골라서 읽고, 책에 기록된 나무들 중, 마음에 와 닿는 나무, 실제로 만나 보고 싶은 나무를 찾아 차를 몰고 떠나는 여행도 좋습니다. 흔히들 수백 년 된 나무에는 오래된 영혼이 깃들어 있다는 이야기를 하지요. 이렇게 천 년 가까이 한 자리를 고고하게 지키고 있는 나무들의 웅장한 모습을 직접 보게 되면 나무 안에 신령한 영혼이 정말로 있을 것 같다는 확신이 듭니다. 그러다 보면 나무에게 이런 저런 질문을 하기도 하고, 속 마음을 고백하기도 하지요. 어쩔 때는 그냥 나무 근처에 앉아서 아무 생각 없이 몇 십 분 정도 머물다 오기도 합니다. 이렇게 각 지역의 오래된 나무와 만나고 대화하는 것을 목적으로 떠나는 여행은 우리에게 여행의 그럴듯한 명분도 제공해 주고, 기대치 못했던 깨달음을 선물로 주기도 합니다.

　외국인이 제작한 유튜브를 찾아보는 것도 재미있습니다. 외국 유튜브 컨텐츠를 한국 크리에이터가 한국인들을 대상으로 더빙하거나 편집한 것이 아닌, 현지인들을 대상으로 현지인이 만든 외국 유튜브 컨텐츠를 말씀드리는 것이지요. 유튜브엔 영어 자막을 활성화시킬 수 있는 기능이 있어서, 영어 리스닝이 안 되는 분들은 자막을 켜고 보면 100퍼센트는 아니더라도 영상이 대충 어떤 내용인지는 충분히 이해할 수 있습니다. 한국 컨텐츠에서 흔히 볼 수 있는 주제라도 외국인들이 만든 컨텐츠에는 그들만의 관점과 정서가 배어 있기 때문에, 상당히 색다른 재미를 느낄 수 있습니다. 그래서 저는 아마추어 골프 라운딩, 먹방, 요리, 여행, 음악, 영화평, 옷 잘 입는 법, 심지어 음모론에 이르기까지 외국 유튜브 컨텐츠를 상당히 재미있게 보고 있습니다. 특히 요리 레시피와 여행 컨텐츠는 한국 것보다 훨씬 더 다양하고 인사이트 있는 정보를 제공해 줍니다.

　영화를 보다 보면 가끔 도사들이 혼자서 바둑을 두는 장면을 볼 수 있습니다. 서양 영화의 경우엔 혼자서 체스를 두는 장면도 자주 볼 수 있지요. 이처럼 바둑이나 장기, 체스, 화투같이 여럿이서 하는 게임을 혼자서 1인 2역으로 하는 것은, 예로부터 혼자서 즐기는 놀거리로서 자주 이용되었던 것 같습니다. 그 중에서 제가 개인적으로 혼자 있을 때 가장 즐겨 노는 게임으로 추천하고 싶은 것이 바로 마작입니다. 마작에 대한 설명은 나중에 따로 책을 하나 써야 할 만큼 긴 설명이 필요하기 때문에 여기서는 마작의 특징에 대해서만 간단히 소개해 드리도록 하겠습니다.

 마작은 우선 책상에 정자세로 앉아서 한다는 점에서 품격이 있고, 다른 사행성 게임들과 달리 시작과 끝이 명확히 존재하기 때문에 돈을 잃은 사람이 게임을 계속 하자고 조르는 경우도 없습니다. 동으로 시작해서 북바람이 끝나면 그날 게임은 일단 마감을 해야 합니다. 또한 화투나 카드 같은 게임은 실력보단 운의 역할이 더 크고, 바둑이나 장기, 체스 같은 게임은 오로지 실력에 의존해야 하지만 마작은 정확히 그 중간쯤에 위치한 게임입니다. 그래서 운이 따르면 초보자도 실력자를 이길 수 있지만 그 운이란 게 머리를 써야만 지속될 수 있다는 점에서 중독성을 가지고 있습니다. 아무튼 서서 하는 게임 중에 제일 재미있는 게 골프이고, 앉아서 하

는 게임 중에 제일 재미있는 게 마작이란 말이 있듯이 마작은 살면서 한 번은 꼭 경험해봐야 할 놀거리라고 생각합니다.

의아하게 들릴 수도 있지만 저에겐 공복을 즐기는 것도 일종의 놀거리입니다. 저는 특별한 일이 없으면 하루에 한끼를 먹습니다. 아침은 간단하게 차만 마실 때도 있고, 기분이 내키면 빵을 먹기도 하지만, 안 먹는 경우가 더 많지요. 그리고 점심 식사는 특별한 약속이 없는 한 건너 뜁니다. 점심식사를 하지 않으면 오후 1시 정도까지는 그럭저럭 견딜 만한데 2시, 3시가 되면 서서히 배가 고파지지요. 이 배고픈 순간이 저에게는 일종의 즐거움으로 다가옵니다. 공복을 즐긴다는 말이 바로 이런 순간을 두고 이야기하는 것이지요.

처음에는 단순히 배가 고픈 느낌이 들다가 슬슬 몸에 기운이 빠지고 입에서 단내가 납니다. 머리가 살짝 어질어질 해 질 때도 있지요. 이런 순간은 대략 10분정도 지속되는데, 그 시간을 넘기면 어느 순간 속이 편안해지고 머리가 맑아져서 정신이 또렷해지는 순간이 옵니다. 이 때는 책을 읽어도 집중이 잘 되고 일을 해도 능률이 올라갑니다. 창의적인 생각들도 잘 떠오르고, 무엇보다 잠시 후에 있을 저녁식사에 대한 기대감에 기분이 어린 아이처럼 들뜨지요. 긴 공복 끝에 맞이하는 저녁 식사는 매일이 파티입니다. 저녁 식사는 반주까지 곁들여서 먹고 싶은 음식을 배가 부를 때까지 마음껏 먹고 디저트에 커피에 과일까지 풀코스로 만끽합니다.

이런 생활을 수 년간 경험하는 동안, 몸도 건강해지고 일의 능률도 오르는 스스로의 모습을 경험하면서, 적어도 저와는 맞는 생활 습관이란 생각이 들었습니다. 저도 처음 2주간은 오후에 공복의 시간을 가지는 것이 상당히 괴로웠지만, 2주차가 지나면서 점점 몸이 적응되기 시작하더니, 3주째부터는 확실히 몸이 편안해지는 것을 느꼈습니다. 여러분들도 힘들겠지만 2주 정도까지는 한 번 1일1식에 도전해 보시는 게 어떨까 하는 생각을 해 봅니다.

이 외에도 제가 혼자서 즐기는 놀거리로는 승마하기, 샌드위치 싸서 혼자 소풍 가기, 노래방에서 노래할 때 간주 부분에 어색함을 채워주는 간단한 춤 동작 배우기, 클라리넷 배우기, 꽃꽂이, 분재, 미니정원 꾸미기,

시가바(Cigar Bar) 방문하기, 시민단체 가입해 보기, 내 글씨체로 컴퓨터 폰트 만들기, 약초, 새, 꽃 공부하기, 유기견 센터 방문해서 봉사활동하기 등이 있습니다.

에필로그

매사에 즐거움을 추구하며 사는 모습은 자칫 일반 사람들과 '다르게' 보일 수 있기 때문에 주변 사람들로부터 수군거림이나 손가락질을 당할 수 있습니다. 가족들에겐 이기적인 사람으로 비춰질 수 있고, 부모님 입장에선 철이 덜든 모습으로 보일 수도 있겠지요. 친구들 사이에선 잘난 척하는 재수없는 인간처럼 보이기 십상입니다. 그렇기 때문에 우리가 즐거움을 추구하며 인생을 살기 위해선 주변 사람들의 비판적인 시선과 냉소를 이겨낼 수 있는 용기가 필요합니다.

사람들에게 인생의 목표가 뭐냐고 물어보면, 다들 고민할 필요도 없이 입을 모아 인생의 목표는 행복이라고 하지요. 하지만 행복은 실체가 없는 막연한 개념입니다. 비트겐슈타인은 인간이 인생을 망치는 가장 큰 이유가 막연한 행복을 추구하기 때문이라고 했지요. 행복은 손에 잡히지 않기 때문에 우리는 어느 순간에 이르면 그걸 찾는 노력을 포기하게 됩니다. 그리고 이 정도면 됐다고 하며 애써 현재의 모습에 자족하려 하지요.

우리가 흔히 행복이라고 오해하고 있는 감정의 실체는 살다 보면 가끔씩 느끼는 고통이 잠시 사라진 찰나의 순간, 스트레스가 느껴지지 않는 아주 짧은 순간의 경험을 확대 해석한 것에 불과합니다. 그래서 만약 행복이 인생의 목적이라고 생각하는 사람은 평생 스트레스를 받는 일을 하지 않아야 합니다. 하지만 인생이란 게임은 우리를 아무것도 하지 않게 내버려 두지 않지요. 주변에서 그런 행복을 추구하기 위해 일상을 버리고 산으로 섬으로 간 사람들도 결국엔 거기서 뭔가로부터의 스트레스를 받으며 살고 있습니다.

어느 정도 먹고 사는 문제가 해결된 사람들 역시, 행복을 아무것도 하지 않고 편안하게 있는 상태로 오해하면 권태라는 너 큰 괴로움에 직면하게 됩니다. 키에르케고르는 권태야말로 인간을 죽음에 이르게 하는 가장 무서운 병이라고도 했지요. 그렇기 때문에 인간은 사회적 책임을 등한시하지 않는 범위 내에서, 끊임없이 재미를 추구해야만 제대로 살 수 있는 것입니다. 이것이 우리가 지구라는 장소에서 인생이란 게임을 플레이 하는 법칙입니다. 놀아야 사는 것이고 즐겨야만 사는 것입니다.

즐거움을 추구하는 것을 가장 크게 방해하는 것은 별다른 생각 없이 원래 살던 대로 습관적인 삶을 사는 태도입니다. 나에게 자유로운 시간이 주어졌을 때, 혹은 불현듯 심심함이 급습할 때, 그 시간을 어떻게 알차고 즐겁게 보내느냐는 여러분의 의지와 결단에 달려있습니다. 쉴 때도, 놀 때도 의지를 발동시켜 습관에서 벗어난 결단을 내리지 않으면 여러분은 늘 하던 대로 하는, 반복적인 생활의 패턴에서 결코 벗어날 수 없습니다. 한 순간도 핸드폰을 손에서 떼지 못하고, 늘 듣던 음악을 듣고, 늘 먹던 음식을 먹으며, 낯선 취향이나 취미에는 도전해 볼 생각을 전혀 안 하지요.

혹자는 '그것은 다분히 개인적 취향 탓이 아니냐'라고 반문하실 수도 있겠지만, 저는 개인적 취향이라는 게 실제로 존재하는 것인지에 대해 진지하게 고민해 볼 필요가 있다고 생각합니다. 성게알이나 푸아그라같은 요리를 처음부터 맛있게 먹었던 사람이 우리 중에 얼마나 될까요? 하지만 결국 누구는 이런 요리를 즐기고 있고 누구는 그렇지 못합니다. 성게알을 못 먹는 사람은 성게알이 본인의 취향이나 입맛에 맞지 않는다고 말하겠지만, 정말 그럴까요? 혹시 뭔가가 본인의 취향에 안 맞는다는 말은 본인이 그것을 한 번도 제대로 경험해 본 적이 없었다는 뜻은 아닐까요?

실존주의 철학자 야스퍼스는 "인간은 본인이 통제할 수 없는 극한 상황에 처하면 기존의 일상성이나 과학적 실재관에서 벗어나 의식이 비약하는 계기를 얻는다." 라고 했습니다. 그리고 이런 경험을 한계상황을 경험한다고 해서 '한계 체험'이라고 칭했지요. 저는 인간의 취향 역시 이런 '한계 체험'을 통해 극복될 수 있다고 생각합니다. 우니를 처음 먹을 때는 무슨 맛으로 먹는지 모르겠다가도 남들이 하는 말을 믿고, 맛이 없는 순간을 참아가며 반복해서 먹다 보면 어느 시점부터는 경험의 임계점(한계체험)을 넘어 비로소 그 맛을 알게 될 수 있습니다.

한계 상황은 경험을 둘러싼 환경에 의해 그 시기가 결정되는 경우가 많습니다. 만일 난생 처음 먹어 보는 우니를 불편한 사람들과 지저분한 식당에서 신선도가 떨어지는 상태의 것으로 먹었다면, 이 분은 우니 맛에 대해 안 좋은 기억을 가지게 되어 그 맛을 즐기게 되기까지 오랜 시간이 걸리겠지요. 반면에 우니를 최고급 일식 집에서 처음 경험한 사람은 바로 그 날부터 우니가 본인의 취향이 될 수도 있는 것입니다. 생소한 장르의 음악이라도 본인이 평소에 호감을 가지고 있던 사람이 그 음악을 들려주는 경우가, 평소에 그저 그렇게 생각했던 사람이 들려주는 것보다 훨씬 더 호감 있게 들리는 것도 이와 같은 이유에서이지요.

저는 타고나길 워낙 호기심이 많은 사람이라서, 낯선 것들이나 제 취향이 아니라고 생각되는 것들에 대해 남들보다 더 석극직으로 도전했던 것 같습니다. 그리고 제가 얻은 결론은 그것이 무엇이든 간에 어느 정도 매니아가 존재하는 분야는 시도해 볼만한 가치가 분명히 있다는 것입니다. 이것은 비단 음식뿐 아니라 음악, 미술, 영화, 취미, 종교, 정치성향, 심지어는 이성의 외모나 스타일까지 포함되는 이야기입니다.

평소에 본인은 선이 고운 남자, 부드러운 스타일의 남자가 좋다면서 늘 그런 남자들 하고만 데이트를 하다가, 우연히 자신의 취향과 전혀 다른 터프한 상남자를 만나 불 같은 사랑에 빠지게 되는 경우도 있지요. 그렇기 때문에 어떤 분야에 있어서 본인의 취향이 아니라고 여겨지는 것이 있다면, 그것은 어쩌면 아직 그 분야에 대한 본인의 경험이 부족해서, 혹은 이해가 모자라서 그렇게 여겨질 수도 있다는 가능성을 열어 둬야 합니다. 바꿔 말하면 그 분야에 대해서 좀 더 경험을 쌓고, 부족한 부분을 노력을 통해 보완한다면 그것은 자신에게 즐거움을 줄 수 있는 새로운 놀거리로 변할 수 있다는 것이지요.

아무것도 하지 않고 편히 쉬겠다는 것 역시 일종의 의지와 결단이 필요한 일입니다. 그렇지 않으면 TV나 핸드폰에 시간만 허비하다 결국 본인의 컨디션만 망치기 십상입니다. 최근 일본에서 베스트셀러 작가로 잘 알려진 유명 호스트 출신 '롤란도(Roland)'는 일과 시간이 끝난 후엔 핸드폰을 박스에 넣고, 정해진 시간이 되기 전엔 누구도 열지 못하는 타이머가 달린 자물쇠로 잠가 버린다고 합니다. 인스타그램과 페이스북도 하루에 일정 시간 이상 사용하지 못하게 제어하는 앱을 깔아서 정해진 시간 내에서만 사용한다고 하지요. 이처럼 우리는 일말의 각오와 결단이 없으면 제대로 된 휴식을 경험할 수 없습니다.

제가 여러분들에게 드리고 싶은 이야기는 여기까지입니다. 한 가지 재미있는 사실은 지금까지 우리가 나눈 이야기들이 결국 고독한 사람들의 고민을 덜어주기 위해, 그들이 혼자서도 즐겁고 재미있는 시간을 보내는데 도움이 되기 위한 것들임에도 불구하고, 실제로 혼자서 잘 노는 사람은 다른 사람들 사이에서도 인기가 많다는 것입니다. 그래서 외로움에서 벗어나기 위해 시작한, 고독한 즐거움을 추구하는 우리의 프로젝트가 도리어 우리들의 사회적 매력을 높이는 데 일조해 결과적으로 고독할 시간이 줄어 들게 되는 아이러니한 결과를 초래하게 될 수도 있는 것이지요.

인생이란 애초에 재미를 목적으로 우리 스스로 시작한 게임이라는 사실을 잊으면 안 됩니다. 재미는 하나의 개념으로 단정지어 정의될 수 없는 것이지요. 그래서 고독한 것도 즐겁고 여럿이 어울리는 것도 즐거운 것입니다. 고통은 그것을 극복하는 과정에서 재미가 있고, 편안함은 그 순간도 재미있지만, 그것을 잃었을 때 잃었던 행복을 다시 찾으려 노력하는 과정 속에서도 재미를 느낄 수 있는 것입니다.

 만일 여러분이 이 사실에 동의하신다면, 그리고 그런 마음으로 여러분 앞에 펼쳐진 인생의 남은 시간들을 바라본다면 그 모습은 이전과는 다르게 보일 것입니다. 그곳은 오로지 기대와 설렘으로 가든 찬 아름디운 낙원이겠지요.

고독한 놀거리 마스터

초판 2쇄 인쇄 2022년 10월 10일

지은이 이종구
발행인 이종구
발행처 모던스튜디오
주소 서울 성동구 광나루로 302 거화빌딩
이메일 jaycay@naver.com

출판신고 2021년 2월 28일 (979-11) 973592
ISBN 979-11-973592-2-4 (03190)
정가 19,000원

이 책은 저작권 법에 따라 보호받는 저작물이므로, 무단전재와 복제를 금지하며
이 책 내용의 전부 또는 일부를 강의 또는 다른 목적으로 이용하려면
반드시 저작권자의 사전 서면 동의를 받아야 합니다.